NO PLACE TO HIDE
: Edward Snowden, the NSA, and the U.S. Surveillance State
by Glenn Greenwald

세기의 내부고발

글렌 그린월드 지음

박수민 박산호 옮김
김승주 감수

모던아카이브

미국 정부가 대규모로 운영하는

비밀 감시 체계에 관한 진실을 밝히려고 한 사람들,

특히 이 일에 개인의 자유를 희생한 용감한 내부고발자에게

이 책을 바칩니다.

정부는 무선으로 전송되는 메시지를 감시할 수 있는 기술력을 완전히 갖췄습니다. … 그런 능력은 언제라도 국민을 겨냥할 수 있고, 모든 국민이 프라이버시를 완전히 상실할 것입니다. 전화 통화든 전보든 상관없이 무차별 감시 능력이란 그런 것입니다. 숨을 곳이 없을 겁니다.

_ 프랭크 처치 상원의원, 1975년

| 들어가며 |

2005년 가을 나는 별 기대 없이 정치 블로그를 만들기로 마음먹었다. 그때만 해도 이런 결정이 결과적으로 내 삶을 얼마나 바꿔놓을지 전혀 몰랐다. 블로그를 시작한 주요 동기는 9·11 테러 사건 뒤 미국 정부가 택한 과격하고 극단적인 힘의 논리가 점점 더 크게 우려됐기 때문이다. 나는 이런 문제에 대해 글을 쓰는 것이 변호사 일보다 더 폭넓은 영향을 미칠 수 있으리라고 기대했다.

블로그를 시작하고 단 7주 뒤, 〈뉴욕타임스〉가 돌발 사건을 터트렸다. 2001년 부시 행정부는 형법상 필요한 영장도 없이 미국인의 통신 활동을 도청하도록 NSA(미국 국가안보국)에 은밀히 지시한 사실을 보도한 것이다. 보도가 나온 시점에 무영장 도청은 4년 동안 지속된 상태였고, 적어도 수천 명의 미국인을 대상으로 했다.

나는 이 사건에 관심이 있었을 뿐만 아니라, 전문 지식도 갖추고 있었다. 미국 정부는 극단적인 행정권이라는 논리로 NSA의 비밀 프로그램을 정당화하려 했고, 내가 글을 쓰기 시작한 동기도 여기에 있었다. 정부의 논리는 테러 위협에서 "국가를 안전하게 보호하기" 위해 대통령에게 법 위반을 포함해서 사실상 무한한 권한을 부여한다는 것이었다. 뒤이은 논쟁은 헌법과 법률 해석이라는 복잡한 문제를 수반했고, 변호사 경력은 이런 주제를 다루기에 적당했다.

나는 이후 2년간 블로그와 2006년에 출간한 책을 통해 NSA의 무영장 도청 스캔들에 관한 모든 측면을 다뤘다. 내 입장은 분명했다. 대통령이 불법 도청 지시를 내려서 범죄를 저질렀으니 책임을 져야 한다. 갈수록 심해지는 미국의 대외 강경론과 억압적인 정치 풍조에서 이런 입장은 아주 논쟁적이었다.

몇 년 뒤, 에드워드 스노든이 NSA의 비리를 훨씬 큰 규모로 폭로하기 위한 첫 접촉 인물로 나를 선택한 데는 이런 배경이 있었다. 대량 감시와 국가의 극단적인 비밀주의를 이해한다는 이유로 나를 믿을 수 있었던 스노든은, 내가 정부와 미디어를 비롯한 친정부 인사들의 압박에도 굴하지 않을 것이라고 생각했다.

스노든이 건넨 놀라운 분량의 일급비밀은 자신을 둘러싼 극적인 드라마와 더불어 대규모 감시의 위협과, 디지털 시대에 걸맞은 프라이버시의 가치에 대한 전 세계적인 관심을 전례 없이 불러일으켰다. 근본적인 문제가 수년간 악화되어 왔고, 대개는 감춰져 있었다.

확실히 지금의 NSA 논쟁은 여러 가지 독특한 면이 있다. 현재의 기술은 과거에는 상상력이 아주 풍부한 과학 소설가의 영역이던 전방위적인 감시를 가능하게 했다. 게다가 9·11 테러 뒤 안보를 최우선

하는 미국인의 성향은 감시 남용에 우호적인 분위기를 조성했다. 스노든의 용기와 디지털 정보를 복사하는 일이 상대적으로 쉬워진 덕분에, 우리는 감시 체계의 세부적인 운영 실태를 속속들이 직접 들여다보게 되었다.

NSA 사건이 제기하는 문제는 여러 측면에서 수 세기에 걸친 과거의 다수 사례를 떠올리게 한다. 실제로 정부의 프라이버시 침해에 대한 저항은 미국이라는 나라를 수립하는 중요한 요소였다. 아메리카 식민지 주민들은 영국 관리들이 제멋대로 가택수색을 하도록 한 법에 반대했다. 물론 개연성 있는 범행 동기를 밝히기 위한 증거가 있는 경우 구체적인 대상에 대한 영장 발부는 합법이었고, 식민지 주민도 여기에 동의했다. 하지만 일반영장, 즉 모든 시민을 무차별적으로 수색하는 관행은 기본적으로 불법이었다.

수정헌법 제4조는 이런 생각을 미국 법에 정식으로 기술했다. 그 내용은 명확하고 간결하다.

> 무분별한 수색과 체포에 대항해서 신체, 주거, 문서 및 재산의 안전을 보장받는 국민의 권리는 침해받아서는 안 된다. 모든 영장은 선서나 확약에 의해 뒷받침되는 타당한 이유에 의거해서 수색 장소와 체포 대상 인원 또는 압류 대상이 되는 물건을 구체적으로 명시해서 발부되어야 한다.

수정헌법 제4조는 무엇보다 미국에서 국민을 광범위하고 무차별적인 감시 아래 두는 정부의 힘을 영원히 철폐할 목적으로 제정되었다.

18세기에 감시를 둘러싼 충돌은 가택수색에 초점이 맞춰졌지만, 기술이 발전하면서 감시도 함께 진화했다. 19세기 중반에는 철도의 확산으로 값싸고 신속한 배송이 가능해진 영국에서 정부가 몰래 우편물을 개봉한 행위가 큰 스캔들을 일으켰다. 20세기 초 무렵, FBI의 전신인 미국수사국은 정부 정책에 반대하는 사람을 단속하기 위해 밀고자를 활용하고 우편물을 감시했을 뿐 아니라 감청을 동원했다.

어떤 특정한 기술이 관련되었는지와는 상관없이, 역사적으로 대규모 감시에는 여러 일정한 속성이 있었다. 애초에 감시로 인해 가장 큰 타격을 입는 사람은 항상 반정부 인사와 약자다. 친정부 인사나 무관심한 사람은 자신들이 예외라고 오해한다. 역사적으로 대규모 감시 기구는 그 존재만으로, 이런 기구가 어떻게 이용되는지는 상관없이, 반정부 인사를 억압하기에 충분하다. 항상 감시당한다는 사실을 아는 시민은 금방 고분고분해지고 정부를 두려워하게 된다.

1970년대 중반, FBI의 감시에 관한 프랭크 처치 의원의 조사는 FBI가 미국인 50만 명에게 잠재적인 '체제 전복자' 라는 꼬리표를 달았고 정치적 신념만을 근거로 사람들을 일상적으로 감시했다는 충격적인 사실을 밝혀냈다(FBI의 감시 대상에는 마틴 루서 킹과 존 레논, 여성해방 단체와 반공 극우 단체인 존 버치 협회까지 포함되었다). 감시 남용이라는 고질병은 미국 역사에서만 나타나는 특이한 현상이 아니다. 오히려 모든 비양심적인 권력은 대규모 감시의 유혹을 받는다. 모든 사례에서 목적은 같다. 반대자를 억누르고 순응하게 만드는 것이다.

감시는, 감시가 없다면 놀랍도록 정치적 신념이 다른 정부들을 결속시키기도 한다. 20세기가 끝날 시점에 영국과 프랑스 제국은 반식민주의 운동의 위협에 대처하기 위해 전문화된 감시 조직을 만들었다. 제2차 세계대전 뒤, 흔히 슈타지로 알려진 동독국가안전부는 정부의 사생활 침해와 동의어가 되었다. 좀 더 최근에는 아랍의 봄 기간에 대중 시위가 독재자의 권력 장악에 도전하자 시리아, 이집트, 리비아의 정권은 모두 국내 반체제 인사의 인터넷 사용을 감시하려 했다.

〈블룸버그뉴스〉와 〈월스트리트저널〉의 조사는 이런 독재 정권이 시위대의 위협을 받는 사이, 서방 IT 기업에서 만든 감시 장치를 말 그대로 쇼핑을 한 사실을 보여주었다. 시리아의 아사드 정권은 이탈리아의 감시 장비 회사인 에어리어스파의 직원을 초청했는데, 에러리어스파 측은 "서둘러 사람들을 추적할 필요가 있다"라는 말을 하기도 했다. 이집트에서 무바라크 대통령의 비밀경찰은 인터넷 전화 스카이프 프로그램의 암호를 해독해 반정부 인사의 전화를 감청하는 장비를 구입했다. 〈월스트리트저널〉은 리비아에서 2011년 정부 감시 센터에 들어간 저널리스트와 반군이 프랑스의 감시 장비 회사인 아메시스가 만든 "냉장고 크기의 검은색 장치의 벽"을 발견했다고 보도했다. 리비아 정부는 이 장치를 이용해서 주요 인터넷 서비스 제공 업체의 "이메일을 조사하고 패스워드를 알아낼 뿐만 아니라, 인터넷 채팅을 염탐하고 여러 피의자의 관계를 찾아내는 등 인터넷 트래픽을 조사했다."

통신 감청 능력은 감청 조직에 굉장한 힘을 부여했다. 엄격하게 감독하고 책임감 있게 통제하지 않으면 이런 힘은 남용되는 것이 거의 확실하다. 미국 정부가 남용의 유혹에 빠지지 않고 철저한 비밀하에 대규모 감시 장치를 운용하리라고 기대하는 것은 모든 역사적 사례와 인간의 본성에 관한 현존하는 모든 증거를 거스른다.

실제로, 스노든의 폭로 이전에도 그런 사실이 이미 분명해지고 있었다. 감시 문제와 관련해서 미국을 예외로 취급하는 것은 아주 순진한 태도다. 2006년 '중국의 인터넷 : 자유를 위한 도구인가, 억압의 도구인가?'라는 이름으로 의회 청문회가 열렸을 때 발표자들은 인터넷상에서 반정부 인사를 억압하도록 중국 정부에 협조한 미국 IT 회사를 줄줄이 비난했다. 청문회를 주재한 크리스토퍼 스미스 공화당 뉴저지 주 하원의원은 야후가 중국 비밀경찰과 협력한 사실을 안네 프랭크를 나치에 넘긴 것에 비유하기도 했다. 미국 관리가 미국에 동조하지 않는 정권에 대해 말할 때 전형적으로 토해내는 열변이었다.

이 청문회는 부시 행정부가 내국인에 대한 광범위한 무영장 도청을 자행했다는 〈뉴욕타임스〉 보도가 있은 지 두 달이 막 지난 시점에 열렸다. 청문회의 참석자들도 이런 사실에 주목하지 않을 수 없었다. 〈뉴욕타임스〉의 보도를 감안하면, 미국이 다른 나라의 내국인 감시를 비난하는 것은 다소 공허하게 들렸다. 스미스 의원에 이어 발언한 브래드 셔먼 민주당 캘리포니아 주 하원의원은 중국 정부에 저항하라는 말을 듣는 IT 회사는 미국 정부도 조심해야 한다고 했다. 또한 이후 벌어질 일을 예언하듯 다음과 같은 경고를 했다.

그렇지 않으면 중국인이 자신들의 프라이버시가 아주 악랄한 방식으로 침해되는 것을 지켜보는 사이에, 우리 미국인도 미래의 대통령이 헌법을 매우 폭넓게 해석해서 개인 이메일을 확인해야 한다고 주장할지도 모릅니다. 법원 명령 없이는 그런 일이 벌어지지 않았으면 합니다.

지난 수십 년간 미국 지도자들은 여러 가지 극단적인 정책을 정당화하기 위해 실제 위협을 지속적으로 과장했고, 이를 통해 조성된 테러에 대한 공포를 이용했다. 이런 상황은 침략 전쟁과 국제적인 고문 체계뿐 아니라 기소 없는 내외국인 감금이나 심지어 암살 행위로 이어졌다. 그 결과로 생긴 은밀하고 무차별적인 감시 시스템은 정부의 지속적인 유산이 되는 것이 아주 당연하다. 그 이유는, 모든 역사적인 유사 사례에도 불구하고, 현재의 NSA 감시 스캔들에는 완전히 새로운 차원, 즉 인터넷이 일상 생활에서 하는 역할이 있기 때문이다.

특히 젊은 세대에게 인터넷은 삶의 일부 기능이 이루어지는 분리 독립된 영역이 아니다. 인터넷은 우편물과 전화만 대체한 것이 아니다. 오히려 세상의 중심으로, 사실상 모든 일이 이루어지는 곳이다. 친구를 사귀고 읽을거리와 영화를 선택할 뿐만 아니라, 정치적 활동을 조직하고 가장 사적인 정보를 만들고 저장하는 곳이다. 인격과 자아가 성장하고 표현되는 곳이다.

인터넷을 대규모 감시 체계로 바꾸는 행위는 과거의 국가 감시 체계와는 차원이 다르다. 과거 모든 감시 체계는 지금보다 더 제한적이고 회피가 가능했다. 인터넷에 기반한 감시를 허용하는 것은 사실상 모든 형태의 인적 상호작용과 계획뿐 아니라 국민의 생각 자체를 포괄적인 국가의 감시 아래 둔다는 것을 의미한다.

사람들은 인터넷이 처음으로 폭넓게 이용되기 시작했을 때부터 엄청난 잠재력을 갖고 있다고 보았다. 인터넷은 정치적 담화를 민주화하고, 권력자와 약자에게 똑같은 경쟁의 장을 마련해줌으로써 수억 명을 해방시키는 힘이 있다. 인터넷 자유는 제도적 제한과 사회나 국가의 통제 없이, 만연한 두려움도 없이 네트워크를 사용하는 힘이며, 이런 약속을 실현하는 핵심이다. 따라서 인터넷을 감시 체계로 바꾸는 행위는 인터넷의 핵심적인 잠재성을 파괴한다. 더 나아가 그런 행위는 인류 역사상 가장 극단적이고 억압적인 사생활 침해라는 무기를 만들어내는 위협일 뿐 아니라 인터넷을 억압의 도구로 바꾼다.

이런 점이 스노든의 폭로를 매우 놀라운 동시에 아주 중요하게 만든다. 스노든은 NSA의 놀라운 감시 능력과, 그보다 더 놀라운 NSA의 야심을 대담하게 밝힘으로써, 우리가 역사의 갈림길에 서 있다는 점을 분명히 했다. 디지털 시대는 인터넷이 독특하게 촉발시킬 수 있는 개인의 해방과 정치적 자유를 가져올 것인가? 아니면 과거 최악의 폭군조차 생각지 못한 전방위적인 감시 통제 체계를 가져올 것인가? 바로 지금 두 가지 길이 모두 열려 있다. 우리의 행동이 우리가 가는 방향을 결정할 것이다.

들어가며 _007

제1장 **접선** _017

제2장 **홍콩에서의 10일** _059

제3장 **전부 수집한다** _153

제4장 **감시의 해악** _209

제5장 **제4계급** _263

에필로그 _323

감사의 말 _331

주석 _335

일러두기

1. 단행본은 『 』로, 신문·잡지·영화는 〈 〉로 표기했다.
2. 가독성을 고려해 영어 표기는 최소화했다.
3. 본문에 언급된 스노든 폭로 파일은 권말 주석에 담았다.

제1장

접선

O

2012년 12월 1일, 처음으로 스노든의 연락을 받았다. 당시만 해도 상대가 누군지 전혀 몰랐다. 자신을 '킨키나투스'라고 한 누군가에게서 온 이메일이었다. 킨키나투스는 기원전 5세기 로마 농부 루시우스 퀸티우스 킨키나투스에서 딴 이름이다. 도시를 방어하기 위해 임시 집정관에 오른 킨키나투스는 적을 무찌른 뒤에 보여준 행동으로 많이 알려져 있다. 전쟁이 끝나자 곧바로 정치적인 권력을 자발적으로 포기하고 농부의 삶으로 돌아간 것이다. 시민적 덕성의 롤모델로 인정받는 킨키나투스는 공익을 위한 정치적인 권력의 사용과, 더 큰 공익을 위해서 개인의 힘을 제한하거나 심지어 포기하는 일의 가치를 상징하게 되었다.

이메일은 "제겐 통신 보안이 매우 중요합니다"라는 말로 시작했다. 또한 내가 관심을 보일 것이 확실한 내용을 PGP 암호화 프로그램을 통해서 전할 수 있다는 의도를 분명하게 밝혔다. '매우 좋은 프라이버시'를 뜻하는 PGP는 1991년에 개발되었고, 이메일을 비롯해서 온라인 통신을 감시와 해킹으로부터 막는 정교한 툴로 발전했다.

이 프로그램은 기본적으로 모든 이메일을 보호막으로 둘러싸는데, 수백 혹은 수천 개에 달하는 난수와 대소문자를 구분하는 패스워드가 그런 보호막 역할을 한다. NSA가 확실히 포함되는 수준의, 세계 최고의 정보기관들은 초당 10억 건의 전수조사 능력이 있는 암호 해독 소프트웨어를 갖고 있다. 하지만 PGP 패스워드는 아주 길고 변칙적이어서 가장 정교한 소프트웨어로도 해독하는 데 수년이 걸린다. 첩보 요원이나 국가 안보 담당 기자, 인권 운동가, 해커 등 감시 활동에 크게 신경 쓰는 사람은 보안을 위해 이런 형태의 암호화에 의존한다. 메일에서 킨키나투스는 암호화된 이메일을 받는 데 필요한 독특한 암호화 키 목록에서 나의 PGP '공개키'를 샅샅이 뒤져보았지만 못 찾았다고 말했다. 내가 PGP 프로그램을 사용하지 않는다고 결론 내린 그는 이렇게 말했다.

> 그러시면 기자님과 연락을 주고받는 사람이 위험해집니다. 모든 통신 활동을 암호화하란 말씀이 아닙니다. 적어도 제가 암호화한 자료를 전달할 수 있게 해주셔야 합니다.

그런 다음 킨키나투스는 데이비드 퍼트레이어스 장군의 섹스 스캔들을 언급했다. 퍼트레이어스 장군은 언론인 폴라 브로드웰과의 혼외정사로 CIA 국장직에서 물러난 인물이었다. 두 사람이 주고받은 구글 이메일이 수사관에게 발각되었기 때문이다. 킨키나투스는 퍼트레이어스가 메일을 전송하거나 임시 보관함에 저장하기 전에 암호화했다면 내용이 노출되지 않았을 것이라고 했다.

> 암호화는 중요합니다. 스파이나 바람둥이한테만 필요한 게 아닙니다.

킨키나투스는 암호 프로그램 설치가 "기자님과 연락하려는 사람 누구에게나 반드시 필요한 보안 조치입니다"라며 자신의 충고에 따르도록 이런 말도 덧붙였다.

> 기자님이 이야기를 듣고 싶어 할 사람이지만 메일이 해킹되지 않고 전달된다는 보장이 있어야 연락할 수 있는 사람이 있습니다. 설치하는 데 도움이 필요하시면 말씀해주세요. 아니면 트위터에서 도움을 구하세요. 기자님의 팔로워 중에는 곧장 도움을 줄 IT 분야를 잘 아는 팔로워가 있습니다.

메일은 "감사합니다. C"라는 말로 끝맺었다. 나는 오래전부터 암호화 소프트웨어를 사용하려 했다. 지난 수년간 위키리크스, 내부고발자, 어나니머스로 알려진 핵티비스트(컴퓨터 해킹을 투쟁 수단으로 사용하는 행동주의자 - 옮긴이) 집단에 대해, 그리고 이들과 관련된 주제에 대해 글을 썼고, 가끔은 국가 안보 기관 내부에서 일하는 사람과도 연락을 주고받았다. 이들 중 대부분은 통신 보안과 원치 않는 감시에 대해 크게 신경을 쓰기 때문에 나도 오래전부터 암호화 소프트웨어를 사용하려 했다.

하지만 암호화 프로그램은 복잡하고 나처럼 프로그래밍이나 컴퓨터를 잘 모르는 사람들에게는 특히나 더 그렇다. 그래서 엄두를 내지 못하고 있었다.

C의 메일을 받고도 나는 행동에 옮기지 않았다. 온갖 부류의 사람들이 '특종'이라며 연락해오는 경우가 많았고, 대개는 별 내용이 아니었다. 게다가 나는 항상 감당할 수 있는 양보다 더 많은 이야기를 다룬다. 하던 일을 멈추고 새로운 단서를 찾아나서려면 좀 더 구체적인 뭔가가 필요했다. 내가 "듣고 싶어 할 사람"에 대한 모호한 언급이 있었지만, C의 메일에는 충분히 구미가 당기는 내용이 없었다. 그래서 메일을 읽고도 답을 하지 않았다.

3일 뒤, 다시 C가 첫 번째 이메일을 받았는지 알려달라며 연락을 했다. 이번에는 바로 답장을 보냈다.

> 메일을 받았고, 프로그램을 설치해보려고 합니다. PGP 키가 없고 어떻게 하는지 모르지만, 도와줄 사람을 찾아보겠습니다.

이날 늦게 답장을 보내온 C는 PGP 프로그램을 설치할 수 있도록 '더미에게 물어봐' 식의 알아듣기 쉽고 단계적인 안내를 해주었다.

C는 대체로 내가 컴퓨터에 익숙하지 않아서 복잡하고 헷갈렸던 설명을 한 뒤에, "가장 기본"일 뿐이라면서 이렇게 덧붙였다.

> 설치와 암호 생성, 사용 방법을 자세히 가르쳐줄 사람을 못 찾으면 저한테 말씀해주세요. 전 세계 거의 모든 곳에서 암호를 잘 이해하는 사람을 만날 수 있게 도와드릴 수 있습니다.

하지만 내 의도와 상관없이 암호화 프로그램을 설치할 시간이 나지 않았다. 7주가 지나자, 그렇게 하지 못한 사실이 약간 신경 쓰였다. 컴퓨터 프로그램을 설치하지 못했다는 이유만으로 진짜 중요한 이야기를 놓치면 어떻게 하지? 설령 킨키나투스가 별 관심 없는 이야기를 한다고 해도 암호화는 중요할 수도 있었다.

2013년 1월 28일, C에게 메일을 보내 프로그램 설치를 도와줄 사람을 구했으면 좋겠고, 다음 날 정도까지 조치를 취했으면 한다고 말했다. 이튿날 답장이 왔다.

> 좋은 소식이네요! 앞으로 도움이 필요하거나 질문이 있으면 언제든 말씀하세요. 통신 프라이버시에 공감해주셔서 정말 감사드립니다! 킨키나투스.

그러고 나서도 나는 아무것도 하지 않았다. 이 당시 다른 사건을 다루고 있었고, C가 보도 가치가 있는 뭔가를 갖고 있다고 확신하지 못했기 때문이다. 의도적으로 하지 않겠다고 마음 먹은 것은 아니었다. 모르는 사람의 별로 절박하지도 않은 요구에 따라 암호화 프로그램을 까는 데 신경을 쏟기에는 늘 그렇듯 할 일이 너무 많았다.

C와 나는 이러지도 저러지도 못하는 상황이었다. C는 내가 암호화 프로그램을 깔지 않으면 갖고 있는 정보에 대한 구체적인 내용은 고사하고, 자신이 누구고 어디서 일하는지조차 말하려 하지 않았다. 나는 구체적인 동기가 없었기 때문에 C의 요구에 응하는 일과 프로그램 설치에 시간을 내는 것을 우선순위에 두지 않았다.

내가 움직이지 않자 C가 좀 더 적극적으로 나왔다. '언론인을 위한 PGP'라는 이름의 10분짜리 동영상을 만든 것이다. 동영상은 컴퓨터 음성을 생성하는 소프트웨어를 이용해 차트와 시각 자료를 통해 암호화 소프트웨어를 완벽하게 설치하는 방법을 단계별로 알려주었다.

그럼에도 나는 아무런 행동을 하지 않았다. 나중에 밝혔듯이, 이 시점에 C는 좌절한 상태였다. C는 생각했다.

> 나의 자유, 심지어 인생을 걸 각오로 미국에서 가장 비밀스러운 기관에서 확보한 일급비밀 문서 수천 건을 건네려고 했다. 수십 건, 아니 수백 건의 언론 특종이 될 폭로였다. 그런데도 그린월드 기자는 암호화 프로그램을 까는 수고조차 하지 않았다.

이것이 내가 미국 역사상 최대 규모이자 가장 중요한 국가 안보에 관한 폭로를 얼마나 아슬아슬하게 놓칠 뻔했는지에 관한 이야기다.

다시 연락이 온 것은 10주가 지나서였다. 4월 18일, 나는 내가 살고 있는 브라질의 리우데자네이루에서 뉴욕으로 비행기를 타고 갔다. 테러와의 전쟁이라는 명분으로 자행된 정부의 비밀주의와 인권 남용의 위험성에 관한 강연이 예정되어 있었다.

JFK 공항에 내리자마자 다큐멘터리 영화감독인 로라 포이트러스에게서 이메일이 온 사실을 알게 되었다. 이런 내용이었다.

> 이번 주에 미국에 올 일이 있으신가요? 할 말이 있으니 연락이 닿았으면 합니다. 직접 만나는 게 제일 좋고요.

나는 로라에게서 온 모든 메시지를 진지하게 받아들인다. 내가 아는 사람 중 가장 집중력이 있고 대담하며 독립적인 인물인 로라는, 극도로 위험한 상황에서 언론의 지원 없이 혼자 많지 않은 예산과 카메라 한 대와 결단력만으로 영화를 계속 제작했다. 이라크 전쟁이 한창일 때에는 미군의 점령하에서 사는 사람들에 대한 과감한 시선이 담긴 〈나의 조국, 나의 조국〉을 제작하기 위해 위험을 무릅쓰고 수니 삼각주에 뛰어들었다. 이 작품은 아카데미상 후보작에 오르기도 했다.

로라는 차기작인 〈맹세〉를 제작하기 위해 예멘에 갔고, 그곳에서 예멘 출신인 오사마 빈 라덴의 경호원과 운전사를 따라 수개월을 보냈다. 이후에는 NSA의 감시에 관한 다큐멘터리를 제작하고 있었다.

정부 당국은 테러와의 전쟁 기간에 미국이 보여준 행위에 관한 3부작으로 기획된 세 편의 영화 때문에 로라가 출입국을 할 때마다 지속적으로 괴롭혔다.

나는 로라를 통해 소중한 교훈을 얻었다. 우리가 처음 만난 2010년, 로라는 입국 과정에서 36회 이상 국토안보부에 억류되어 조사와 위협을 받고 노트북, 카메라, 수첩을 포함한 소지품을 압수당한 적이 있었다. 그때마다 로라는 정부의 이런 가혹한 행동을 외부에 알리지 않기로 마음먹었다. 영화 제작을 할 수 없게 되는 상황을 우려했기 때문이다. 하지만 뉴어크 공항에서 벌어진 아주 폭력적인 조사 뒤에는 생각을 고쳐먹었다. 더 이상 견딜 수가 없었던 로라는 이런 말을 했다.

"입을 닫고 있으니까 좋아지기는커녕 더 나빠지고 있어요."

나는 로라가 지속적으로 당했던 조사의 내용을 정치 웹진인 〈살롱〉 기사로 상세히 알렸다. 그 글은 정부 당국의 행동에 대한 비난과 우리를 지지하는 여론을 이끌어내면서 큰 주목을 받았다. 기사가 나간 뒤로 로라가 출국할 때 조사를 하거나 물건을 압수하는 조치가 없었다. 다음 수개월간 정부 당국이 로라를 괴롭히는 일도 사라졌다. 로라는 몇 년 만에 처음으로 자유롭게 여행할 수 있었다.

이 사례에서 얻은 교훈은 분명했다. 국가 안보 관계자는 빛을 좋아하지 않는다. 어둠 속에서 자신들이 안전하다고 판단할 때만 함부로, 그리고 악당처럼 행동한다. 우리는 비밀 유지가 권력 남용의 핵심이고, 권력 남용을 실행하는 힘이라는 사실을 깨달았다. 투명성이야말로 유일하게 제대로 된 방어 수단이다.

JFK 공항에서 로라의 이메일을 읽자마자 곧장 답변을 보냈다.

오늘 아침에, 그러니까 방금 미국에 도착했습니다. … 어디 계세요?

우리는 다음 날 뉴욕 주 용커스의 내가 머문 메리어트 호텔 로비에서 만나기로 했다. 그곳 레스토랑에 자리를 잡았다가, 로라가 요구하는 바람에 두 번이나 자리를 옮긴 다음에야 대화를 시작했다. 아무도 엿듣지 못하게 하기 위한 조치였다. 그러고는 본론으로 들어갔다. 로라는 "아주 중요하고 민감한 문제"가 있다면서 보안이 절대적으로 필요하다고 했다.

내가 휴대폰을 갖고 있다는 사실을 안 로라는 배터리를 제거하거나 호텔방에 갖다 놓고 오라고 부탁했다. 로라는 "과대망상처럼 들리죠"라고 말했지만, 정부는 원격으로 휴대폰과 노트북을 도청 장치로 만드는 능력이 있다. 휴대폰이나 노트북의 전원을 끄더라도 도청을 막을 수 없으니 배터리를 제거해야 한다.

나는 이런 사실을 국가 투명성 운동가와 해커에게서 이미 들은 적이 있었지만, 지나친 우려로 치부하곤 했다. 하지만 이번에는 진지하게 받아들였는데, 다른 사람이 아니라 로라가 말했기 때문이었다. 배터리를 제거할 수 없다는 사실을 확인한 나는 휴대폰을 호텔방에 두고 레스토랑으로 되돌아왔다.

로라가 운을 뗐다. 익명의 인물로부터 몇 차례 이메일을 받았다. 진실하고 진지해 보이는 인물이었다. 그 사람은 미국 정부가 미국인과 다른 국가를 몰래 감시하는 내용의 범법 행위가 담긴 극비 문서를 갖고 있다고 주장했다. 제보자는 문서를 폭로하기로 마음먹었고, 구체적으로 로라가 나와 함께 문서를 공개하고 보도해줄 것을 요청했다. 이 당시 나는 킨키나투스와 이메일 연락을 하지 않았고, 그 문제에 대해 별로 신경을 쓰지 않고 있었다.

이때 로라는 배낭에서 몇 장의 문서를 꺼냈다. 익명의 제보자가 보낸 두 장의 이메일이었다. 나는 테이블에서 처음부터 끝까지 읽었다. 흥미진진한 내용이었다.

첫 번째 메일이 오고 몇 주 뒤에 도착한 두 번째 메일은 "아직 여기 있습니다"라는 말로 시작했다. 내가 가장 묻고 싶은 질문, 즉 언제 문서가 준비되냐는 질문에 대해서는 "조만간이라고밖에 말씀드릴 수가 없네요"라는 답이 돌아왔다.

제보자는 민감한 문제에 대해 말하기 전에 항상 휴대폰 배터리를 제거하거나 적어도 도청 방지를 위해 휴대폰을 냉장고에 넣으라고 요구한 뒤에, 로라에게 이 문서에 관해 나와 함께 일해야 한다고 말했다. 그러고는 자기가 할 임무의 핵심으로 들어갔다.

> (첫 폭로 뒤) 초기의 충격은 좀 더 평등한 인터넷 환경을 구축하는 데 필요한 지지를 얻게 해줄 것입니다. 하지만 이런 상황은 기술이 법에 앞서지 않으면 일반인들에게는 득이 되지 않을 것입니다. 프라

이버시가 침해되는 메커니즘을 이해해야 이 싸움에서 이길 수 있습니다. 관행적으로 이루어지는 불합리한 조사에 대항해서 모든 사람에 대한 동등한 보호를 보장할 수 있지만, 기술 커뮤니티가 위협을 기꺼이 직시하고 더 복잡한 해법을 실행하는 데 헌신하는 경우에만 그렇습니다. 결국, 한 가지 원칙을 강제해야만 합니다. 권력자도 일반인과 공유하는, 같은 종류의 프라이버시만 누리게 하는 것입니다. 인간이 만든 정책이라기보다 자연 법칙에 따라 강제되는 원칙 말입니다.

읽기를 마친 내가 말했다.

"진짜군요. 콕 집어 설명할 순 없지만 메일 내용이 진짜고, 제보자의 정체도 사실인 것 같습니다."

로라가 답했다.

"저도 그래요. 거의 확실해요."

이성적이고 합리적으로 판단했을 때, 로라와 나는 제보자의 정직성에 대한 우리의 믿음이 잘못된 것일 수도 있다는 걸 알았다. 누가 로라에게 메일을 보냈는지에 관한 정보가 전혀 없었다. 전부 꾸민 이야기일 수도 있었다. 정부가 비밀 누설 협조 혐의를 씌우기 위해 조작한 공작일 수도 있었다. 공개할 가짜 문서를 건네서 우리의 신뢰성에 타격을 주기 위한 메일일 수도 있었다.

모든 가능성을 열어두고 이야기했다. 우리는 2008년 미국 정부가 작성한 비밀 보고서가 위키리크스를 국가의 적으로 규정하고, 위키리크스에 "피해를 주고 어쩌면 파괴할" 방법을 제시한 사실을 알고 있었다. 아이러니하게도 위키리크스에 누설된 이 보고서에는 정부가 가짜 문서를 퍼트릴 가능성이 담겨 있었다. 위키리크스가 가짜 문서를 진짜인 줄 알고 공개했더라면 신뢰성에 큰 타격을 입었을 것이다.

우리는 이 모든 위험을 알면서도 직관에 따라 판단했다. 꼬집어 말할 수는 없지만 강력한 무언가가 제보자의 메일 내용이 진짜라고 확신하게 했다. 정부의 비밀주의와 폭넓게 벌어지는 감시 활동의 위험성에 대한 확고한 믿음에서 우러나온 글이었다. 직관적으로 제보자의 정치적 열정을 알아챘다. 제보자의 세계관과 그를 힘들게 하는 것이 확실한 절박함에 공감했다.

나는 지난 7년간 국가의 비밀주의와 극단적인 집행권 이론, 감시와 감금의 남용, 군국주의와 인권 침해라는 미국에서 벌어지는 위험한 경향에 관한 글을 쓰면서 똑같은 확신에 따라 행동했다. 언론인과 활동가, 내 글의 독자, 그리고 이러한 경향을 함께 우려하는 사람들을 아우르는 특정한 논조와 태도가 있다. 내가 판단하기에 이런 불안감을 진심으로 느끼지 못하는 사람이 이처럼 정확하게, 이처럼 신빙성 있게 그런 논조와 태도를 흉내 내기는 어려웠다.

로라가 받은 이메일의 마지막 문장에서, 제보자는 우리에게 문서를 제공하기 위해 필요한 최종 단계를 마무리하고 있다고 했다. 4~6주가 더 필요했고, 연락을 기다려야 했다. 제보자는 우리가 그렇게 하도록 확신을 주었다.

3일 뒤, 다시 로라를 만났다. 이번 장소는 맨해튼이었고 익명의 제보자가 보낸 또 다른 이메일이 있었다. 메일에는 제보자가 기밀문서를 공개하기 위해서 자유를 박탈당하고, 아주 긴 옥살이를 하게 될 위험을 무릅쓴 이유가 설명되어 있었다. 이제 더 확신이 들었다. 제보자는 진짜다. 하지만 브라질로 돌아가는 비행기에서 동성애인인 데이비드 미란다에게 말했듯이, 나는 이 모든 것을 머릿속에서 지우기로 했다.

"아무 일도 벌어지지 않을지도 몰라. 제보자의 생각이 바뀔 수 있어. 붙잡힐 수도 있어."

하지만 직감력이 뛰어난 데이비드는 섬뜩하게도 이렇게 확신했다.

"진짜야. 제보자는 진짜란 말이야. 일이 벌어질 거야. 그것도 엄청난 일이."

리우데자네이루로 돌아온 뒤 3주간 아무런 소식을 듣지 못했다. 제보자에 대해 생각할 시간이 없었다. 할 수 있는 일이라곤 기다리는 것밖에 없기 때문이었다. 그러다가 5월 11일, 예전에 로라와 함께 일한 적이 있는 IT 전문가로부터 이메일을 받았다. 알쏭달쏭한 표현을 썼지만 의미하는 바는 분명했다.

> 안녕하세요, 글렌. 다음에 PGP 사용법을 가르쳐드리죠. 다음 주에 시작할 수 있도록 도움이 될 뭔가를 보낼 이메일 주소를 알려주실래요?

나는 보내주려 한 뭔가가 제보자가 갖고 있는 문서를 확인하는 데 필요하다고 확신했다. 결국 이런 사실은 로라가 익명의 제보자와 연락이 닿았고, 우리가 기다리던 뭔가를 받았다는 것을 의미했다.

로라가 소개해준 IT 전문가는 페덱스로 택배를 보냈다. 이틀 뒤에 택배가 도착할 예정이었다. 뭐가 올지 몰랐다. 프로그램? 아니면 아예 비밀 자료를 보낸 걸까? 이틀 동안 다른 일이 손에 잡히지 않았다. 택배 도착 예정일 오후 5시 30분이 되었지만 아무것도 배달되지 않았다. 페덱스에 전화를 걸자 "알 수 없는 이유"로 택배가 세관에 보관되어 있다는 답이 돌아왔다.

택배가 늦어지는 이유가 미국, 브라질 또는 다른 국가의 정부 당국이 뭔가 눈치를 채고 조치를 한 것이라는 의심도 잠시 했다. 하지만 우연히 벌어진 행정적 불편일 뿐이라는 좀 더 그럴싸한 이유를 믿었다.

이 무렵 로라는 전화나 인터넷으로 이 문제에 대해 이야기하는 것을 크게 꺼렸다. 그래서 나는 택배에 뭐가 들었는지 알지 못했다.

결국 열흘 정도 뒤에 택배가 왔다. 봉투를 뜯어보니 강력한 보안을 제공하는 여러 컴퓨터 프로그램의 상세한 사용법이 담긴 인쇄물과 함께 USB 메모리 두 개가 들어 있었다. 또한 암호화된 이메일 계정과 들어본 적이 없는 몇몇 프로그램의 여러 패스프레이즈도 있었다.

나는 이 모든 것들이 의미하는 바가 뭔지 몰랐다. 패스프레이즈에 대해서는 알고 있었지만, 이런 특정 프로그램에 대해 들어본 적이 없었다. 기본적으로 패스프레이즈는 암호 해독을 어렵게 하기 위해 대소문자를 구분하고 구두점이 포함된, 무작위의 긴 패스워드다. 로라와 전화나 인터넷상으로 이야기 할 수 없었기 때문에 나는 여전히 낙담한 상태였다. 마침내 기다리던 물건이 왔지만 그 결과가 어떨지 알지 못했다.

그럼에도 가능한 가장 나은 안내를 받아내려 했다. 택배가 도착하고 그 다음 날인 5월 20일 무렵, 로라가 내게 급하게 할 말이 있다고 했다. 인터넷에서 안전하게 대화하는 데 필요한 암호화 프로그램인 OTR 채팅을 통해서만 연락해야 한다고 했다. 이전에 OTR을 사용한 적이 있던 나는 구글 검색을 통해 프로그램을 설치해서 등록을 한 다음 로라의 사용자명을 친구 목록에 추가했다. 그러자 로라와 바로 연결되었다.

나는 기밀문서 열람에 대해 물었다. 로라는 자신이 아니라 제보자만 기밀문서에 접근할 수 있다고 했다. 그러고는 제보자를 만나기 위해 얼마 안 가 홍콩에 가야 할지도 모른다는 새롭고 이상한 소식을 덧붙였다.

당황스러웠다. 미국 정부의 일급비밀을 열람할 수 있는 사람이 홍콩에서 뭘 하는 거지? 이 문제와 홍콩이 무슨 상관이야? 나는 익명의 제보자가 메릴랜드나 노던버지니아에 있는 줄 알았다. 하필이면 왜 홍콩일까? 물론 어디든 갈 의향이 있지만, 그렇게 해야 할 이유에 대해 좀 더 알았으면 했다.

나는 그럴 만한 가치가 있는지 확신할 수 있었으면 했다. 즉, 제보자가 진짜라는 증거를 로라가 확보했는지 궁금했다. 아리송한 답변이 돌아왔다.

물론이죠. 그렇지 않다면 같이 홍콩에 가자고 안 했겠죠.

나는 로라의 답변이 어떤 중대한 문서를 제보자로부터 받았다는 걸 의미한다고 생각했다.

로라는 한 가지 문제가 불거졌다고 했다. 제보자는 그때까지의 진행 상황, 즉 〈워싱턴포스트〉가 관여할 가능성이 있다는 새로운 사태 전환에 대해 화가 나 있었다. 로라는 내가 직접 제보자에게 연락해서 확신을 심어주고, 커져만 가는 제보자의 우려를 가라앉히는 것이 중요하다고 말했다.

한 시간 내로 제보자가 직접 메일을 보내왔다.

송신자의 메일 아이디는 베락스였다. 라틴어로 '진실을 알리는 자'라는 뜻이다. 메일 제목은 "드릴 말씀이 있습니다"였다.

메일은 "저는 우리 모두가 아는 친구와 함께 중요한 프로젝트를 진행하고 있었습니다"라고 시작했다. 상대가 로라와 접촉하고 있다는 사실을 분명하게 밝혔기 때문에 나는 그가 로라가 말한 익명의 제보자라는 사실을 이때 알게 되었다.

최근에 저와의 만남을 위한 단기 여행 제안을 거부하셨습니다. 이 문제에 관여하실 필요가 있습니다. 조만간 이야기를 나눌 방법이 없을까요? 보안 조치를 하는 데 어려움이 있다는 사실을 이해합니다만, 현 상황에서 연락할 방법을 찾아보겠습니다.

제보자는 OTR을 통해 대화하자고 제안하고는 자신의 사용자 이름을 알려주었다.

나는 "단기 여행 제안을 거부"했다는 말이 무슨 뜻인지 이해하지 못했다. 제보자가 왜 홍콩에 있는지에 대해 혼란스러움을 표현했지만 홍콩 방문을 명확하게 거절하지는 않았다. 오해가 있었다고 생각한 나는 바로 "이 문제에 참여할 수 있도록 최선을 다하고 싶습니다"라고 답했다. 그러면서 당장 OTR로 이야기하자고 했다. OTR 친구 목록에 제보자를 추가한 다음 기다렸다.

15분도 지나지 않아서 컴퓨터에서 벨소리가 들렸다. 제보자가 접속했다는 신호였다. 다소 긴장한 나는 제보자의 사용자명을 클릭하고는 "안녕하세요"라고 말을 걸었다. 상대가 답했고, 나는 정부의 감시 프로그램 중 다수를 이미 공개한 상태에서 추가 폭로를 원하는 누군가와 직접 대화하게 되었다고 생각했다.

나는 망설이지 않고 최선을 다하겠다고 했다.

"이 문제를 보도하기 위해 제가 해야 할 일을 기꺼이 하겠습니다."

아직 이름이나 근무처, 나이를 비롯해 아무것도 밝히지 않은 제보자는 자신을 만나러 홍콩에 올 수 있는지 물었다. 나는 제보자가 왜 홍콩에 있는지 묻지 않았다. 정보를 캐려는 것처럼 보이고 싶지 않아서였다.

나는 처음부터 제보자가 대화를 주도하게끔 하기로 마음먹었다. 홍콩에 있는 이유를 말하길 원하면 말할 것이다. 어떤 문서를 제공하려 했는지 알려주길 원하면 그 또한 말할 것이다. 이런 수동적인 태도를 유지하기는 쉽지 않았다. 소송 전문 변호사 출신이자 현직 기자인 나는, 궁금한 사실이 있으면 공격적인 질문을 하는 데 익숙하고 질문거리도 수백 개나 있었다.

하지만 민감한 상황이라고 판단했다. 어쨌거나 제보자는 미국 정부가 매우 심각한 범죄로 여길 행동을 하기로 마음먹은 상태였다. 신중함이 아주 중요하다는 사실은 제보자가 통신 보안에 얼마나 신경 썼는지를 보면 명확했다. 상대가 누군지, 어떤 생각을 하고 동기가 무엇이며 어떤 두려움을 갖고 있는지 정보가 거의 없었기 때문에, 내 입장에서는 신중함과 자제심이 꼭 필요했다. 겁을 줘서 제보자를 쫓을 마음은 없었다. 그래서 이야기를 끄집어내려 하기보다는 자발적으로 말하도록 질문을 자제했다.

"물론 홍콩에 가겠습니다."

나는 제보자가 하고많은 장소 중에 홍콩에 있는 이유를, 내가 홍콩에 가길 원하는 이유를 여전히 모른 채 답했다.

이날 우리는 인터넷에서 두 시간 동안 이야기를 주고받았다. 제보자가 가장 우려하는 것은 로라가 NSA 문서 중 일부에 관해 〈워싱턴포스트〉 기자인 바튼 겔먼과 대화를 나눴다는 사실이었다. 해당 문서는 프리즘PRISM이라는 프로그램에 관한 구체적인 내용을 담고 있었다. 프리즘은 NSA가 페이스북, 구글, 야후, 스카이프를 비롯한 세계 최대 인터넷 회사로부터 사용자의 사적인 통신을 수집하는 것을 가능하게 하는 프로그램이다. 〈워싱턴포스트〉는 이 이야기를 신속하고 공격적으로 보도하는 대신 대규모 법률 팀을 꾸렸고, 해당 법률 팀은 온갖 종류의 요구와 무시무시한 경고를 했다. 이런 행동은 제보자가 보기에, 언론으로서 전례 없는 기회로 생각되는 정보를 건네받은 〈워싱턴포스트〉가 확신과 결단이 아니라 두려움에 따라 움직인다는 신호였다. 또한 〈워싱턴포스트〉는 너무 많은 사람이 관여하게 해서 제보자 자신을 위험에 빠트릴지도 모른다고 우려하게 했다.

제보자가 말했다.

"지금 진행 상황이 마음에 들지 않습니다. 다른 누군가가 프리즘에 관한 보도를 하고 기자님은 더 폭넓은 자료, 특히 대규모 국내 감시에 집중하실 수 있었으면 했습니다. 하지만 지금은 기자님이 이 문제를 꼭 보도해주셨으면 합니다. 그동안 쓰신 글을 읽었습니다. 두려워하지 않고 공격적으로 이 문제를 알려주실 것으로 알고 있습니다."

내가 답했다.

"기꺼이 그렇게 하겠습니다. 제가 할 일을 결정하시죠."

제보자가 말했다.

"가장 먼저 할 일은 홍콩으로 오시는 겁니다."

제보자는 같은 말을 계속 반복했다. 지금 당장 홍콩으로 오시죠.

첫 번째 온라인 대화에서 주고받은 또 다른 주요 화제는 제보자의 목적이었다. 로라의 이메일을 통해 나는 제보자가 미국 정부가 은밀하게 구축하고 있는 대규모 감시 기구에 관한 이야기를 세상에 알리기로 마음먹은 걸 알고 있었다. 하지만 그걸 통해 뭘 이루려는 걸까?

제보자가 말했다.

"프라이버시, 인터넷 자유, 국가의 감시에 관한 전 세계적인 논쟁에 불을 붙이길 원했습니다. 제게 벌어질 일은 두렵지 않습니다. 이렇게 함으로써 제 삶이 끝나버릴 거란 사실을 이미 받아들였습니다. 그 문제에서 초탈한 상태입니다. 제가 하는 일이 옳다고 생각합니다."

그러고는 놀라운 발언을 이어갔다.

"이런 폭로의 배후에 있는 저의 정체를 밝히길 원합니다. 왜 이 일을 하고, 제가 이루려는 것이 뭔지 설명할 의무가 있다고 생각합니다."

제보자는 자신의 신원을 밝힐 때 인터넷에 올릴 문서를 작성해두었다고 말했다. 프라이버시 보호를 지지하는 세계적인 운동이 있다는 사실을 보여주는, 전 세계인이 서명할 프라이버시 지지와 감시 반대 선언문이었다.

제보자는 신원을 드러냈을 때 거의 확실시되는 대가, 즉 적어도 장기간 구속되는 일이 벌어지더라도 그런 결과에 "초탈"했다고 거듭 밝혔다.

제보자가 말했다.

"이 모든 일을 하는 데 있어서 제가 두려워하는 것은 한 가지뿐입니다. 사람들이 이 문서를 보고 어깨를 으쓱하면서 '이런 일이 벌어지고 있을 줄 예상했고, 별로 관심 없어'라고 말하는 상황입니다. 제가 우려하는 단 한 가지는 제 인생을 걸고 한 모든 행동이 헛되지 않을까 하는 점입니다."

"그럴 리가 없을 겁니다."

나는 장담을 하면서도 진짜 그렇게 생각하는지 확신하지 못했다.

오랜 기간 NSA의 감시 남용에 관한 글을 쓰면서 국가의 은밀한 감시에 관해 주의를 크게 환기시키기가 쉽지 않을 수 있다는 사실을 알았다. 프라이버시 침해와 감시 남용은 추상적으로 들릴 수 있고, 관심을 갖게 하기가 쉽지 않은 문제다. 게다가 감시 문제는 항상 복잡해서 대중이 폭넓게 관여하게 하기가 더 어렵다.

하지만 이번에는 다르게 느껴졌다. 극비 문서가 폭로되면 미디어는 주목한다. 미국시민자유연맹ACLU의 변호사나 인권 옹호자가 아니라 국가 안보 기관에 소속된 내부자의 경고라는 사실에는 확실히 무게가 더 실린다는 것을 뜻했다.

이날 밤, 나는 홍콩에 가는 문제에 관해 데이비드와 이야기를 나눴다. 하던 일을 모두 중단하고 이름조차 모르는 누군가를 만나기 위해 지구 반대편으로 날아가기가 여전히 꺼림칙했다. 특히 제보자가 말한 제보자의 정체를 입증할 제대로 된 증거도 없었다. 완전히 시간 낭비일 수 있었고, 함정이거나 수상한 음모일지도 몰랐다.

"제보자가 진짜고, 홍콩까지 가서 만날 만한 가치가 있는지 알려면 우선 문서의 일부를 보여달라고 말하는 게 좋겠어."

데이비드가 제안했다.

늘 그랬듯이 나는 데이비드의 충고를 받아들였다. 다음 날 아침 OTR 채팅 프로그램에 들어간 나는, 며칠 내로 홍콩을 방문할 예정이지만 먼저 문서의 일부를 확인해서 어떤 형태의 폭로를 준비하고 있는지 알았으면 한다고 제보자에게 말했다.

그렇게 하기 위해 여러 프로그램을 설치하라는 답변이 돌아왔다.

며칠에 걸쳐 각 프로그램의 설치와 사용법에 관해 차근차근 안내를 받았고, 여기에는 결국 PGP 암호화 프로그램도 포함되었다. 내가 초보자란 사실을 알고 있던 제보자는 말 그대로 "파란색 버튼을 클릭하고, 이제 OK를 누르세요. 다음 화면으로 넘어가세요" 식으로 설명하면서 엄청난 인내력을 보여주었다.

나는 내가 컴퓨터에 익숙하지 않다는 사실과 제보자가 아주 기본적인 보안 프로그램의 설치 방법을 가르쳐주기 위해 장시간을 투자해야 했던 점에 대해 계속 사과했다. 제보자가 말했다.

"괜찮습니다. 대부분 이해 못 할 프로그램이죠. 게다가 지금 남아도는 게 시간입니다."

프로그램을 전부 설치하자 약 25건의 문서가 담긴 파일을 받았다.

"그냥 아주 약간 맛만 보여드린 겁니다. 빙산의 일각이죠."

제보자는 감질나게 말했다.

나는 압축 파일을 풀어서 문서 목록을 보고 무작위로 파일을 클릭했다. 문서 페이지 상단에는 붉은색으로 "TOP SECRET//COMINT//NOFORN/"이라고 표기되어 있었다. 법적으로 일급비밀이고, 통신정보와 관련이 있으며, 국제기구나 동맹국을 포함해서 외국에 전파할 수 없다는 의미였다. 세상에서 가장 힘 있는 정부의 가장 비밀스러운 기관인 NSA의 극비 정보가 담긴 문서가 확실했다. NSA 60년 역사상 이처럼 중요한 정보가 누설된 적은 없었다. 이 순간 내 수중에 그런 정보 수십 건이 있었다. 그리고 지난 이틀간 여러 시간 동안 나와 채팅을 한 사람은 내게 줄 정보를 더 많이 갖고 있었다.

첫 번째 문서는 NSA 분석관을 대상으로 새로운 감시 능력에 대해 교육하기 위한 훈련 매뉴얼이었다. 분석관이 조회할 수 있는 정보의 형태(이메일 주소, IP 프로토콜 데이터, 전화번호)와 조회를 통해 얻을 수 있는 데이터의 형태(이메일 내용, 전화 메타데이터, 채팅 기록)를 광범위하게 담고 있었다. 이때 상황은 NSA가 감시 대상에 대해 감청하는 방법을 분석관에게 교육하는 내용을 내가 엿보는 것이나 다름없었다.

심장이 빠르게 뛰었다. 읽기를 멈추고 집 주변을 몇 번 산책해야 했다. 방금 본 내용을 이해하고 파일을 읽는 데 집중할 수 있을 만큼 마음을 가라앉히기 위해서였다. 다시 노트북에서 다음 문서를 무작위로 클릭했다. 「PRISM/US-984XN 현황」이라는 일급비밀 파워포인트 파일이었다. 각 슬라이드에는 구글, 페이스북, 스카이프, 야후를 포함해 미국 9대 인터넷 대기업의 로고가 표시되어 있었다. 첫 슬라이드에는 NSA측이 "다음 미국 서비스 제공업체의 서버에서 직접 수집 : 마이크로소프트, 야후, 구글, 페이스북, 팰톡, AOL, 스카이프, 유튜브, 애플"이라고 말한 프리즘 감시 프로그램이 나왔다. 어떤 그래프는 프리즘에 이들 기업이 합류한 날짜를 보여주었다.

나는 너무 흥분한 나머지 또 한 번 읽기를 멈춰야 했다.

제보자는 적절한 시점이 올 때까지 열람할 수 없는 큰 파일을 하나 보낸다는 말도 했다. 제보자가 정보 제공 시점을 결정하도록 한 결정과 마찬가지로, 나는 중요하긴 해도 아리송한 제보자의 말에 당장은 신경 쓰지 않았다. 게다가 이미 수중에 있는 자료만으로도 매우 흥분한 상태였다.

처음 몇 개 문서를 잠깐 보고 두 가지 사실을 깨달았다. 이 이야기를 보도하기 위해 당장 홍콩으로 갈 필요가 있고, 상당한 조직적 지원을 받아야 한다는 사실이었다. 그것은 내가 불과 9개월 전에 일간지 칼럼니스트로 참여했던 신문이자 인터넷 뉴스 사이트인 〈가디언〉이 관여하는 것을 의미했다. 이미 알게 된 크고 폭발력 있는 일에 〈가디언〉을 참여시킬 참이었다.

스카이프를 이용해서 〈가디언〉 미국판의 영국인 편집국장인 자닌 깁슨에게 연락했다. 〈가디언〉은 나의 편집 독립권에 합의했고, 그것은 칼럼을 내기 전에 누구도 내용을 수정하거나 심지어 열람할 수 없다는 걸 뜻했다. 나는 기사를 쓴 다음 직접 인터넷에 게시했다. 유일하게 예외적인 상황은 내 글이 법적인 문제가 될지를 신문사에 알릴 때였다. 지난 9개월간 이런 사례는 매우 드물어서 한두 차례에 불과했다. 이 때문에 〈가디언〉 편집자들과 교류가 거의 없었다. 미리 알려줘야 할 이야기가 있다면 확실히 이번 건이 그랬다. 나는 〈가디언〉의 자원과 지원이 필요할 것이란 점을 알았다. 나는 에두르지 않고 말했다.

"자닌, 특종이에요. NSA의 일급비밀 다수에 접근할 수 있는 제보자를 알고 있습니다. 몇 건을 이미 받아봤는데, 충격적입니다. 게다가 제보자는 이런 정보를 더 많이 갖고 있다고 했습니다. 이미 전달받은 자료는, 방금 확인했는데, 아주 충격적입니다—"

자닌이 끼어들었다.

"지금 뭐로 연락하신 거예요?"

"스카이프입니다."

자닌은 현명하게 "전화상으로 이 문제를 이야기해선 안 될 것 같아요. 스카이프로는 절대 안 돼요"라고 말했다. 그러고는 당장 항공편으로 뉴욕에서 만나서 이야기를 하자고 제안했다.

내 계획은, 로라에게 말했는데, 뉴욕으로 가서 〈가디언〉 측에 문서를 보여줘서 흥미를 갖게 만든 다음 나를 제보자와 만나도록 홍콩에 특파하게 하는 것이었다. 로라와 뉴욕에서 만나기로 하고, 함께 홍콩으로 갈 생각이었다.

다음 날 리우데자네이루에서 야간 비행기로 JFK 공항으로 갔고, 그 다음 날인 5월 31일 금요일 오전 9시 무렵, 맨해튼 호텔에 체크인을 한 뒤 로라를 만났다. 우리는 우선 상점에 가서 노트북을 샀다. '에어갭 장치', 즉 인터넷에 접속한 적이 없는 컴퓨터로 쓸 생각이었다. 에어갭 컴퓨터를 감시하는 일은 훨씬 더 어렵다. NSA 같은 정보기관이 에어갭 컴퓨터를 감시하려면 물리적으로 컴퓨터에 접근해서 하드디스크에 감시 장치를 설치하는 것처럼 훨씬 까다로운 방법을 동원해야 했다. 항상 에어갭 컴퓨터를 사용하는 조치는 이런 종류의 침해를 막는 데 도움이 된다. 나는 NSA 비밀문서처럼 감시받기를 원치 않는 문서를 발각될 우려 없이 작업할 때는 새 노트북을 사용하곤 했다.

새 노트북을 배낭에 넣고 로라와 다섯 블록을 걸어서 〈가디언〉 사무실로 갔다. 자닌이 기다리고 있었다. 나는 곧장 자닌과 함께 그녀의 사무실에 들어갔고, 그곳에서 부편집국장인 스튜어트 밀러와 합류했다. 이때 로라는 밖에서 기다렸다. 자닌은 로라를 몰랐고, 허심탄회하게 말했으면 했다. 〈가디언〉이 내가 갖고 있는 자료에 어떻게 반응할지, 걱정을 할지 신나할지 몰랐다. 나는 〈가디언〉과 함께 취재를 한 적이 없었다. 이 정도 수준의 무게와 중요성을 지닌 사안을 두고 간접적으로나마 관여한 적은 확실히 없었다.

노트북에서 제보자가 준 파일을 열자, 자닌과 밀러는 테이블에 앉아서 문서를 확인했고, 주기적으로 "우와"와 "맙소사" 같은 감탄사를 내뱉었다. 소파에 앉은 나는 두 사람이 자료의 실체를 충분히 이해하기 시작했을 때 둘의 표정에서 나타나는 충격을 목격했다. 문서 확인이 끝날 때마다 다음 문서를 열어 보여주자 더 크게 놀랐다.

제보자는 24건 정도의 NSA 문서 외에도 서명을 요구하기 위해 게시하려 한 선언문도 넣어두었다. 프라이버시에 찬성하고 감시에 반대하는 명분에 대한 연대의 표시였던 선언문은 극적이고 진지했다. 제보자가 선택한 극적이고 진지한 결정, 즉 자신의 운명을 영원히 뒤바꿀 결정을 감안하면 그럴 만도 했다. 확인이나 감독이 없는, 전방위적인 국가 감시 시스템의 암울한 건설을 목격한 사람이 자신이 목격한 사실과 그것이 지닌 위험성에 크게 놀라는 것은 당연해 보였다. 물론 제보자의 논조는 극단적이었다. 너무 놀란 나머지 어떤 과감하고 큰 영향을 미칠 일을 하려는 특별한 결심을 한 상태였다. 나는 제보자의 논조를 이해했지만, 자닌과 밀러가 선언문에 어떻게 반응할지 걱정했다. 정서가 불안정한 사람을 상대하고 있다고 생각하지 않았으면 했다. 제보자와 여러 시간 동안 이야기를 나눈 나는, 그가 아주 합리적이고 신중하다는 사실을 알고 있었다.

우려했던 바는 금방 현실로 드러났다. 자닌이 말했다.

"어떤 사람한테는 정신 나간 소리로 들릴 겁니다. 몇몇 사람과 NSA를 지지하는 미디어는 선언문이 약간은 테드 카진스키(미국의 유명한 폭탄 테러범으로, 1995년 자신이 작성한 선언문을 언론이 싣는다면 폭탄 테러를 멈추겠다고 제안한 적이 있다 - 옮긴이)를 떠올리게 한다고 할 거예요."

나도 동의했다.

"하지만 결국 중요한 건 제보자나 제보자가 비밀문서를 우리한테 넘긴 동기가 아니라, 문서 자체입니다. 게다가 이런 극단적인 선택을 한 사람이라면 극단적인 생각을 할 겁니다. 그건 불가피합니다."

선언문과 더불어, 제보자는 비밀문서를 전달한 언론인들에게 편지를 썼다. 이를 통해 자신의 의도와 목적을 설명하려 했고, 자신이 어떻게 악당으로 비칠지 예상했다.

> 저의 유일한 동기는 사람들에게 무슨 일이 이들의 이름으로 행해지고, 무슨 일이 이들의 뜻에 반해서 자행되는지 알리는 것입니다. 파이브아이즈에 소속된 미국, 영국, 캐나다, 호주, 뉴질랜드 가운데 우두머리인 미국 정부는 피후견국과 공모하여 전 세계에 숨을 곳이 없도록 구석구석에 은밀한 감시 체계를 구축했습니다. 이들은 비밀 지정과 거짓말을 통해 시민들의 감독으로부터 감시 체계를 보호하고, 기밀 누설 시 정부에 허락된 제한적인 보호를 과도하게 강조함

> 으로써 사람들의 분노를 비껴갑니다.
>
> 첨부 문서는 진짜고 원본이며, 전 지구적인 패시브 감시 시스템이 어떻게 작동하는지 알려줌으로써 여기에 대한 보호 방안 개발에 대해 이해할 수 있게 해줍니다. 이 글을 쓰는 오늘, 이 시스템이 수집하고 분류할 수 있는 새로운 모든 통신 기록은 수년간 저장될 예정이고, 새로운 '대량 데이터 저장소(또는 완곡한 표현으로 '임무' 데이터 저장소)'도 전 세계에 구축·배치되고 있으며, 그중 가장 큰 규모의 신설 데이터 센터는 유타 주에 건설되고 있습니다. 대중의 인식과 논쟁이 개혁으로 이어지기를 간절히 바라긴 해도, 인간의 정책은 시간이 지나면서 바뀌고 권력이 원하는 경우 헌법도 전복된다는 사실을 염두에 두십시오. 옛말에 이런 말이 있습니다. "더 이상 인간의 신뢰에 대해 말하기보다, 악행을 저지르지 못하도록 암호의 쇠사슬로 속박하자."

나는 마지막 문장이 토머스 제퍼슨이 1798년에 한 발언을 이용한 말장난이라는 사실을 곧장 알아챘다. 내 글에서 자주 언급했던 말이기도 했다.

> 권력의 문제에서, 그렇다면, 더 이상 인간의 신뢰에 대해 말하기보다, 악행을 저지르지 못하도록 헌법의 쇠사슬로 속박하자.

스노든의 편지를 포함해서 전체 문서를 확인한 자닌과 밀러는 내

말을 받아들였다. 이날 오전에 내가 도착하고 두 시간이 지나기 전에 자닌은 이렇게 결론 내렸다.

"가능하면 빨리, 내일쯤 홍콩으로 가셔야겠어요, 그죠?"

〈가디언〉이 우리 배에 올라탔다. 뉴욕에서의 임무가 달성된 것이다. 나는 이제 자닌이 적어도 당분간은, 이 이야기에 적극적으로 나설 것이란 사실을 알았다.

이날 오후 로라와 나는 최대한 빨리 홍콩에 가기 위해 〈가디언〉 출장 담당자와 협의했다. 최선책은 다음 날 아침에 출발해서 열여섯 시간이 소요되는 JFK 공항발 케세이퍼시픽 직항편을 타는 것이었다. 하지만 곧 있을 제보자와의 만남을 축하하던 중 골치 아픈 문제가 생겼다.

이날이 끝날 무렵, 자닌은 장기간 〈가디언〉 기자로 활동한 매카스킬을 이 일에 투입하길 원했다. 매카스킬은 〈가디언〉에서 20년간 일한 인물이었다. 자닌이 말했다.

"매카스킬은 훌륭한 언론인입니다."

내가 뛰어들 일의 규모를 감안하면 〈가디언〉의 다른 기자들이 필요하다는 사실을 알았고, 원칙적으로 거기에 이의가 없었다. 하지만 매카스킬 기자를 몰랐고, 막판에 그가 우리한테 어떻게 나올지 몰라 불편했다.

"매카스킬이 홍콩에 함께 갔으면 해요."

자닌이 덧붙였다. 나는 매카스킬과 일면식이 없을 뿐만 아니라, 더 중요하게도, 제보자가 그를 몰랐다. 모든 계획을 꼼꼼하게 세운 로라가 갑작스러운 계획 변경에 노발대발할 것이란 생각도 강하게 들었다.

내 예상은 틀리지 않았다. 로라가 답했다.

"안 돼요, 절대. 마지막에 새로운 인물을 끼워 넣을 순 없어요. 그리고 전 그 사람을 전혀 모른다구요. 누가 그 사람을 확인했나요?"

나는 내가 자닌의 의도라고 여긴 생각을 로라에게 설명하려 했다. 아직 〈가디언〉을 잘 몰랐고 믿지 않았으며, 이런 큰 건에 관한 한 더 그랬다. 〈가디언〉도 나에 대해 같은 식으로 여기리라고 생각했다. 〈가디언〉이 건 위험이 얼마나 큰지 감안하면, 제보자를 둘러싸고 벌어지는 일을 보고해주고 이 이야기가 꼭 보도되어야 할 사안이란 점을 확신시켜 줄, 회사와 아주 가깝고 장기간 일한 사람을 원할 것으로 보았다. 더욱이, 자닌은 자신보다 이 일에 대해 아는 것이 훨씬 적은 〈가디언〉 본사의 전폭적인 지원과 승인이 필요했다. 본사가 안심할 수 있는 사람을 이 일에 관여시키길 원했을 것이고, 매카스킬이 적임자였다. 로라가 말했다.

"제가 알 바 아니에요. 어떤 제3의 인물, 그것도 낯선 사람과 함께 움직이면 감시당하거나 제보자를 놀라게 할 수 있어요."

로라는 절충안으로 일단 우리가 홍콩에서 제보자를 만나 신뢰를 쌓고, 며칠 뒤에 매카스킬을 파견할 것을 제안했다.

"당신한테 달렸어요. 우리가 준비될 때까지 매카스킬은 보낼 수 없다고 말해요."

나는 현명한 타협안처럼 보이는 로라의 제안을 갖고 자닌을 만났다. 하지만 자닌은 단호해 보였다.

"매카스킬을 함께 보낼 테지만, 두 분의 허락이 떨어지고 나서 제보자를 만나면 됩니다."

확실히, 매카스킬이 우리와 함께 홍콩으로 가는 것은 〈가디언〉 측에 중요했다. 자닌은 현장에서 벌어지는 일에 대한 확답과, 본사에 있는 상사의 우려를 누그러뜨릴 방법이 필요했다. 하지만 로라 역시 우리가 따로 움직여야 한다는 주장을 굽히지 않았다.

"공항에서 제보자가 우릴 감시하다가 자신이 모르는, 예상치 못한 제3의 인물을 보면 기겁을 하고 연락을 끊을 거예요. 안 돼요."

나는 마치 가능성 없는 협상을 중재하기 위해 중동의 적대국 사이를 오가는 국무부 외교관처럼 자닌과 다시 이야기했다. 자닌은 매카스킬이 며칠 뒤에 뒤따라갈 것 같다는 모호한 답변을 주었다. 아니면 그게 내가 듣길 원한 답변인지도 몰랐다.

어쨌든 이날 밤늦게 출장 담당자로부터 다음 날 같은 항공편으로 매카스킬의 티켓을 구입했다는 사실을 전해 들었다. 〈가디언〉 측은 어쨌든 매카스킬을 우리와 같은 비행기에 태울 작정이었다.

다음 날 공항으로 가는 차에서 로라와 나는 처음이자 유일한 말다툼을 벌였다. 차가 호텔을 나서자마자 나는 매카스킬이 결국 우리와 함께 가게 되었다는 소식을 말했다. 로라가 폭발했고 내가 전체 계획을 위태롭게 만들었다고 주장했다. 알지도 못하는 인물을 최종 단계에서 끌어들이는 것은 말이 안 된다는 것이었다. 아주 민감한 문제에 관여할, 확인도 하지 않은 누군가를 믿지 못했고, 〈가디언〉이 계획을 위험에 빠트리게 한 사실을 비난했다.

로라의 우려가 잘못된 것이라고 반박할 수는 없었다. 하지만 〈가디언〉 측도 집요했다. 나는 선택의 여지가 없었다는 사실을 납득시키려고 애를 썼다. 그리고 매카스킬은 우리가 준비된 뒤에나 제보자를 만날 예정이었다.

로라는 막무가내였다. 어느 시점에는 가지 않겠다고 으름장을 놓기까지 했다. JFK 공항으로 가는 도중 차가 막힌 상태에서 우리는 10분간 화가 나고 절망에 빠진 채 입을 닫고 있었다.

나도 로라가 옳다는 걸 알았다. 일이 그런 식으로 진행되어서는 안 되었다. 나는 그런 내 뜻을 전하면서 둘 사이의 침묵을 깼다. 그런 다음 매카스킬을 무시하고 그가 일행이 아닌 것처럼 따돌리자고 제안했다. 나는 로라에게 간청했다.

"우린 한편이에요. 싸우지 맙시다. 사안이 사안인 만큼, 이것 말고도 우리가 통제할 수 없는 일이 더 있을 겁니다."

나는 장애를 넘을 수 있게 협조하는 데 초점을 맞추자며 로라를 설득하려 했다. 우리는 금방 냉정을 되찾았다.

차가 JFK 공항 근처에 이르면서 로라가 배낭에서 USB 메모리를 꺼냈다. 로라가 아주 심각한 표정으로 물었다.

"이게 뭘까요?"

"뭔데요?"

"문서에요. 전체 문서."

우리가 도착했을 때 매카스킬이 이미 탑승구에 있었다. 로라와 나는 매카스킬을 정중하지만 차갑게 대했다. 우리가 역할을 주기 전에는 할 일이 없다는 사실을 알고 소외감을 확실히 느끼길 원했다. 매카스킬은 우리를 초조하게 만든 유일한 존재였다. 우리는 마치 그를 짊어진 여분의 짐짝처럼 대했다. 이런 상황은 부당했지만, 로라의 USB 메모리에 담긴 보물이 초래할 상황과 우리가 하게 될 일의 중요성 때문에 매카스킬에 대해 신경을 쓸 여유가 없었다.

차에서 로라는 5분간 내게 컴퓨터 보안 시스템에 관해 가르쳐주었고, 자신은 비행기에서 눈을 붙일 것이라고 말했다. 그러고는 USB 메모리를 건네주면서 문서를 확인해보라고 했고, 일단 홍콩에 도착하면 제보자가 내게 줄 전체 자료를 열람할 수 있게 해준다고 했다.

비행기가 이륙한 뒤, 새로 산 노트북을 꺼내 로라가 준 USB 메모리를 꽂고 파일을 읽기 위해 로라가 알려준 대로 했다. 열여섯 시간 동안 피곤했지만 들뜬 상태에서 문서를 계속 확인하면서 메모를 했다. 여러 자료가 내가 리우데자네이루에서 본 프리즘 파워포인트 파일처럼 강렬하고 충격적이었다.

맨 처음에 읽은 문서 중 하나는 해외정보감시법원의 비밀 명령이었다. 처치 위원회가 수십 년간 지속된 정부의 도청 남용 사실을 밝힌 뒤, 1978년에 의회가 만든 명령이었다. 정부가 전자 감시 활동에 계속 관여할 수 있지만, 유사한 남용을 막기 위해 사전에 법원의 승인을 얻도록 한 것이다. 그전에 해외정보감시법원 명령을 본 적이 전혀 없었다. 대부분 일반인도 마찬가지다. 해외정보감시법원은 정부 내에서 가장 비밀스러운 기구고, 모든 판결은 자동적으로 일급비밀로 지정되며, 극소수만이 열람할 수 있다.

홍콩으로 가는 비행기에서 확인한 해외정보감시법원의 판결문은 여러 이유에서 놀라웠다. 버라이즌 비즈니스 사에 "(1)미국과 해외, (2)지방 전화를 포함해 미국 내 전체 통신에 대한 상세한 전화 기록 전부"를 NSA에 제출할 것을 지시하는 내용이었다. 그것은 NSA가 적어도 미국인 수천만 명의 통화를 은밀하고 무차별적으로 수집한다는 것을 의미했다. 사실상 누구도 오바마 행정부가 그런 짓을 할 것이라고 생각하지 못했다. 이제, 이 판결로, 진실을 알게 되었을 뿐만 아니라 비밀 법원의 명령을 증거로 확보했다.

더욱이, 법원 명령은 미국인들의 전화 기록에 대한 대규모 수집이 애국법 215조에 따라 승인되었음을 명시했다. 판결 자체보다 애국법의 극단적인 해석이 특히나 충격적이었다.

9·11 사태의 여파로 애국법이 시행되었을 때 큰 논란이 벌어지게 한 것은 제215조를 통해 정부가 "기업의 기록"을 확보하는 데 필요한 기준을 "상당한 근거"에서 "관련성"으로 낮춘 사실이다. FBI가 진료 기록, 은행 거래, 전화 기록처럼 아주 민감하고 프라이버시를 침해하는 문서를 확보하기 위해 진행 중인 조사에 대한 "관련성"만 입증하면 된다는 것을 의미했다.

하지만 누구도, 심지어 2001년에 애국법을 승인한 매파 공화당 하원의원들조차, 또는 애국법이 아주 위협적이라고 주장한 매우 헌신적인 민권 옹호자들조차, 애국법이 미국 정부에 모든 국민을 상대로 무차별적으로 도감청할 권한을 주었다고 생각하지 않았다. 바로 이 점이 내가 홍콩으로 향하는 비행기에서 노트북으로 확인한 사실이었고, 해외정보감시법원의 비밀 명령이 버라이즌에 모든 미국 고객의 전화 기록을 NSA에 넘기라고 지시할 때 내린 결론이었다.

론 와이든 오리건 주 상원의원과 마크 유달 뉴멕시코 주 상원의원은 2년간 미국 전역을 돌면서 오바마 행정부가 거대하고 알 수 없는 감시 능력을 갖추기 위해 사용한 "법의 은밀한 해석"을 미국인들이 "알면 깜짝 놀랄 것"이라고 경고했다. 하지만 스파이 행위와 "비밀의 해석"은 기밀이었기 때문에 상원정보위원회 소속의 두 의원은 헌법이 부여한 면책 특권이라는 보호막이 있음에도 불구하고, 자신들이 아주 위협적이라고 생각한 사실을 공개하는 것은 꺼렸다.

해외정보감시법원 명령을 보자마자 이것이 와이든과 유달이 국민들에게 경고해온, 폭력적이고 극단적인 감시 프로그램의 적어도 일부였다는 사실을 알았다.

나는 해외정보감시법원 명령의 중요성을 곧바로 알아챘다. 당장에라도 내용을 공개하고 싶은 마음을 겨우 참았다. 폭로가 엄청난 파장을 불러일으킬 것을 확신했다. 투명한 사실 공개와 책임 규명 요구로 이어질 것이 틀림없었다. 게다가 이 명령은 내가 홍콩으로 가는 도중에 확인한 수백 건의 일급비밀 가운데 하나에 불과했다.

다시 한 번 제보자가 한 행동에 대한 내 생각이 바뀌었다고 느꼈다.

이런 일은 앞서 세 번에 걸쳐 이미 벌어졌다. 로라가 받은 이메일을 처음 확인했을 때, 내가 제보자와 대화를 시작했을 때, 그리고 또다시 제보자가 이메일로 보낸 24건의 문서를 읽었을 때가 그랬다. 나는 이때서야 이번 폭로의 규모를 제대로 이해하기 시작했다고 느꼈다.

비행기에서 로라는 여러 차례 칸막이벽 맞은편의 내 좌석이 있는 줄로 다가왔다. 로라를 보자마자 나는 자리에서 벌떡 일어나곤 했고, 우리는 칸막이벽의 열린 공간에서 흥분해서 말을 못하고, 겨우 정신을 차린 채 서 있곤 했다.

로라는 NSA의 감시 문제에 관해 수년간 작업을 해왔고, 여러 차례 감시의 대상이 되었다. 나는 2006년에 첫 책을 낸 이후 NSA의 위법성과 본질을 경고하면서 통제되지 않은 국내 감시가 내포한 위험성에 대한 글을 써왔다. 정부의 감시를 감싸고 있는 비밀주의라는 거대한 벽과 맞서 싸워온 우리 두 사람은, 이 순간 그 벽을 뚫었다.

우리는 정부가 필사적으로 숨기려 한 문서 수천 건을 갖고 있었다. 미국인과 전 세계인의 프라이버시를 침해하기 위해 했던 모든 조치를 명백하게 보여줄 증거였다. 문서를 계속 확인하면서 두 가지 생각이 들었다. 우선은 자료가 아주 잘 정리되어 있다는 사실이었다. 제보자는 수많은 폴더와 하위 폴더를 만들었다. 모든 문서가 정확하게 제자리에 있었다. 잘못 놓여 있거나 잘못 분류된 문서를 한 건도 발견하지 못했다.

나는 내가 영웅적으로 행동했다고 보는 첼시 매닝을 변호하는 데 수년을 보냈다. 매닝은 미국 정부의 행위, 즉 전쟁 범죄를 비롯한 조직적인 기만에 충격을 받은 나머지 구속될 위험을 무릅쓰고 위키리크스를 통해 비밀문서를 전 세계에 폭로한 육군 일병이자 내부고발자였다. 매닝은 문서 폭로에 대해 (내가 판단하기에 부당한) 비난을 받았다. 비평가들은 대니얼 엘즈버그와는 달리 매닝은 폭로 문서를 먼저 검토하지 않았을 것이라고 (증거도 없이) 추측했다. 이런 주장은 근거가 없음에도 매닝의 행동이 영웅적이라는 주장을 공격하기 위해 자주 이용되었다(엘즈버그는 매닝을 매우 헌신적으로 변호하는 사람 중 하나고, 매닝은 적어도 문서를 검토한 것으로 보인다).

우리의 NSA 제보자에게는 그런 말이 통하지 않을 것이 분명했다. 제보자는 우리에게 건넨 문서 전체를 신중하게 검토했고, 의미를 이해했으며, 각 문서를 정교하게 조직한 체계에 따라 꼼꼼하게 배치한 것이 확실했다.

자료가 보여주는 또 다른 놀라운 측면은 정부가 한 거짓말의 정도였다. 제보자는 그런 증거를 눈에 잘 띄게 표시했다. 첫 번째 폴더 중 하나에 '국경없는정보원 NSA가 의회에 거짓말을 하다'라는 이름을 붙였다. 폴더에는 NSA가 수집한 전화와 이메일의 수치에 관한 정교한 통계를 보여주는 수십 건의 문서가 있었다. 또한 NSA가 매일 수백만 명의 전화와 이메일을 수집해왔다는 증거를 담고 있었다.

'국경없는정보원'은 일일 감시 활동을 정확한 수치로 측정하기 위한 NSA의 프로그램 이름이었다. 파일에 포함된 한 지도는 2013년 2월의 30일간 NSA 수집소 한 곳이 미국 통신 시스템에서만 30억 건의 통신 데이터를 수집했다는 사실을 보여주었다.

NSA가 자신들의 활동에 관해 직접적이고 반복적으로 의회에 거짓말을 한 명백한 증거를 제보자가 준 셈이었다. 상원의원 다수가 수년간 미국인들의 전화와 이메일 감청 횟수에 관한 대략적인 수치를 NSA에 물었다. NSA 측은 그런 데이터를 유지하지 않고 있고, 유지할 수도 없기 때문에 답할 수 없다고 주장했다. 하지만 이들이 말한 데이터는 '국경없는정보원' 문서에 광범위하게 반영되어 있었다.

더 중요하게도, 버라이즌 관련 문서와 더불어 이 파일들은 2013년 3월 12일 론 와이든 상원의원의 질문에 대해 오바마 정부의 고위층 국가 안보 관리인 제임스 클래퍼 국가정보국장이 거짓말을 한 사실을 입증했다. 론 와이든 상원의원은 이렇게 물었다.

"NSA가 수백만 명, 혹은 수억 명의 미국인들을 상대로 어떤 형태로든 데이터를 수집하고 있습니까?"

클리퍼는 짧게 거짓 답변을 했다.

"아닙니다, 의원님."

열여섯 시간을 거의 방해받지 않고 문서를 읽었는데도 전체 자료의 극히 일부만 간신히 확인했다. 비행기가 홍콩에 착륙할 때 두 가지 확신이 있었다. 첫째, 제보자는 수준이 매우 높고 정치적으로 빈틈이 없었다. 제보자가 문서 대부분의 중요성을 인식한 점이 그 증거였다. 또한 매우 합리적이었다. 제보자가 고르고 분석하고 설명한,

지금은 내 수중에 있는 수천 건의 문서가 이를 입증했다.

둘째, 제보자가 전형적인 내부고발자라는 점을 부정하기가 매우 어려울 터였다. 의회에서 최고위층 국가 안보 관리가 국내 감시 프로그램에 대해 노골적으로 거짓말을 한 증거를 폭로한 사람이 확실한 내부고발자가 아니라면 누가 내부고발자일까?

나는 정부를 비롯해 정부와 손잡은 집단이 제보자를 나쁜 놈 취급할수록 제보자의 폭로가 지닌 영향력이 더 강해질 것이란 사실을 알았다. 내부고발자를 나쁜 놈으로 만드는 가장 흔한 두 가지 비난, 즉 제보자의 정서가 불안정하고 세상 물정에 어둡다는 말이 여기서는 통하지 않을 터였다.

착륙 직전에 마지막 파일을 확인했다. 파일명이 '먼저 읽기 바람README_FIRST'이었지만, 내리기 직전에서야 확인했다. 문서에는 제보자가 왜 그런 선택을 했고, 그 결과로 어떤 일이 벌어지리라고 예상하는지에 관한 또 다른 설명이 있었다. 논조나 내용이 〈가디언〉에 보여준 선언서와 비슷했다.

하지만 이 문서에는 다른 자료에 없는 내용이 있었다. 다름 아닌 제보자의 이름이 제시되었고, 나도 이때 처음으로 알게 되었다. 또한 일단 신원을 밝혔을 때 자신에게 벌어질 일을 명확하게 내다보았다. 문서는 2005년에 벌어진 NSA 스캔들 뒤에 벌어진 상황을 언급하면서 끝났다.

많은 사람이 국가적 특수성을 고려하지 않고, 우리 사회의 문제에서 멀리 떨어진, 권한도 책임도 없는 외부의 악에 눈길을 돌리지 않는다고 저를 헐뜯을 것입니다. 하지만 다른 나라를 바로잡으려 하기 전에 우선 자국 정부를 감시하는 것이 국민의 의무입니다. 여기, 지금, 미국 내에서, 단지 마지못해 제한적인 감독을 허용하고 범죄가 벌어졌을 때 책임지기를 거부하는 정부 때문에 사람들이 고통을 겪습니다. 힘없는 젊은이가 사소한 법 위반을 했을 때, 우리 사회는 그가 세상에서 가장 큰 감옥 시스템에서 견딜 수 없는 결과로 고통받는 동안 눈을 감아버립니다. 하지만 국가에서 가장 부유하고 힘 있는 통신 업체가 고의로 수천만 건의 중죄를 저질렀을 때, 의회는 역사상 가장 긴 형량을 받을 만한 민형사상의 범죄를 저지른 엘리트 친구들에게 완전한 소급면책권을 부여하는 첫 번째 법을 통과시킵니다.

이들은 국내 최고의 변호사를 직원으로 두고 있습니다. 그래서 일말의 대가도 치르지 않습니다. 최고위층에 있는 관료, 구체적으로 부통령이 그런 범죄 활동을 직접 지시했다는 수사 결과가 나왔을 때 어떻게 해야 합니까? 놀랍게도 그 결과는 스텔라윈드라는 '특수통제정보'로 극비로 분류되었습니다. 권력을 남용한 자들에게 책임을 묻는 것은 국가 이익에 반한다는, "과거가 아니라 미래를 내다봐야"하고 불법 프로그램을 중단하기보다는 더 큰 권한으로 확대한다는, 올 것이 왔다는 이유로 미국 권력의 전당에서 환영받을 것이라는 원칙 아래에 향후 모든 조사가 배제되었습니다. 저는 그런 사실을 입증하는 문서를 폭로하고 있습니다.

제가 한 행위로 제가 고통받으리라는 사실과, 정보가 공개되면 저도 끝이라는 점을 알고 있습니다. 잠깐이라도, 제가 사랑하는 세계를 지배하는 은밀한 법과 불공정한 사면, 그리고 저항할 수 없는 정부 권력의 단합이 폭로된다면 저는 만족할 것입니다. 도움을 얻으려면 오픈소스 커뮤니티에 합류해서 언론의 정신을 환기시키고 인터넷을 자유롭게 하기 위해 싸우세요. 저는 정부의 가장 어두운 구석에 있었고, 그들이 두려워하는 것은 빛입니다.

에드워드 조셉 스노든, SSN : 삭제

CIA 위장 명칭 : 삭제

기관 식별 번호 : 삭제

전직 미국 국가안보국 수석 고문, 회사원으로 위장

전직 미국 중앙정보국 지역 담당관, 외교관으로 위장

전직 미국 국방정보국 교관, 회사원으로 위장

제2장

홍콩에서의 10일

o

홍콩에는 6월 2일 일요일 밤에 도착했다. 원래 호텔에 도착한 뒤에 곧장 스노든을 만날 계획이었다. 우리가 머문 호텔은 고급 건물이 즐비한 주룽 지구에 있었다. 나는 호텔방에 도착하자마자 컴퓨터를 켜고 암호화된 채팅 프로그램에서 스노든을 찾았다. 거의 항상 그랬듯 스노든이 기다리고 있었다.

홍콩 여행에 대해 농담을 주고받은 뒤, 구체적인 접선 계획에 관한 대화를 시작했다. 스노든이 말했다.

"제가 묵고 있는 호텔로 오셔도 됩니다."

맨 먼저 나를 놀라게 한 것은 스노든이 다름 아닌 호텔에 머무르고 있다는 사실이었다. 스노든이 홍콩에 있는 이유는 여전히 몰랐다. 하지만 이 무렵 나는 스노든이 몸을 숨기려 했을 것이라고 짐작했다. 꼬박꼬박 들어올 봉급이 없으니, 숙박료가 쌓이고 정체가 노출되는 호텔에 편안하게 묵기보다는 허름하고 값싼 아파트에서 은신하고 있는 스노든의 모습을 상상했었다.

우리는 계획을 바꿔서 다음 날 아침까지 기다렸다가 만나는 게 최선이라고 판단했다. 그런 결정은 스노든이 내렸다. 그 후 며칠간 극히 조심스러웠고 스파이 작전을 방불케 하는 분위기가 조성되었다.

"밤에 움직이면 사람들의 이목을 끌 가능성이 더 커집니다. 밤에 미국인 둘이서 같이 호텔방에 들어갔다가 금방 퇴실하면 이상해 보여요. 그것보다는 기자님이 아침에 여기로 오시는 게 훨씬 더 자연스러워 보일 겁니다."

스노든은 미국뿐만 아니라 홍콩과 중국 당국의 감시도 염려했다. 그래서 현지에 있는 정보 요원이 우리를 미행할까 봐 매우 조심했다. 나는 스노든이 미국 정보기관과 깊숙이 관련돼 있고, 그 방면으로는 전문가라는 걸 알기 때문에 그의 판단에 따랐지만, 당장 만날 수 없다는 사실에 실망했다.

홍콩은 뉴욕보다 정확히 열두 시간 빨라서 밤낮이 뒤바뀌었다. 그래서 첫날 밤 거의 잠을 이루지 못했다. 홍콩까지 오는 비행기에서도 마찬가지였다. 수면을 방해한 것은 시차만이 아니었다. 좀처럼 마음을 진정시킬 수 없어서 고작해야 90분, 길어야 두 시간 정도밖에 못 잤고 홍콩에 있는 내내 그런 수면 패턴을 유지했다.

다음 날 아침, 로비에서 로라와 만나 대기 중인 택시를 타고 스노든이 머물던 호텔로 향했다. 스노든과의 접선 계획을 구체적으로 마련한 사람은 로라였다. 로라는 택시 기사가 비밀 요원일지도 모른다는 우려 때문에 택시 안에서 입을 열려고 하지 않았다. 나는 로라의 그런 우려를 더 이상 바로 과대망상으로 치부하지는 않았다. 대화에 제약이 있었지만, 로라에게 충분히 캐물어 오늘 계획에 대해 알아냈다.

우리는 스노든이 묵고 있던 호텔의 3층에 갈 예정이었다. 그곳에는 회의실이 여러 개 있었는데, 스노든은 그 가운데 자신이 여러모로 완벽하다고 생각한 특정 회의실을 골랐다. 스노든의 표현을 빌리자면 "인적"이 아주 드물 만큼 충분히 외졌지만, 기다리는 동안 다른 사람의 시선을 끌 만큼 아주 한적하지도 않은 곳이었다.

로라는 일단 3층에 도착하면 스노든이 정한 회의실 근처에서 제일 먼저 마주치는 호텔 직원에게 문을 연 레스토랑이 있는지 물어봐야 한다고 했다. 근처에서 서성이고 있을 스노든에게 미행을 당하지 않았다는 사실을 알리는 신호였다. 우리는 지정된 회의실 안에서 "거대한 악어" 근처에 있는 소파에서 기다리기로 했다. 로라는 그 악어가 살아 있는 동물이 아니라 실내 장식이라는 점을 확인했다.

약속 시각은 10시 정각과 10시 20분 두 번으로 정했다. 첫 번째 약속 시각에 2분 내로 스노든이 나타나지 않으면, 회의실을 나갔다가 두 번째 약속 시각에 돌아와서 만나기로 했다. 내가 물었다.

"상대가 스노든인지 어떻게 알죠?"

그때껏 우리는 스노든의 나이, 인종, 외모를 비롯한 그 밖의 정보에 대해 사실상 아는 바가 없었다. 로라가 말했다.

"루빅스 큐브(플라스틱 정육면체의 각 면을 같은 색으로 맞추는 장난감 - 옮긴이)를 갖고 나타난대요."

나는 큰 소리로 웃었다. 상황이 너무나 기이하고 극단적이면서, 일어날 것 같지 않았다. 그야말로 홍콩을 배경으로 한 초현실적이고 국제적인 스릴러군. 나는 그렇게 생각했다.

우리가 탄 택시는 미라 호텔 입구에 도착했다. 내려서 보니 미라 호텔도 주룽 지구에 있었다. 매끈한 고층 건물들과 세련된 상점들로 가득 찬 상업 지역이라 눈에 잘 띄었다. 호텔 로비에 들어갔을 때 한 번 더 깜짝 놀랐다. 그냥 일반 호텔이 아니라 규모가 큰 고급 호텔이었다. 숙박비가 내가 알기로 하룻밤에 수백 달러나 되는 곳이었다. NSA에 관한 비밀을 폭로하려고 마음먹어서 남의 눈을 최대한 피해야 하는 사람이 왜 홍콩까지 와서 눈에 엄청 잘 띄는 곳에 있는 5성급 호텔에 숨어 있을까? 이때 그런 수수께끼를 곱씹어 보는 건 아무 의미가 없었다. 곧 의문의 주인공을 만나 모든 답을 듣게 될 테니까.

홍콩에 있는 수많은 빌딩처럼, 미라 호텔도 규모가 마을 하나만 했다. 로라와 나는 널찍한 동굴 같은 통로에서 약속 장소를 찾아 헤매면서 적어도 15분을 썼다. 여러 차례 엘리베이터를 타고 호텔 내부에 있는 다리를 건너면서 계속 길을 물어야 했다. 가까스로 스노든이 지정해준 회의실 근처에 온 것 같았을 때 호텔 직원 한 명이 보였다. 나는 약속된 질문을 다소 어색하게 했고, 여러 레스토랑에 대한 설명을 들었다.

모퉁이를 돌아가자 회의실 문이 열려 있고, 커다란 초록색 플라스틱 악어 한 마리가 바닥에 놓여 있는 게 보였다. 우리는 지침을 받은 대로 소파에 앉았다. 우리가 앉은 소파 외에 다른 가구는 없었다. 우리는 말 없이 초조하게 기다렸다. 소파와 악어만 있는 이 작은 회의실은 실질적인 기능이 없어서 아무도 들어올 것 같지 않아 보였다. 묵묵히 5분이란 긴 시간을 기다렸지만 아무도 들어오지 않았다. 그래서 회의실에서 나와 근처의 또 다른 방을 찾은 다음 그곳에서 15분 동안 기다렸다.

10시 20분이 되자 처음 방문한 회의실로 돌아와 다시 악어 근처에 있는 소파에 자리를 잡았다. 소파는 회의실 뒤쪽 벽과 커다란 거울 하나를 마주 보고 있었다. 2분이 지난 후, 누군가 방으로 들어오는 소리가 들렸다.

나는 누가 들어왔는지 보려고 몸을 돌리는 대신, 벽에 걸린 거울을 계속 응시했다. 우리를 향해 걸어오는 한 남자가 비쳤다. 나는 남자가 소파에 바짝 다가온 뒤에야 비로소 몸을 돌렸다.

제일 먼저 눈에 들어온 것은 루빅스 큐브였다. 남자는 왼손으로 흐트러진 루빅스 큐브를 돌리고 있었다. 우리는 인사만 하고 악수를 하려고 손을 내밀진 않았다. 남들의 눈에 우연한 만남처럼 보이도록 우리끼리 미리 그렇게 정했다. 약속대로, 로라가 호텔 음식에 대해 묻자 스노든은 맛이 없었다고 답했다. 전체 이야기에서 벌어진 모든 놀라운 반전 중에서 이 첫 만남이야말로 가장 놀라운 순간이었다.

당시 스노든은 스물아홉 살이었지만, 실제 나이보다 적어도 몇 살은 더 어려 보였다. 글씨가 약간 희미해진 흰색 셔츠에 청바지 차림에 세련되어 보이면서도 공부벌레들이 쓸 법한 안경을 끼고 있었다. 짧고 옅은 염소수염이 났지만, 최근에야 면도를 시작한 것처럼 보였다.

기본적으로 깔끔한 용모에 군인처럼 자세가 딱딱했지만, 많이 마르고 창백했다. 다소 경계하면서 조심스러워 하는 기색이 분명했는데, 그건 우리도 마찬가지였다. 스노든은 대학 캠퍼스의 컴퓨터실에서 근무하는 컴퓨터 전문가 같은, 여느 20대 초중반의 청년들과 다를 바가 없어 보였다.

도저히 상황이 이해가 되질 않았다. 깊게 따져본 적은 없지만, 여러 가지 이유로 스노든이 나이가 더 많다고, 대략 50대나 60대로 추정했다. 우선, 민감한 문서 다수를 열람할 수 있다는 사실을 고려해볼 때 정보기관의 고위직에 있을 것이라고 짐작했다. 게다가 스노든의 통찰과 전략은 일관되게 정교하면서도 세련되어서 정치판에 정통한 베테랑이라고 믿었다. 세상 사람들이 반드시 알아야 한다고 판단한 사실을 폭로한 대가로 자신의 인생을 내던질 준비가 되었고, 남은 인생을 감옥에서 보낼지도 모르기 때문에 은퇴를 앞둔 인물일 것이라고 예상했다. 그렇게 극단적으로 자신을 송두리째 희생하는 결정을 한 사람이라면, 분명 그 세계에 대해 다년간, 혹은 수십 년간 아주 깊은 환멸을 느껴왔을 거라고 생각했다.

살면서 황당한 일을 많이 겪었지만, NSA 정보를 엄청나게 많이 은닉한 인물이 이렇게 젊은 청년인 걸 보자 정말 혼란스러웠다. 머릿속으로 바쁘게 여러 가능성을 고려해보기 시작했다. 일종의 사기일까? 지구 반대쪽으로 날아온 여행이 시간 낭비였나? 내가 알던 제보자는 정보 분야에 대한 실질적인 지식과 경험을 갖고 있었는데, 어떻게 이렇게 젊을 수 있을까? 어쩌면 이 사람은 제보자의 아들, 혹은 조수나

애인일 수 있고, 이제 우리를 제보자가 있는 곳으로 안내해줄지도 모른다고 생각했다. 머릿속에 그럴듯한 모든 가능성이 넘쳐났지만, 그 어느 것도 이치에 맞지 않았다.

"그럼, 같이 가시죠."

스노든이 확실히 긴장한 목소리로 말했다. 로라와 나는 스노든을 따라갔다. 걷는 동안 우리는 맥락 없는 농담 몇 마디를 중얼거렸다. 나는 너무 놀라고 혼란스러워서 말을 많이 할 수 없었고, 로라도 같은 느낌을 받았다는 걸 알 수 있었다. 스노든은 미행을 당하거나 문제될 만한 조짐이 있는지 확인하듯이 긴장을 전혀 늦추지 않고 있는 것처럼 보였다. 그래서 우리는 거의 말없이 따라갔다.

어디로 우리를 데려가는지 전혀 알지 못했다. 엘리베이터를 타고 10층에서 내린 다음 호텔방으로 갔다. 스노든이 지갑에서 카드 키를 꺼내 문을 열었다.

"환영합니다. 방이 좀 지저분해서 죄송해요. 몇 주 동안 거의 방에 처박혀 있었어요."

호텔방은 정말 지저분했다. 반쯤 먹은 룸서비스 음식이 테이블에 쌓여 있었고, 여기저기 더러운 옷가지가 흩어져 있었다. 스노든은 의자에 있는 물건들을 치우더니 나보고 거기 앉으라고 권했다. 그러고는 침대에 앉았다. 방이 작았기 때문에 우리는 1.5미터도 안 되는 거리를 두고 앉았다. 긴장되고 어색하며 부자연스러운 대화가 오갔다.

스노든은 곧장 보안 문제를 꺼내면서 휴대폰이 있는지 물었다. 내 휴대폰은 브라질에서만 터졌지만, 스노든은 배터리를 제거하거나 호텔방에 있는 소형 냉장고에 넣어둘 것을 고집했다. 그렇게 하면 적어도 우리가 나누는 대화를 도청하기가 더 힘들다는 이유에서다.

지난 4월 로라가 내게 말했던 것처럼, 스노든은 미국 정부가 휴대폰을 원격으로 작동시켜서 도청 장치로 바꿀 능력이 있다고 말했다. 나도 그런 기술이 존재한다는 건 알고 있었지만, 여전히 그런 걱정을 경계선 인격 장애로 치부했다. 알고 보니 뭘 모르는 사람은 바로 나였다. 미국 정부는 벌써 몇 년째 범죄 수사에 이 기술을 사용하고 있었다. 2006년 뉴욕에서 조직 폭력 혐의로 기소된 사람들에 대한 재판이 있었는데, 이 사건을 담당한 한 연방 판사는 FBI가 이른바 로빙 벅스(휴대전화를 원격 조종해서 도청 장치로 전환하는 기술)를 사용한 조치가 합법이라는 판결을 내렸다.

일단 휴대폰을 안전하게 냉장고에 넣어두자, 스노든은 침대에서 베개를 꺼내 문 바닥에 댔다.

"복도를 지나가는 사람을 대비하는 겁니다. 방 안에 오디오와 카메라가 있을지도 모릅니다. 어쨌든 우리가 이제부터 나눌 대화는 모두 뉴스에 나오겠죠."

스노든이 농담 반 진담 반으로 말했다.

상황을 이리저리 따져보기엔 내 능력이 한참 모자랐다. 아직도 스노든이란 인물에 대해 아는 게 거의 없었다. 어디서 일했는지, 진짜 동기가 뭔지, 무슨 일을 했는지 몰랐기 때문에 어떤 위협이나 감시 같은 게 도사리고 있을지 도무지 짐작할 수 없었다. 일관되게 느껴지는 유일한 점은 확실한 게 하나도 없다는 것뿐이었다.

로라는 굳이 우리와 같이 앉거나 뭔가 말하려고 애쓰지 않았다. 카메라와 삼각대를 꺼내서 설치하기 시작했는데, 아마도 긴장을 풀어보려는 그녀만의 방법이었을 것이다. 설치를 끝낸 로라는 우리에게 다가와서 마이크를 달아주었다.

로라와 나는 홍콩에 있는 동안 촬영을 하기로 미리 입을 맞춘 상태였다. 어쨌든 로라는 NSA에 관한 영화를 제작하는 다큐멘터리 감독이었다. 그녀의 프로젝트에서 우리가 하는 일은 필연적으로 아주 큰 부분을 차지하게 될 것이다. 그런 사실을 알았지만 이렇게 빨리 시작할 거라고 예상하지 못했다. 미국 정부 입장에서 보면 심각한 범죄를 저지른 제보자와 이렇게 은밀하게 만나는 것도 놀라운데, 그걸 촬영하는 현실까지 동시에 받아들이는 것이 쉽지 않았다.

로라는 몇 분 만에 준비를 끝냈다.

"지금 촬영 시작할게요."

로라는 마치 이 일이 세상에서 가장 자연스러운 일인 듯이 말했다. 이제부터 대화가 녹화된다는 걸 깨닫자 긴장이 더 고조되었다.

스노든과 나의 첫 대면은 이미 어색했지만, 카메라가 돌아가기 시작하자 곧바로 우리 둘 다 훨씬 더 딱딱하고 서먹하게 행동했다. 몸에 힘이 더 들어가고 말이 느려졌다. 나는 지난 몇 년간 감시가 인간의 행동을 어떻게 바꿔놓는지에 관한 강연을 많이 했다. 그때마다 자신이 감시당하고 있다는 사실을 아는 사람은 행동에 더 제약을 받고, 말을 할 때 더 조심하며, 덜 자유롭다는 점을 보여주는 연구를 강조했다. 이때 나는 그런 힘의 생생한 사례를 직접 보고 느꼈다.

농담을 주고받으려는 시도가 별 소득이 없이 끝난 점을 감안하면, 곧장 본론으로 들어가는 수밖에 없었다. 내가 말했다.

“물어볼 말이 아주 많습니다. 이제부터 그냥 하나씩 질문할 텐데 괜찮다면 시작하죠.”

“좋아요.”

바로 본론으로 들어가자 스노든도 나처럼 안도하는 기색이 역력했다.

이때 내게는 두 가지 중요한 목표가 있었다. 우선 스노든이 언제든 체포될 수 있다는 심각한 위협을 받고 있다는 사실을 알고 있었기 때문에 그에 대해 알아낼 수 있는 모든 걸 파악해야 했다. 스노든의 인생, 직업, 이렇게 엄청난 선택을 하게 된 동기, 비밀 자료를 확보하기 위해 구체적으로 했던 일들, 그리고 홍콩에서 한 일 등을 다 알아내야 했다. 다음으로는, 스노든이 정직하고 솔직하게 다 밝히려는 것인지 아니면 자신의 정체와 한 일에 대해 중요한 사실을 감추고 있는지 캐낼 생각이었다.

나는 약 8년 동안 정치 칼럼을 썼다. 하지만 이때부터 하려는 일은 소송 전문 변호사로 일한 경력과 더 관련이 있었다. 여기에는 증인의 진술을 듣는 일이 포함되어 있었다. 변호사는 진술을 들을 때 증인과 테이블을 사이에 두고 몇 시간, 때로는 며칠씩 마주 앉아 있게 된다. 증인은 법에 따라 변호사가 하는 모든 질문에 정직하게 대답해야 한다. 변호사의 가장 중요한 목표는 증인이 하는 진술에 담긴 거짓말을 밝히고, 모순된 점들을 찾아내며, 숨겨진 진실이 드러나도록 증인이 만들어낸 허구를 뚫고 나가는 것이다. 진술을 받아내는 것은 내가 변호사로 일할 때 정말 좋아했던 몇 안 되는 업무 중 하나였다. 나는 증인의 거짓말을 밝혀내기 위해 온갖 전술을 개발했다. 여기에는 가차 없는 질문 세례가 항상 포함되어 있었는데, 종종 같은 질문을 반복하지만 매번 다른 문맥에서 다른 각도로 질문해서 증인의 진술이 얼마나 탄탄한지 시험했다.

인터넷상에서는 기꺼이 수동적이고 정중하게 대했지만, 이날 직접 만났을 때는 변호사 시절의 공격적인 전술을 썼다. 화장실에 가거나 간식 먹는 시간도 없이 다섯 시간 연속으로 인터뷰를 진행했다. 스노든의 어린 시절과, 초등학교 생활과 정부에서 일하기 전에 어떤 일들을 했는지부터 묻기 시작했고, 스노든이 기억할 수 있는 자잘한 사실을 모두 캐물었다. 스노든은 노스캐롤라이나 주에서 태어났고 메릴랜드 주에서 연방 정부의 중하위직 공무원의 아들로 성장했다 (스노든의 아버지는 해안 경비대에서 30년간 근무했다). 고등학교 생활에서 별다른 흥미를 갖지 못했고, 수업보다 인터넷에 훨씬 더 관심이 많아서 학교를 중퇴했다.

스노든의 대답을 듣는 즉시 나는 인터넷 채팅을 통해 알게 된 사실을 직접 확인할 수 있었다. 스노든은 아주 똑똑하고 이성적이며 사고방식도 매우 체계적이었다. 대답도 간결하고 분명하며 설득력이 있었다. 스노든은 사실상 내가 던진 모든 질문에 신중하면서도 깊이 있는 대답을 곧장 했다. 정서가 불안하거나 정신병을 앓고 있는 사람에게 나타나는, 이야기가 이상하게 옆길로 새거나 터무니없는 이야기를 늘어놓는 경우가 전혀 없었다. 차분하게 집중해서 대답하는 모습에서 자신감이 우러나왔다.

사람들은 온라인에서 만난 타인의 인상을 쉽게 판단한다. 상대에 대한 신뢰감을 쌓으려면 직접 만날 필요가 있다. 나는 이 상황에서 금방 기분이 나아지면서, 스노든에 대해 처음에 느꼈던 의심과 혼란을 극복했다. 그럼에도 여전히 아주 회의적인 태도를 유지했는데, 이때부터 하려는 일의 신뢰성이 전적으로 스노든이 자신이 주장하는 사람과 일치하느냐에 달렸기 때문이었다.

스노든의 경력과 지적 성장에 대해 묻고 답하는 데 몇 시간이 지나갔다. 다른 많은 미국인처럼, 스노든의 정치적 시각은 9·11 테러 이후 크게 변했다. 그전보다 훨씬 더 열렬한 '애국자'가 된 것이다. 2004년 스무 살이 된 스노든은 이라크 전쟁에 참전하기 위해 육군에 입대했다. 그 당시에는 군 복무가 이라크 국민을 압제에서 해방시키기 위한 숭고한 일이라고 생각했다. 하지만 신병 훈련소에서 훈련을 받고 불과 몇 주 뒤에 누구를 해방시키기보다 아랍인을 죽이자는 이야기가 더 많이 나오는 걸 목격했다. 훈련 중 사고로 두 다리가 부러져서 어쩔 수 없이 제대해야 했을 때는 전쟁의 진짜 목적에 대해 극도로 환멸을 느꼈다.

스노든은 그럼에도 불구하고 여전히 미국 정부가 근본적으로 정의롭다고 믿었다. 가족 중 다수가 그랬듯이 자신도 정부 기관에서 일하기로 마음먹었고, 고등학교 중퇴의 학력으로도 일찍부터 그런 기회를 그럭저럭 만들었다. 열여덟 살이 되기 전에는 시급 30달러를 받는 기술직으로 일했고, 2002년 이후로는 마이크로소프트의 공인 시스템 엔지니어로 일했다. 연방 정부의 공무원이라는 직업이 숭고할 뿐만 아니라 직업적으로도 유망하다고 생각한 스노든은 메릴랜드 대학에 있는 고급언어연구센터의 보안 요원으로 일하기 시작했다. 이 연구센터 건물은 NSA가 비밀리에 관리하고 사용했다. 일급비밀 취급 인가를 받아 조직에 발을 들여놓은 뒤 기술직을 구할 작정이었다.

스노든은 고등학교 중퇴자긴 해도, 10대 초반부터 기술에 대한 천부적인 소질을 확실하게 드러냈다. 나이가 어리고 공식적인 교육도 많이 받지 못했지만 누가 봐도 뛰어난 지능과 기술적 재능을 겸비한 덕분에 보안 요원에서 금방 자리를 옮겨 2005년에는 CIA의 기술 전문가가 되었다.

스노든은 미국의 정보기관 전체가 기술에 정통한 직원을 찾는 데 혈안이었다고 했다. 정보기관 자체가 거대하고 방대한 체계로 완전히 바뀌어서 시스템을 운영할 수 있을 만큼 능력이 있는 사람을 찾는 일이 쉽지 않았다. 그래서 국가 안보 기관들은 기존과는 다른 곳에서 인재를 찾았다. 고급 컴퓨터 기술을 충분히 보유한 사람들은 젊은 데다 때로는 사회적으로 소외되는 경향이 있어서 주류 교육 현장에서는 흔히 빛을 발하지 못했다. 이들은 대개 공식적인 교육 기관과 인간적인 교류보다는 인터넷 문화가 훨씬 더 흥미롭다고 생각한다. 스노든은 CIA의 IT 팀에서 우수한 팀원이 되었는데, 나이가 더 많고 대학을 졸업한 동료들보다 확실히 아는 것도 더 많고 유능했다. 스노든은 능력에 합당한 보상을 받을 수 있고 가방끈이 짧은 사실에 대해 개의치 않는, 자신에게 딱 맞는 환경을 찾았다고 느꼈다.

2006년 CIA 계약직에서 정식 직원으로 전환되면서 더 많은 기회가 열렸다. 2007년에는 해외에 파견되어 컴퓨터 시스템을 다루는 일을 하는 CIA 보직 공고를 알게 되었다. 상사들이 써준 찬사 일색인 추천서를 과시한 덕분에 결국 스위스로 발령이 났고, 2007년부터 2010년까지 3년간 제네바에서 외교관 신분으로 위장해서 활동했다.

제네바에서 했던 일은, 스노든의 설명에 따르면 '시스템 관리자' 이상이었다. 스위스에서 CIA 최고의 기술자이자 사이버 보안 전문가로 간주되어, 스위스 전역을 여행하면서 아무도 해결할 수 없는 문제를 해결하라는 지시를 받았다. 2008년에는 루마니아에서 열린 나토 정상회담에서 대통령을 지원하는 임무를 맡기도 했다. 이렇게 성공 가도를 달렸지만, 미국 정부의 행동 때문에 크게 괴로워하기 시작한 것도 CIA에서 근무할 때였다. 스노든이 말했다.

"기술 전문가들은 컴퓨터 시스템에 접속할 수 있기 때문에 비밀 자료를 많이 봤어요. 그런 자료 중 다수가 아주 안 좋았어요. 정부가 전 세계에서 실제로 하는 일이 그동안 배운 것과는 전혀 다르다는 사실을 깨닫기 시작했어요. 그렇게 눈이 뜨이니까 세상을 보는 방식에 대해 다시 생각하게 되고, 더 많은 질문을 던지게 되었습니다."

스노든은 어떤 CIA 담당관이 기밀 정보를 빼내기 위해 스위스 은행가를 포섭하려 했던 사례를 이야기했다. CIA의 목적은 관심 대상자의 금융 거래 내력을 파악하는 것이었다. 첩보 요원 중 하나가 은행가와 친해진 다음, 어느 날 밤 은행가를 취하게 만들어서 그대로 차를 몰고

집에 가라고 부추겼다. 경찰이 은행가의 차를 단속해서 음주 운전으로 체포하자, CIA 요원은 은행가가 협조하면 개인적으로 여러 방법을 동원해 도와주겠다고 제안했다. 결국 이 작전은 실패했다.

"CIA는 목표로 삼은 사람의 인생을 망쳐놨어요. 성공하지도 않은 작전 때문에 말입니다. 그러고는 그냥 손을 뗐습니다."

스노든이 말했다. 스노든은 작전 자체를 떠나서 작전에 관여한 CIA 요원이 은행가를 낚기 위해 어떤 방법들을 썼는지 자랑스럽게 떠벌리는 태도가 불편했다.

좌절감이 더 커진 이유는 스노든이 생각하기에 컴퓨터 보안이나 시스템이 윤리적인 선을 넘은 문제에 대해 상관에게 알리려는 활동에서 비롯됐다. 그런 노력은 대부분 묵살되었다.

"윗사람들은 내가 신경 쓸 일이 아니라고 하거나, 그런 판단을 하기에는 내가 충분한 정보를 갖고 있지 않다고 말하곤 했습니다. 기본적으로 그 문제에 대해서 신경 끄라고 지시한 겁니다."

결국 동료들 사이에서 문제를 너무 많이 제기하는 인물로 알려지게 되었고, 이런 점 때문에 상관의 눈 밖에 났다.

"그때 나는 권력과 책임을 분리하기가 얼마나 쉬운지, 그리고 권력이 커질수록 그에 대한 감독과 책임은 줄어든다는 걸 절실하게 깨닫기 시작했습니다."

2009년이 저물어가면서 환멸을 느낀 스노든은 CIA에서 떠날 준비가 되었다고 생각했다. 제네바에서의 근무 기간이 끝나가던 이때 처음으로, 내부고발자가 되어서 정부의 비리를 폭로하는 데 필요한 비밀을 누설할 마음을 먹기 시작했다. 내가 물었다.

"왜 그때 그렇게 하지 않았습니까?"

그 당시 스노든은 버락 오바마가 대통령으로 당선되면 자신이 목격한 최악의 권력 남용 사례들이 개선될 것이라고 생각했다. 아니, 적어도 그렇게 되길 바랐다. 오바마는 대통령에 선출되면서 테러와의 전쟁으로 정당화된, 국가 안보 기관의 과도한 권력 남용 관행을 바꾸겠다고 약속했다. 스노든은 정보기관과 미군의 가장 첨예한 면들이 조금은 무뎌지기를 기대했다.

"하지만 오바마 대통령은 권력 남용의 관행을 유지할 뿐 아니라, 오히려 많은 사례에서 점점 더 확대시키고 있다는 게 분명해졌어요. 한 지도자가 이런 문제들을 해결할 때까지 기다릴 수 없다는 사실을 깨달았어요. 리더십이란 앞장서서 다른 사람들에게 본보기가 되는 거지, 다른 사람들이 행동할 때까지 기다리는 게 아니잖아요."

스노든은 또한 CIA에서 알게 된 사실을 폭로해서 발생될 피해에 대해 우려하고 있었다.

"CIA 비밀을 누설하면, 사람들이 다칠 수 있습니다."

여기서 "사람들"이란 비밀 요원과 정보 제공자를 가리킨다.

"그렇게 할 생각이 없었습니다. 하지만 NSA 비밀을 누설하면, 힘을 남용하는 시스템만 손상됩니다. 저로서는 그쪽이 훨씬 더 마음이 편했습니다."

그래서 스노든은 NSA로 돌아갔는데, 이번에는 NSA와 계약을 맺은 델에서 일했다. 2010년에는 일본 지사로 발령이 나서 이전보다 훨씬 더 높은 등급의 감시 비밀에 접근할 수 있는 권한을 얻었다.

"자료를 보고 정말 심란해지기 시작했습니다. 저는 무인기가 공격할 수도 있는 사람들을 대상으로 감시하는 장면을 실시간으로 봤습니다. 마을 전체를 감시하면서 전체 주민들이 하는 행동을 확인할 수 있었어요. NSA가 사람들이 자판을 두드리며 인터넷 활동을 하는 상황을 감시하는 것도 봤습니다. 미국의 감시 능력이 개인의 자유를 얼마나 심각하게 침해하는지 알게 되었습니다. 감시 시스템의 진짜 규모를 깨닫게 된 거죠. 그런데 이런 일이 일어나고 있다는 사실을 아는 사람은 거의 없었습니다."

스노든은 자신이 인식한 필요성, 즉 확인한 자료를 알려야겠다는 의무감을 점점 더 절박하게 느꼈다.

"일본 NSA에서 보내는 시간이 길어질수록, 더 이상 이런 사실을 계속 혼자서만 알고 있을 수는 없다는 사실을 깨달았습니다. 이런 모든 정보를 사람들에게 숨기는 데 사실상 일조하는 것은 옳지 않다고 느꼈죠."

나중에 일단 스노든의 정체가 밝혀지자, 기자들은 어떤 머리 나쁘고 직급이 낮은 IT 기술자가 우연히 기밀 정보를 발견한 것으로 묘사하려 했다. 하지만 진실은 아주 다르다.

CIA와 NSA 모두에서 일하면서 스노든은 고급 사이버 요원, 즉 다른 나라의 군사와 민간 시스템을 해킹해서 들어가 정보를 훔치거나 흔적을 남기지 않은 채 공격할 수 있는 요원이 되는 훈련을 꾸준히 받았다고 했다. 일본에서는 이런 훈련이 강화되었다. 스노든은 다른 정보기관의 공격으로부터 전자 데이터를 보호하는 아주 복잡한 방법을 실행하는 데 익숙해졌고, 고급 사이버 요원으로 공인받았다. 나중에 국방정보국의 합동 방첩 교육 아카데미는 스노든을 중국 방첩 과정에서 사이버 방첩 과목을 가르칠 교관으로 선발했다.

스노든이 우리에게 요구했던 보안 조치는 그가 CIA와, 특히 NSA에서 주로 배웠고 심지어 제작을 돕기도 한 것이었다.

2013년 7월 〈뉴욕타임스〉는 스노든이 내게 한 말이 사실이라는 걸 확인해주었다. "국가안보국에서 일하는 동안 에드워드 스노든은 해커가 되는 법을 배웠고", "NSA가 채용하지 못해 안달이 난 그런 수준의 사이버 보안 전문가로 변모했다"고 보도한 것이다. 또한 NSA에서 받은 교육은 "스노든이 좀 더 복잡한 사이버 보안 분야로 이동하는 데 필수적인 역할을 했다"고도 했다. 그러면서 스노든이 열람한 파일로 볼 때, "전자 첩보나 사이버 전쟁의 공격적인 분야로 옮겼는데, 여기에서 NSA는 타국의 컴퓨터 시스템에서 정보를 훔치거나 공격을 준비하기 위해 해당 시스템을 조사했다"는 사실도 덧붙였다.

나는 사건이 발생한 순서대로 질문하려고 애를 썼지만, 종종 순서를 건너뛰고 싶은 충동을 이기지 못했다. 열의가 넘쳐서였다. 특히 스노든과 이야기를 시작한 후로, 내가 생각하기에 가장 놀라운 미스터리라고 생각한 점의 핵심으로 들어가고 싶은 마음이 컸다. 직업을 내던지고 중죄인이 될 수도 있는 이 일에 뛰어들어서, 몇 년 동안 정부 기관에서 일하면서 철저하게 주입받은 기밀 유지와 국가에 대한 충성 서약을 깨트린 진짜 동기가 뭘까?

이 질문을 여러 차례 다양한 방식으로 던졌고, 스노든도 여러 차례 다양한 방법으로 답했다. 하지만 그가 한 설명은 너무 피상적이거나, 추상적이거나, 열정과 신념이 전혀 담기지 않은 것처럼 들렸다. 스노든은 NSA 시스템과 기술에 대해서는 아주 편하게 이야기했지만, 자신이 화제가 되었을 때, 특히 뭔가 아주 용감하고 비범한 일을 해서 그 부분에 대한 심리적 설명을 해야 한다는 암시를 받고 대답해야 했을 때는 확실히 다소 불편해 보였다. 대답이 본심을 드러낸 것이라기보다는 추상적이어서 내가 듣기에는 별로 설득력이 없었다. 스노든은 세상 사람들이 자신의 프라이버시가 어떻게 침해되고 있는지 알 권리가 있다고 말했다. 자신은 그런 범죄에 맞서야 한다는 윤리적 의무감을 느꼈다. 자신이 소중하게 생각하는 가치가 은밀하게 위협받고 있었고, 이런 사실에 대해 계속 침묵을 지키는 것은 양심상 용납할 수 없었다.

나는 스노든이 이런 정치적 가치를 진심으로 소중하게 생각하고 있다고 믿었다. 그런 가치를 지키기 위해 개인적인 삶과 자유를 희생한 동기가 뭐였는지 알고 싶었지만, 제대로 된 답을 얻지 못했다고 느꼈다. 어쩌면 스노든에게도 답이 없는지 모른다. 아니면 다른 많은 미국인처럼, 특히 철저한 보안 문화에 익숙해진 그로서는 자신의 마음속을 깊이 파고드는 질문을 꺼리는 건지도 모른다. 어쨌든 나는 답을 알아야 했다.

다른 것은 다 차치하고라도, 스노든이 결과를 제대로 그리고 이성적으로 이해하고 선택했는지 알고 싶었다. 목적을 제대로 이해한 상태에서 누구의 간섭도 받지 않고 일을 한다는 확신이 들지 않는 한 이렇게 위험 부담이 큰 모험에 뛰어드는 일을 도울 마음이 없었다.

마침내 스노든은 힘 있고 진심이 느껴지는 대답을 했다.

"한 사람의 가치를 판단할 수 있는 진정한 잣대는 그 사람이 믿는다고 말한 바가 아니라, 그런 믿음을 지키기 위해 하는 행동입니다. 자신의 믿음에 따라 행동하지 않는다면, 그런 믿음은 진짜가 아닐 겁니다."

이런 식으로 자신의 가치를 평가하는 방법을 어떻게 생각해냈을까? 공익을 위해 자기 이익을 기꺼이 희생할 마음이 있을 때에만 윤리적으로 행동할 수 있을 것이라는 이 믿음은 도대체 어디서 비롯되었을까?

"많은 곳에서 여러 경험을 하면서요."

스노든이 말했다. 그리스 신화를 탐독하며 자랐고, 조셉 캠벨의 『천의 얼굴을 가진 영웅』의 영향을 받았다고 했다. 이 책에서 스노든은 "우리 모두가 공유한 이야기 중에서 공통된 맥락을 발견했다"는 부분에 주목했다. 이 책의 주된 교훈은 바로 "삶에 의미를 불어넣는 것은 다름 아닌 우리 자신으로, 우리가 한 행동과 그 행동으로 만들어낸 이야기를 통해 그렇게 된다"는 것이었다. 사람들은 오로지 자신이 한 행동으로만 규정되는 존재다.

"저의 원칙을 고수하기 위해, 행동하길 계속 두려워하는 사람이 되고 싶지 않아요."

이런 주제, 즉 한 사람의 주체성과 가치를 평가하는 이런 윤리적인 생각은, 스노든의 지적 발전 경로를 따라가다보면 계속 나온다. 여기에는 스노든이 약간 창피해하면서 밝힌 비디오 게임도 포함되었다. 비디오 게임에 푹 빠졌을 때 배운 교훈은 바로 단 한 사람이, 심지어 가장 힘없는 사람일지라도 거대한 불의에 맞설 수 있다는 사실이었다.

"주인공은 흔히 평범한 사람입니다. 자신이 심각한 불의를 저지르는 강력한 세력과 맞서고 있다는 사실을 깨닫고 두려움에 차서 도망가거나, 아니면 신념을 위해 싸워야 하는 선택에 직면하게 되죠. 역사책에도 겉보기에는 아주 평범할지라도 정의에 대한 굳은 결의를 가진 사람이 아주 위협적인 상대와 싸워서 승리할 수 있다는 사실이 나옵니다."

비디오 게임이 자신의 세계관을 형성하는 데 큰 영향을 미쳤다고 주장한 사람은 스노든이 처음이 아니었다. 몇 년 전에 이런 말을 들었다면 비웃었을지도 모르지만, 이때는 그런 주장을 받아들이게 되었다. 스노든 세대에게는 정치적 의식, 윤리적 사유, 세상에서 자신이 차지한 자리를 이해하고 그런 의식을 형성하는 데 있어서 비디오 게임이 문학이나 텔레비전과 영화만큼이나 큰 역할을 해왔기 때문이다. 비디오 게임도 복잡한 윤리적 딜레마들을 제시하고, 사유를 촉진하며, 특히 그동안 배운 것들에 대해 질문을 던지기 시작하는 사람들에게 그런 역할을 한다.

스노든이 초기에 했던 윤리적 추론(스노든이 한 일에서 끌어낸 윤리적 추론이며, 그의 말을 빌리자면 "우리가 되고 싶은 존재에 대한 모델과 그 이유")은 윤리적인 의무와 심리적인 한계에 대한 진지하고 성숙한 자기 성찰로 이어졌다.

"어떤 사람을 수동적이고 순종적인 태도를 유지하게 하는 것은, 그렇게 하지 않았을 때 자신에게 미칠 영향에 대한 두려움입니다. 하지만 일단 궁극적으로 삶에 중요하지 않은 것들, 이를테면 돈, 직업, 신체적 안전과 같은 것들에 대한 집착을 놓게 되면 그런 두려움을 극복할 수 있게 됩니다."

스노든의 세계관에 비디오 게임만큼 중요한 역할을 한 것은 바로 전례 없는 인터넷의 중요성이다. 스노든 세대의 많은 이와 마찬가지로, 인터넷은 개별적인 업무를 수행하기 위해 사용되는, 삶과 동떨어진 도구가 아니었다. 스노든의 정신과 인격이 성장한 세계이자, 지적 성장과 이해를 위해 자유와 탐구와 가능성을 제공해준 곳이었다.

스노든에게 있어 인터넷 고유의 특징은 그 무엇과도 비교할 수 없을 정도로 소중하며, 어떤 대가를 치르고라도 지켜야 하는 것이었다. 스노든은 10대 때 여러 가지 아이디어를 탐구하고, 아주 먼 곳에 살아서 자신과는 전혀 다른 배경을 가진 사람들과 이야기하기 위해 인터넷을 사용했다. 인터넷이 없었다면 만나지도 못했을 사람들이었다.

"근본적으로 인터넷 덕분에 자유를 경험하고, 인간으로서의 제 능력을 적극적으로 탐구할 수 있었습니다."

인터넷의 가치에 대해 말할 때는 생기가 넘치고 열정적이기까지 한 스노든은 이렇게 덧붙였다.

"많은 아이에게 인터넷은 자아실현의 수단입니다. 인터넷 덕분에 자기가 어떤 사람인지, 그리고 어떤 사람이 되고 싶은지 탐구해볼 수 있게 되었습니다. 하지만 그것도 인터넷이란 세계 안에서 익명으로 남아 프라이버시를 지킬 수 있을 때, 감시당하는 일 없이 마음껏 실수 할 수 있을 때나 가능한 일입니다. 저희 세대가 그런 자유를 누린 마지막 세대인 것 같아서 걱정됩니다."

내가 보기에 스노든이 결정을 내리는 데 이런 생각이 큰 역할을 한 게 분명했다.

"저는 우리에게 아무런 사생활도, 자유도 주어지지 않는 세상에서 살고 싶지 않습니다. 인터넷의 유일한 가치가 파괴된 세계에서 살고 싶지 않은 겁니다."

스노든이 말했다. 그는 그런 일이 일어나지 않도록 막기 위해, 아니 더 정확히 말하자면 다른 사람들이 그런 가치들을 지키기 위해 행동해야 할지 말아야 할지 선택할 수 있게 하기 위해 자신이 할 수 있는 일을 해야 한다고 느꼈다.

이런 말과 함께 자신의 목표가 사람들의 프라이버시를 제거하는 NSA의 능력을 파괴하려는 것은 아니라고 거듭 강조했다.

"그런 선택을 하는 건 제 역할이 아닙니다."

스노든이 말했다. 그 대신 미국 시민과 전 세계 사람들이 자신의 프라이버시에 무슨 일이 일어나고 있는지 알기를 원했고, 관련 정보를 주고 싶어 했다.

"제 의도는 이런 시스템을 파괴하려는 게 아니라, 계속 이런 식으로 살아가야 하는지 사람들이 결정할 수 있도록 해주려는 것뿐입니다."

스노든 같은 내부고발자는 외톨이나 낙오자로 취급되는 경우가 많다. 양심에 따라 행동했다기보다는, 사람들로부터 소외되고 실패한 자기 인생에 좌절한 나머지 그런 행동을 했다고 보는 것이다. 스노든은 그 반대였다. 스노든은 사람들이 가장 가치 있게 생각하는 것들로 꽉 찬 인생을 살아왔다. 비밀 자료를 유출하기로 한 스노든의 결정은 오랫동안 사귄 여자친구, 천국 같은 하와이에서의 삶, 자신을 지지해주는 가족, 안정적인 직업, 두둑한 봉급, 무한한 가능성으로 가득 찬 삶을 포기한다는 걸 의미했다.

2011년 일본 파견 근무가 끝난 후, 스노든은 또다시 델에서 일했다. 이번에는 메릴랜드에 있는 CIA 사무실에 배치되었다. 보너스와 함께 그해 연봉으로 대략 20만 달러(1달러 1,000원 기준으로 2억 원 - 옮긴이)를 받으며 마이크로소프트를 비롯한 IT 회사와 협력해서 CIA와 그 밖의 정보기관이 안정적으로 데이터를 저장할 수 있는 시스템을 구축하는 일을 했다. 스노든은 이렇게 회고했다.

"상황이 점점 더 나빠지고 있었어요. 제 직급에서 하는 일을 통해 정부가, 특히 NSA가 민간 기술 산업과 손잡고 사람들의 통신에 전면적으로 접근할 수 있는 작업을 하는 걸 직접 목격했습니다."

이날 다섯 시간 동안 질문을 하는 내내(사실상 이날 홍콩에서 대화를 나누는 내내), 스노든의 어조는 냉정하고 침착하며 사무적이었다. 하지만 일하면서 알게 된 사실들 때문에 마침내 이렇게 직접 행동에 나서게 된 상황을 설명할 때는 열정적으로 바뀌었고, 심지어 약간 동요하기도 했다.

"그들이 구축하는 시스템의 목적이 전 세계인의 프라이버시를 제거하는 것이란 사실을 깨달았습니다. 모든 사람의 전자 통신을 NSA의 수집, 저장, 분석 활동의 대상으로 만드는 겁니다."

이런 자각 때문에 스노든은 내부고발자가 되겠다는 결심을 굳혔다. 2012년에는 델의 메릴랜드 지사에서 하와이 지사로 자리를 옮겼다. 2012년 후반부터 꼭 공개되어야 한다고 판단한 문서를 다운로드하기 시작했다. 일부 문서는 공개용이 아니라 기자가 보도할 감시 시스템의 전후 관계를 이해할 수 있도록 하기 위한 것이다.

2013년 초에는 자신이 세상에 보여주고 싶은 그림을 완성하려면 델에서는 접할 수 없는 문서가 필요하다는 사실을 알게 되었다. 다른 자리에 있어야만 접근할 수 있는 문서였다. 공식적으로 기반 체계 분석관이 되어서 NSA의 감시 자료 원본이 있는 저장소에 출입할 수 있는 권한을 갖고 있어야만 볼 수 있는 문서였다.

이런 목표를 염두에 두고 하와이에 채용 공고를 낸 부즈앨런해밀턴에 지원했다. 부즈앨런해밀턴은 미국에서 가장 규모가 크고 힘 있는 방위산업체 가운데 하나로, 전직 정부 관료들로 가득 찬 곳이다. 스노든은 이곳에서 일하기 위해 연봉 삭감을 감수했다. NSA 감시에 대한 그림을 완성하는 데 필요하다고 생각한 마지막 파일을 확보할 수 있었기 때문이다. 가장 중요한 사실은 그런 접근 권한 덕분에 미국 내 모든 통신사의 기반 체계에 대한 NSA의 비밀 감시 정보를 수집할 수 있었다는 것이다.

2013년 5월 중순, 스노든은 전년도에 앓게 된 간질을 치료하기 위해 2주간 휴가를 냈다. 스노든이 챙긴 짐에는 NSA 문서가 가득 담긴 USB 메모리와 각기 다른 목적으로 쓸 노트북 네 대가 포함되었다. 여자친구에게는 행선지를 말하지 않았다. 직업상 목적지를 말할 수 없는 상황에서 출장 다니는 일이 흔했다. 일단 정체가 밝혀지면 정부가 여자친구를 괴롭힐 상황을 방지하기 위해 계획을 여자친구에게도 비밀로 하고 싶었다. 하와이를 떠나 홍콩에 도착한 것은 5월 20일이었고, 본명으로 미라 호텔에 투숙해서 그 후로 쭉 같은 호텔에 머물고 있었다.

스노든은 아주 드러내놓고 호텔에 머무르면서 신용카드로 숙박비를 지불했다. 그 이유가 결국에는 정부와 언론을 비롯해 사실상 모든 사람이 자신의 행동을 속속들이 알게 될 것이기 때문이라고 했다. 자신이 일종의 이중 첩자라는 주장이 나오는 걸 막고 싶었고, 만약 이 시기에 숨어서 지낸다면 그런 주장을 하기가 훨씬 더 쉬울 터였다. 스노든은 자신의 행동을 해명할 수 있고, 여기에는 어떤 음모도 없으며, 단독으로 행동하고 있다는 사실을 증명하는 일에 착수했다. 홍콩과 중국 당국이 보기에, 몰래 숨어 지내는 사람이 아니라 평범한 사업가처럼 보였다.

"제가 어떤 사람인지 혹은 누구인지 숨길 계획이 없어요. 지하에 숨어서 음모론이나 나를 나쁜 놈으로 만드는 계략에 도움이 될 만한 정보를 줄 이유가 없죠."

나는 애초에 인터넷상에서 이야기를 나눈 뒤 줄곧 머릿속에 담아둔 질문을 던졌다. 폭로할 준비가 되었을 때 왜 홍콩을 택했는가? 스노든은 특유의 세심한 분석을 토대로 그런 결정을 내렸다고 말했다.

스노든에게는 로라가 나와 함께 문서를 검토하는 동안 미국 정부의 개입을 피해 신체적인 안전을 확보하는 것이 최우선이었다. 당국이 서류들을 유출하기로 한 계획을 알아채면, 그런 일을 막기 위해 스노든을 체포하거나 더 심한 짓도 할 것이다. 홍콩은 준자치 지역으로, 중국 영토의 일부이기 때문에 미국 첩보원이 자신을 상대로 행동하기가 최종 도피처로 고려한 다른 후보지에 비해 훨씬 더 어려울 것이라고 판단했다. 그런 후보지로는 라틴아메리카의 작은 나라인 에콰도르나 볼리비아가 있었다. 신병을 인도하라는 미국의 압력에도 홍콩은 아이슬란드처럼 유럽의 작은 나라보다 훨씬 더 적극적으로 저항할 수 있을 터였다.

목적지를 선택할 때 문서 공개는 스노든이 염두에 둔 우선적인 고려 사항이긴 했지만, 그게 유일한 이유는 아니었다. 스노든은 자신에게 중요한 정치적 가치에 헌신한 사람들이 있는 곳에서 있길 원했다. 스노든이 설명한 것처럼 홍콩 시민들은 결국 중국 정부의 억압적인 통치 아래 있긴 해도 기본적인 정치적 자유를 지키기 위해 싸웠고 이견을 말할 수 있는 생기 넘치는 분위기를 만들었다. 스노든은 홍콩에 민주적인 절차로 선출된 지도자들이 있을 뿐만 아니라, 매년 천안문 시위 무력 진압을 규탄하는 행진을 포함해서 대규모 거리시위가 열리는 곳이라는 점도 언급했다.

스노든은 미국 정부가 취할 조치에 맞서서 더 확실하게 자신을 보호해줄 수 있는 나라에 갈 수 있었고, 여기에는 중국 본토가 포함되었다. 정치적으로 더 많은 자유를 누릴 수 있는 나라들도 분명히 있었다. 하지만 홍콩이 신체적 안전 보장과 정치적인 힘이 가장 잘 조화를 이루는 곳이라고 느꼈다.

확실히 이 결정에는 단점이 있었고, 스노든도 그런 사실을 모두 알고 있었다. 홍콩은 중국 본토와의 관계 때문에 스노든을 비난하는 사람들이 그를 쉽게 비난할 수 있었다. 하지만 완벽한 선택이란 존재하지 않았다.

"선택 가능한 방안이 전부 안 좋았습니다."

스노든은 자주 이렇게 말했고, 실제로 홍콩은 다른 곳에선 찾기 힘든, 어느 정도의 안전과 행동의 자유를 제공했다.

일단 모든 이야기를 다 듣고 나자 한 가지 목표가 남았다. 스노든이 비밀문서를 폭로한 제보자라는 정체가 드러나면 자신에게 무슨 일이 일어날지 이해하고 있는지 확인하는 것이었다.

오바마 정부는 내부고발자를 상대로 좌우를 막론하고 모든 사람이 전례가 없다고 한 전쟁을 벌였다. "역사상 가장 투명한 정부"로 만들겠다는 선거 공약을 내세우면서, 특히 자신이 "고귀하고 용감하다고" 묘사한 내부고발자를 보호하겠다고 약속한 대통령이 그런 말과는 정반대되는 행동을 한 것이다.

오바마 정부는 1917년에 제정된 간첩법에 따라 미국 역사상 과거 모든 정부가 기소한 내부고발자 수를 다 합친 것보다 더 많은, 일곱 명의 내부고발자를 기소했다. 사실 전부 합한 수보다 두 배가 넘었다. 간첩법은 제1차 세계대전 당시 우드로 윌슨 대통령이 전쟁에 반대하는 사람들을 범죄자로 만들기 위해 제정한 법이다. 기소된 사람은 중형에 처했고, 여기에는 무기징역과 사형까지 포함되었다.

오바마 정부가 간첩법으로 가차 없이 압박을 가해올 것이 확실했다. 법무부가 범죄 혐의를 씌워서 무기 징역에 처하게 할 가능성이 있었고, 스노든은 반역자라는 엄청난 비난을 받을 수도 있었다.

"당신이 제보자라는 사실을 밝히면 무슨 일이 일어날 거라고 생각합니까?"

내가 물었다. 아주 빠른 답변이 돌아왔고, 그런 사실은 스노든이 이 질문에 대해 사전에 여러 번 생각했다는 것을 짐작할 수 있게 했다.

"정부는 제가 간첩법을 위반했다고 말하겠죠. 중죄를 저질렀고 미국의 적국을 도왔다고, 국가 안보를 위태롭게 했다고 말할 겁니다. 분명 과거를 캐내서 끌어낼 수 있는 사건이란 사건은 다 끄집어내고, 사실을 과장하거나 날조까지 해서 최대한 저를 죽일 놈으로 만들겠죠."

스노든은 감옥에 가고 싶지 않다고 말했다.

"감옥엔 가지 않으려고 노력할 겁니다. 하지만 이 모든 일 때문에 감옥에 가게 된다면, 그럴 가능성이 아주 크다는 것도 알고 있는데, 내게 무슨 짓을 하건 감수할 수 있다고 얼마 전에 결심했습니다. 참을 수 없는 유일한 상황은 제가 아무 일도 하지 않았다는 사실을 아는 겁니다."

처음 만난 날 그리고 그 이후 매일, 스노든의 굳은 결심과 자신에게 일어날지 모르는 일들을 담담하게 내다보는 모습은 아주 놀라우면서도 깊은 연민을 자아냈다. 스노든이 눈곱만큼도 후회하거나 두려워하거나 불안해하는 모습을 본 적이 없다. 스노든은 결정을 이미 내린 상태고, 그에 따른 결과를 이해하고 있으며, 받아들일 준비가 되었다고 태연하게 설명했다.

스노든은 이런 결심을 통해 힘을 얻는 것처럼 보였다. 미국 정부가 자신에게 할 행동에 대해 이야기할 때는 놀라울 정도로 침착함을 드러냈다. 스물아홉 살 먹은 이 청년은 미국 최고의 감시와 보안 수준을 갖춘 감옥에서 수십 년, 혹은 평생 갇혀 있어야 할지도 모른다. 이런 감옥은 투옥될 가능성만으로 거의 모든 사람이 두려워서 온몸이 마비되게 할 의도로 설계된 것으로, 그런 위협에도 담담하게 반응하는 스노든의 모습은 아주 감동적이었다. 스노든의 용기는 전염성이 있었다. 그때부터 로라와 나는 서로에게, 그리고 스노든에게 스노든의 선택을 존중해서 행동하고 결정할 것이라고 거듭 약속했다. 나는 애초에 스노든이 행동에 나서도록 만든 마음가짐 때문에 이 이야기를 보도해야 할 의무감이 들었다. 자신이 옳다고 믿는 일을 하는 신념에 뿌리를 둔 대담함과, 범행을 감추는 데 혈안이 된 사악한 정부 관리들의 근거 없는 협박에 겁을 먹거나 단념하지 않겠다는 마음가짐이었다.

다섯 시간 동안 질문한 끝에, 스노든이 한 모든 주장이 사실이며, 그의 동기가 깊이 숙고한 후에 내려진 진실된 것이라는 사실을 백퍼센트 확신하게 되었다. 우리가 자리에서 일어서기 전에, 스노든은 이미 여러 번 제기했던 화제로 돌아갔다. 즉 문서를 유출한 제보자로서 자신의 정체를 밝힐 것이며, 우리가 낼 첫 기사에서 공개적으로 그렇게 하겠다는 것이었다.

"이렇게 중요한 일을 하는 사람이라면 누구든 왜 그런 일을 했고, 그 일로 달성하고자 하는 것이 무엇인지 사람들에게 설명할 의무가 있습니다."

또한 몸을 숨김으로써 미국 정부가 조성한 공포 분위기를 고조시킬 마음이 없었다. 게다가, 스노든은 일단 기사가 나가기 시작하면 NSA와 FBI가 재빨리 정보를 유출시킨 제보자를 정확하게 지목할 것이라고 확신했다. 스노든은 자신의 흔적을 감추기 위해 할 수 있는 조치를 하지 않았다. 동료들이 조사나 엉뚱한 비난을 받는 것을 원치 않아서였다. 그동안 터득한 기술과 NSA의 놀랄 만큼 허술한 체계를 고려해볼 때 마음만 먹으면 자신의 흔적을 지울 수 있었고, 심지어 수많은 일급비밀 문서를 다운로드할 수도 있었다고 했다. 그러면서도 나중에 발견될 수 있도록 시스템상에 흔적을 다소 남겼는데, 이것은 계속 숨어 있지 않겠다는 의지의 표명이었다.

나는 스노든을 공개해서 정부가 제보자의 정체를 알게 되는 걸 돕고 싶은 마음이 없었다. 하지만 스노든은 자신의 정체가 발각되는 것은 불가피하다고 나를 설득했다. 더 중요한 사실은, 정부가 대중의 눈에 스노든을 어떤 인물로 규정하도록 허용하기보다는 자신이 어떤 사람인지 직접 밝히겠다고 굳게 마음먹은 점이다.

정체를 밝히는 일과 관련해서 스노든이 유일하게 두려워하는 것은, 그로 인해 사람들이 폭로의 본질에 집중하지 못하게 될지도 모른다는 사실이었다.

"언론이 모든 것을 개인적인 일로 국한시키고, 정부도 저를 기삿거리로 만들어서 공격하길 원하리라는 점을 알고 있습니다."

스노든이 말했다. 일찌감치 자신의 정체를 밝힌 다음, 대중의 시선에서 사라져 NSA와 NSA의 감시 활동에 초점이 계속 맞춰지게 할 계획이었다.

"일단 정체를 밝히고 저에 대해 설명하고 나면, 더 이상 언론 인터뷰는 하지 않을 겁니다. 제가 기삿거리가 되는 걸 원하지 않아요."

스노든이 말했다. 나는 첫 기사에서 정체를 밝히기보다는 일주일을 기다려야 한다고 주장했다. 그래야 대중의 관심을 분산시키지 않고 일련의 기사를 발표할 수 있었다. 우리 생각은 간단했다. 매일 특종을 하나씩 터트려서, 저널리즘판 충격과 공포를 불러일으키는 것이었다. 최대한 빨리 시작해서 분위기가 달아올랐을 때 제보자의 정체를 밝힐 계획이었다. 첫 만남이 끝났을 때 모두가 여기에 동의했다. 계획이 마련된 것이다.

홍콩에 머문 나머지 시간 동안 매일 스노든과 만나 긴 이야기를 나눴다. 밤마다 두 시간 이상 잔 적이 없었고, 그것마저도 수면보조제의 도움을 받아야 했다. 그 외 시간에는 스노든이 준 문서를 토대로 기사를 썼다. 일단 기사가 나가기 시작했을 때는 그 문제를 토의하기

위한 인터뷰를 했다.

스노든은 어떤 이야기를 어떤 순서로 어떻게 내보낼지에 대해 로라와 내게 일임했다. 하지만 첫날, 그 전후로도 여러 번 그랬던 것처럼, 우리가 모든 자료를 아주 세심하게 확인하는 것이 매우 시급하다고 강조했다.

"저는 공익에 부합하는 바를 기준으로 문서를 골랐습니다. 하지만 두 분이 저널리스트 입장에서 사람들이 반드시 알아야 하고, 무고한 사람들에게는 아무런 해도 끼치지 않을 수 있는 상태에서 밝힐 수 있는 문서만 공개해주실 거라고 믿습니다."

스노든은 다른 이유가 없다면, 정부 당국이 문서 공개가 사람들을 위험에 빠트렸다는 주장을 설득력 있게 하도록 내버려둬서는 안 되고, 실질적인 대중 토론을 이끌어내는 힘도 여기에 달려 있다는 사실을 알고 있었다.

스노든은 언론에서 하는 방식대로 문서를 발표하는 것이 중요하다고도 강조했다. 다시 말해 언론과 함께 일하고 문서의 맥락을 제공하는 기사를 써야지, 그냥 문서만 잔뜩 내보내지 말라는 것이었다. 그렇게 해야만 법적인 보호를 더 많이 받고, 더 중요하게도 대중이 폭로된 정보를 좀 더 논리 정연하고 합리적으로 소화할 수 있게 된다고 믿었다.

"문서를 인터넷에 그냥 한꺼번에 올리려 했다면, 제가 직접 그렇게 할 수 있었어요. 사람들이 당연히 알아야 할 사실을 이해할 수 있게 두 분이 기사를 하나씩 차례로 내주셨으면 해요."

우리는 이런 방식으로 보도하는 데 공감했다.

처음부터 스노든은 로라와 내가 기사를 작성하는 데 동참하기를 원했다고 몇 번씩 설명했다. 기사를 공격적으로 보도하고, 정부의 협박에도 굴하지 않을 것으로 알았기 때문이었다. 그러면서 정부의 요구에 따라 특종 기사를 보도하는 것을 질질 끈 〈뉴욕타임스〉를 비롯한 주요 언론사를 자주 언급했다. 하지만 공격적인 보도를 바라는 동시에, 반박의 여지가 없는 기사를 작성하고 모든 기사에 충분히 시간을 들여서 철저히 검토해줄 언론인을 원했다.

"두 분께 드리는 문서 중 일부는 공개용이 아닙니다. 시스템이 어떻게 돌아가는지 이해하셔서 기사를 제대로 보도하실 수 있도록 하기 위해서입니다."

홍콩에서 처음으로 24시간을 보낸 하루가 끝난 뒤, 나는 스노든이 머물던 방에서 나와서 내 방으로 돌아왔고, 〈가디언〉이 곧장 실어주길 기대하면서 밤을 새워서 기사 네 건을 작성했다. 다소 긴박한 상황이었다. 어떤 식으로든 더 이상 스노든이 우리와 소통하지 못하게 되기 전에 최대한 많은 문서를 함께 검토해야 했다.

상황이 긴박했던 이유는 또 있었다. JFK 공항으로 가는 택시 안에서 로라는 대형 언론사 몇 곳과 기자들에게 스노든이 준 문서에 대해 언급했다고 말했다.

그중에는 바튼 겔먼도 포함되었다. 겔먼은 퓰리처상을 두 번 수상하고, 〈워싱턴포스트〉의 직원으로 있다가 프리랜서로 일했다. 로라는 홍콩에 함께 가는 문제에 대해 사람들을 설득하느라 애를 먹었는

데, 오랫동안 감시 문제에 관심을 갖고 있던 겔먼은 로라의 이야기에 큰 관심을 보였다고 했다.

로라의 제안으로 스노든은 겔먼에게 "몇몇 문서"를 주는 데 동의했다. 겔먼과 〈워싱턴포스트〉가 로라와 함께 특정한 폭로 기사를 보도하게 할 생각이었다. 나는 바튼 겔먼을 존경하지만 〈워싱턴포스트〉는 존경하지 않는다. 내가 보기에 〈워싱턴포스트〉는 주류 언론이라는 괴물의 핵심으로, 미국 내에서 정치 매체가 가진 최악의 속성을 모두 구현하고 있다. 정부와 지나치게 가깝고, 국가 안보 기관을 떠받들며, 정부에 반대하는 목소리를 일상적으로 배제한다. 〈워싱턴포스트〉 소속의 미디어 비평가인 하워드 커츠는 2004년 이라크 침공을 준비하는 동안 신문사가 어떻게 전쟁에 찬성하는 의견을 체계적으로 증폭시키면서, 반전 여론은 무시하거나 배제했는지에 대한 글을 썼다. 커츠는 〈워싱턴포스트〉의 뉴스 보도가 이라크 침공을 지지하면서 "눈에 띄게 편파적이었다"고 결론 내렸다. 이 신문의 사설란은 지금도 미국의 군국주의, 비밀주의, 감시에 대한 가장 떠들썩하고 생각 없는 논리로 가득하다.

〈워싱턴포스트〉는 가만히 앉아서 대형 특종을 건네받았다. 제보자인 스노든이 애초에 선택한 언론사도 아니었다. 사실 내가 처음 스노든과 암호화된 채팅을 하게 된 계기도 〈워싱턴포스트〉가 겁먹은 태도를 보이는 바람에 스노든이 화가 나서였다.

지난 몇 년간 내가 위키리크스에 퍼부은 몇 안 되는 비판 중 하나는, 그들도 가끔 이와 비슷하게 대형 특종을 정부를 보호하기 위해 최선을 다하는 주류 언론에 건네줘서, 결과적으로 이들의 위상과 영향력만 확대시켰다는 점이었다. 일급비밀 문서에 대한 단독 특종은 그 하나만으로도 언론사의 위상을 높이고, 특종을 터뜨린 기자에게 힘을 실어준다. 그런 특종은 독립적인 저널리스트와 언론에 줘서 이들의 목소리가 커지게 하고, 인지도를 높이며, 영향력이 극대화되게 하는 것이 더 타당하다.

게다가 나는 〈워싱턴포스트〉는 주류 매체의 보도 관행을 지배하는 관례적인 보호 규칙을 충실하게 따를 것이라는 점을 알고 있었다. 이런 규칙에 따라, 정부는 비밀 폭로를 통제하고 축소하며 심지어 영향력을 무력화시킬 수 있게 되고, 편집자들은 먼저 정부 관리에게 가서 보도할 내용을 정식으로 알린다. 그러면 관리들은 이런 폭로로 인해 국가 안보가 어떤 피해를 입게 되는지 말한다. 보도할 내용과 보도하지 않을 내용에 대해 정부 관리와 편집자 사이에 기나긴 협상이 이루어지고, 상당 기간 보도가 늦춰진다. 확실히 뉴스 가치가 있는 정보의 발표가 억제되는 경우도 흔하다. 2005년 CIA의 블랙사이트(가혹한 심문이 이루어지는 해외 비밀 감옥 시설 - 옮긴이)에 대한 보도에서 실제로 이런 일이 있었다. 그 당시 〈워싱턴포스트〉는 블랙사이트가 있는 국가의 이름을 밝히지 않아서 CIA의 불법적인 고문 시설이 유지되게 했다.

〈뉴욕타임스〉에도 비슷한 사례가 있다. 2004년 중반 〈뉴욕타임스〉는 소속 기자인 제임스 라이즌과 에릭 리치트블라우가 NSA의 무영장 도청 프로그램이 존재한다는 사실을 보도할 준비가 된 후에도

1년 이상 그런 사실을 숨겼다. 그 당시 부시 대통령은 〈뉴욕타임스〉의 발행인 아서 슐츠버거와 편집장 빌 켈러를 집무실로 불러 NSA가 법률상 필요한 영장도 없이 미국인들을 감시하고 있다는 사실을 공개하는 것은 테러리스트를 돕는 행위라는 터무니없는 주장을 했다. 〈뉴욕타임스〉는 정부의 이런 요구에 따라 기사 발표를 15개월 동안 막았다가 2005년 말, 그러니까 부시가 재선된 후에 보도했다(따라서 부시가 영장도 없이 미국인을 도청한다는 사실을 숨긴 채 재선에 나갈 수 있게 해주었다). 심지어 그때도, 〈뉴욕타임스〉가 기사를 내보낸 유일한 이유는 낙담한 라이즌이 책을 통해 사실을 폭로하려 했고, 그런 식으로 자사의 기자에게 특종을 뺏기고 싶지 않았기 때문이었다.

주류 매체가 정부의 비리에 대해 말할 때 동원하는 논조가 있다. 미국 저널리즘 문화는 기자에게 명확하거나 단정적인 문장을 쓰는 것을 피하고, 정부가 주장하는 바를 기사에 꼭 삽입하며, 내용이 아무리 사소할지라도 존중하라고 강요한다. 언론사는 〈워싱턴포스트〉의 미디어 칼럼니스트인 에릭 웸플이 "중도적"이라고 비웃는 문체를 사용하고 있다. 절대 단정적으로 말하지 말고, 정부를 두둔하는 의견과 실제로 일어난 사실 모두에 신빙성을 부여해서 결과적으로 폭로 사실을 희석시켜서 헷갈리고, 앞뒤가 안 맞으며, 종종 사소한 기사로 만들어버린다는 것이다. 무엇보다 정부의 주장에 일관되게 큰 무게를 실어주는데, 심지어 명백하게 사실이 아니거나 기만적일 때도 그렇다.

〈뉴욕타임스〉와 〈워싱턴포스트〉를 비롯한 많은 언론이 부시 정부의 심문 기법에 대해 보도할 때 '고문'이라는 표현을 쓰길 거부했던 이유는, 이처럼 권력을 두려워하고 아부하는 저널리즘 때문이었다. 하지만 막상 다른 나라 정부가 똑같은 전술을 썼을 때는 '고문'이란 표현을 마음껏 썼다. 사담 후세인과 이라크에 대한 미국 정부의 근거 없는 주장을 언론사가 세탁해주려다 큰 낭패를 보게 된 원인도 여기에 있었다. 정부가 거짓 구실로 전쟁을 해야 한다고 국민을 설득했는데도, 언론은 정부의 주장을 철저히 조사하기보다 확대시켰다.

정부를 보호하기 위해 고안된 또 다른 관행은 언론사가 그런 비밀문서를 몇 개만 발표하고 중단해버리는 행태다. 스노든이 제보한 것과 같은 문서는 충격을 줄이기 위해 단발성 기사로 발표하고, '대박 특종'을 냈다는 칭찬을 실컷 즐기다가 상을 타고는 손을 놓아버린다. 그래서 실질적인 변화를 가져오지 못하게 한다. 스노든과 로라와 나는 NSA 문서에 대한 진정한 보도란 기사를 차례차례 공격적으로 발표하면서, 그로 인해 정부의 분노를 사거나 협박을 받더라도 굴하지 않고, 공익과 관계된 모든 문제를 모두 다룰 때까지 중단하지 않는 것이라는 점에 동의했다.

스노든은 첫 대화를 할 때부터 자신이 주류 매체를 믿지 못한 이유를 분명하게 밝혔고, 〈뉴욕타임스〉가 NSA의 도청 사실을 은폐한 사실을 거듭 언급했다. 또한 〈뉴욕타임스〉가 해당 정보를 은폐하지 않았다면 2004년 대선 결과가 바뀌었을지도 모른다고 믿게 되었다. 스노든은 "사건 은폐 때문에 역사가 바뀐" 거라고 했다.

스노든은 문서를 통해 드러난 NSA의 극단적인 감시 활동을 폭로

하기로 굳게 마음먹었다. 그래서 기자들이 상을 받는 것 말고는 아무것도 이루지 못하는 단발성 특종보다는, 실질적인 결과가 나올 수 있도록 지속적인 대중 토론이 가능하게 할 작정이었다. 그렇게 하려면 대담하게 폭로하고, 정부의 허술한 변명과 무조건 공포를 확산시키는 행태에 대해 경멸을 표할 뿐만 아니라, 스노든의 행동이 옳았다는 점을 확고하게 변호하고, NSA를 명확하게 비난해야 한다. 이 모든 것이 〈워싱턴포스트〉가 정부에 대한 기사를 쓸 때 소속 기자들에게 금지시킬 일이다. 나는 〈워싱턴포스트〉가 뭘 하든지 간에 스노든의 폭로가 세상에 미치는 영향을 희석시킬 거라는 걸 알고 있었다. 〈워싱턴포스트〉가 다량의 스노든 문서를 확보했다는 사실은 우리가 이뤄내려고 노력하는 모든 일에 철저하게 역행하는 것처럼 보였다.

늘 그렇듯 로라가 〈워싱턴포스트〉를 끌어들이려고 한 데는 그럴만한 이유가 있었다. 우선 폭로 사실을 공격하거나 심지어 폭로 행위를 처벌하는 일이 어렵도록 주류 언론을 참여시키는 편이 득이 된다고 생각했다. 정부가 선호하는 신문사가 비밀 누설 사건을 보도하면, 거기 관련된 사람을 악당으로 만들기가 훨씬 더 어렵다고 본 것이다.

게다가 로라가 타당하게 지적한 것처럼, 내가 보안 조치가 안 되어 있어서 로라와 스노든은 상당 기간 나와 연락을 취할 수 없었다. 그래서 제보자가 제공한 수천 건의 NSA 일급비밀 문서를 보관해야 하는 초기의 부담을 로라가 져야 했다. 로라는 비밀문서를 믿고 같이 볼 수 있는 사람을 찾고, 어느 정도 자신을 보호해줄 조직과 같이 일해야 할 필요성도 느꼈다. 또 홍콩에 혼자 가고 싶지 않았다. 처음에는 나랑 이야기할 수 없었고, 제보자도 다른 누군가가 프리즘 스토리를 보도하는 걸 도와줘야 한다고 느꼈기 때문에, 로라는 겔먼에게 의지하는 게 좋겠다는 결론을 내렸다.

나는 이해는 해도 〈워싱턴포스트〉를 개입시킨 로라의 이유에 결코 동의하지 않았다. 주류 언론을 이 사건에 관여하게 만들 필요가 있다는 생각 자체가 바로 내가 피하고 싶은, 위험을 극히 싫어하면서 관행에 따르는 접근으로 보였다. 우리는 모든 면에서 〈워싱턴포스트〉와 견주어도 손색이 없는 저널리스트다. 보호를 받기 위해 문서를 건넨다는 것은 내가 보기에 우리가 뒤집어야 할 바로 그 전제를 공고히 하는 행동이었다. 바튼 겔먼이 결국 아주 훌륭하고 중요한 보도를 하긴 했지만, 나와 처음 대화를 나눴을 때 스노든은 이 일에 〈워싱턴포스트〉를 개입시킨 것을 후회하기 시작했다. 궁극적으로 그런 결정을 내린 사람은 스노든 자신이었지만 말이다.

스노든은 〈워싱턴포스트〉가 우물쭈물하는 데다 신중하지 못하게 너무 많은 사람을 이 일에 관여시키는 것처럼 느꼈다. 보안 조치도 하지 않은 채 자신이 벌인 일에 대해 이야기를 한 점에 속이 상했다. 쓸데없는 걱정을 하는 변호사들과 끝도 없이 회의를 하면서 내비친 우려도 마찬가지였다. 무엇보다 변호사와 편집자의 지침에 따라 홍콩에 와서 문서를 검토하자는 제안을 겔먼이 결국 거절했다는 사실에 더 화를 냈다.

스노든과 로라의 말에 따르면, 〈워싱턴포스트〉의 변호사들은 두려움에 차서 만들어낸 터무니없는 논리에 따라 겔먼에게 홍콩에 가지 말라고 권유했다. 로라에게도 홍콩행을 만류하면서 여행 경비를 대겠다는 제안도 철회했다. 변호사들은 감시 풍토가 전반적으로 확산된 국가인 중국에서 일급비밀에 대해 이야기하면 중국 정부가 엿들을 수도 있다고 주장했다. 이 경우 미국 정부는 〈워싱턴포스트〉가 부주의하게 비밀을 중국에 전달한 것으로 볼 수 있어서 신문사는 형사책임을 뒤집어쓰고, 겔먼은 간첩법에 걸릴 수 있다는 것이다.

스노든은 특유의 침착하고 절제된 방식으로 분노를 표출했다. 이 일을 세상에 알리기 위해 스노든은 인생을 내던지고, 모든 것을 위험에 빠뜨렸다. 자신은 거의 아무런 보호도 받지 못하고 있는데, 온갖 종류의 법적·제도적 지원을 다 갖추고 있는 거대 언론사가 기자 한 명을 홍콩에 파견해서 자신과 만나게 하는 사소한 모험조차 하지 않으려 했다.

"저는 개인적으로 아주 큰 위험을 무릅쓰고 엄청난 기삿거리를 건넬 준비가 되어 있었는데, 〈워싱턴포스트〉는 기자를 비행기에 태워 보내려고조차 하지 않는 겁니다."

이것이 바로 내가 수년간 비난해온, '비판적인 기자단'이 보여주는 소심하고 위험을 회피할 뿐만 아니라 정부에 복종하는 행동이다.

그럼에도 일부 문서가 〈워싱턴포스트〉에 전달된 상태였다. 스노든이나 나나 그걸 되돌리기 위해 할 수 있는 일은 하나도 없었다. 스노든과 만나고 홍콩에서 보내는 두 번째 밤에, 나는 NSA와 스노든이 일반인에게 이해되는 방식을, 두려운 나머지 오락가락하고 친정부적인 논조로 중도적인 목소리를 내는 〈워싱턴포스트〉가 좌우하도록 놔두지 않겠다고 다짐했다. 어느 쪽이든 기사를 먼저 터트리는 쪽이 사건에 대한 토론 방식과 프레임을 형성하는 데 주도적인 역할을 하게 될 것이다. 나는 그게 〈가디언〉과 내가 되게 하겠다고 마음먹었다. 기사가 우리가 의도한 효과를 내기 위해서는, 기존의 저널리즘에 적용되는 (폭로의 영향을 약화시키고 정부를 보호하기 위해 고안된) 관행에 따르기보다는, 그런 관행을 파괴해야 했다. 〈워싱턴포스트〉는 기존 관행에 따르겠지만, 나는 그러지 않을 작정이었다.

그래서, 일단 내 방으로 돌아온 뒤 기사 네 건을 작성했다. 첫 번째 기사는 해외정보감시법원의 비밀 명령에 관한 것이었다. 법원이 미국의 대형 전화 회사 중 하나인 버라이즌에 모든 미국인의 통화 기록을 NSA에 넘기라고 한 내용이었다. 두 번째 기사는 부시 정부의 무영장 도청 프로그램의 역사를 다뤘고, NSA 감찰관이 2009년에 작성한 일급비밀 보고서를 토대로 썼다. 세 번째 기사는 내가 비행기에서 읽은 '국경없는정보원' 프로그램에 대한 세부 내용을 다뤘다. 마지막으로 프리즘 프로그램을 정리했다. 나는 브라질에 있는 집에서 프리즘 프로그램에 대해 처음 알게 되었다. 무엇보다 이 기사 때문에 시간이 촉박했다. 프리즘은 〈워싱턴포스트〉가 보도 준비를 하고 있는 주제이기도 했다.

기사를 당장 내보내려면 〈가디언〉이 합류해야 했다. 홍콩은 저녁이었지만, 뉴욕은 이른 아침이었다. 뉴욕에 있는 〈가디언〉지 편집자들이 일어날 때까지 초조하게 기다리면서 자닌과 평소에 연락을 주고받던 구글 채팅에 자닌이 로그인했는지 5분마다 확인했다. 자닌이 들어온 걸 보자마자, 곧장 메시지를 보냈다.

“이야기 좀 합시다.”

이쯤 되자 우리는 전화나 구글 채팅으로 대화를 나누는 것은 생각할 수조차 없다는 사실을 알고 있었다. 둘 다 보안에 매우 취약했다. 어떻게 된 일인지 그동안 사용해온 OTR 채팅 프로그램은 먹통이었다. 자닌은 국가 감시를 막기 위해 설계된 프로그램으로 최근에 나온 크립토캣을 써보자고 제안했다. 크립토캣은 내가 홍콩에서 머무는 동안 우리의 주요 통신 수단이 됐다.

나는 자닌에게 그날 스노든과 만난 이야기를 하고, 스노든과 스노든이 제공한 문서가 모두 진짜라는 사실을 확신한다고 했다. 그리고 벌써 기사를 몇 건 썼다고 했다. 자닌은 특히 버라이즌 기사에 거는 기대가 컸다.

“좋아요. 그 기사는 준비되었습니다. 약간 편집이 필요하다면, 그렇게 하세요.”

나는 자닌에게 빨리 이 기사들을 발표해야 하는 절박한 사정을 강조했다.

“지금 당장 내보냅시다.”

하지만 문제가 하나 있었다. 그 사이에 〈가디언〉지 편집자들은 신문사 소속 변호사들과 만나 불안한 경고를 들었다. 자닌은 〈가디언〉지 변호사들이 한 말을 내게 그대로 전했다. 미국 정부가 비밀 정보를 보도하는 행위를 범죄로 간주할 수 있으며 (과연 그런지 의심스럽긴 하지만) 심지어 신문사라고 할지라도 간첩법 위반으로 볼 수 있다는 것이다. 특히 신호정보와 관련된 문서일수록 위험이 컸다. 과거에는 정부가 언론사를 기소하는 조치를 자제했지만, 그것도 언론사가 정부 관계자에게 기사를 미리 보여주고 해당 기사를 보도하면 국가 안보가 손상된다는 주장을 할 기회를 주는 관례적인 규칙을 준수하는 선에서 그렇게 했다. 〈가디언〉지 변호사들은 정부와 이런 협의 과정을 거치는 것이 일급비밀 문서를 공개함으로써 국가 안보를 손상시킬 의도가 없다는 걸 입증할 수 있고, 따라서 기소될 수 있는 범행 동기가 부족하다는 판단이 내려진다고 설명했다.

NSA에서 이렇게 민감한 문서가 다량으로 유출된 적은 말할 것도 없고, 심지어 문서 유출 자체가 전례 없는 일이었다. 변호사들은 이 사건을 폭로하면 오바마 정부의 과거 행태를 고려해봤을 때 스노든뿐만 아니라 신문사도 처벌받을 수 있다고 판단했다. 내가 홍콩에 도착하기 불과 몇 주 전, 오바마 정부의 법무부는 기사의 소식통을 찾기 위해 AP통신 기자와 편집자의 이메일과 통화 기록을 볼 수 있는 법원 명령을 받아낸 적이 있었다.

이 사건 이후 거의 즉시 나온 새 보도에 따르면 더 심각한 공격이 뉴스 취재 과정에서 행해졌다. 법무부가 법원에 영장 청구용 진술서를 제출했는데, 폭스뉴스의 워싱턴 지국장인 제임스 로즌을 범죄 혐의가 있는 소식통의 '공모자'로 고발하는 내용이었다. 저널리스트가 소식통과 긴밀히 협력해서 자료를 받음으로써 비밀 폭로를 "돕고 부추겼다"는 이유에서였다.

지난 몇 년간 기자들은 오바마 정부가 저널리즘에 대해 전례 없는 공격을 감행하고 있는 점을 주시해왔다. 로즌 사건은 이런 경향이 심각하게 확대된 사례였다. 소식통과의 협조를 두고 "돕고 부추겼다"는 이유로 처벌하는 행위는 탐사 보도 자체를 불법으로 만들겠다는 뜻이다. 소식통과 협력하지 않고는 어떤 기자도 비밀 정보를 획득할 수 없다. 이런 풍토가 〈가디언〉지 변호사를 포함해서 모든 언론사 변호사로 하여금 훨씬 더 조심하게 하고 심지어 두려움에 떨게 했다.

"FBI가 들이닥쳐 사무실 문을 닫고 파일을 압수할 수도 있다고 해요."

자닌이 말했다. 정말 어이가 없다는 생각이 들었다. 미국 정부가 〈가디언〉 같은 주요 신문사의 문을 닫고 사무실을 급습한다는 발상 자체가 지나친 우려다. 이런 점 때문에 나는 변호사로 일하는 동안 변호사들의 쓸데없이 과도한 경고를 혐오하게 되었다. 하지만 자닌이 그런 염려를 그냥 묵살하지도 않을 것이고, 그럴 수도 없다는 사실을 알고 있었다.

"그럼 지금 우리가 하는 일은 어떻게 되는 겁니까? 언제 기사를 내보낼 수 있는 겁니까?"

"잘 모르겠어요, 글렌. 먼저 다른 문제들을 다 정리해놓아야 해요. 내일 변호사들과 다시 만날 건데, 그때 더 많은 걸 알게 될 거예요."

정말 우려스러웠다. 〈가디언〉 편집자가 변호사의 조언에 어떻게 반응할지 도무지 알 수 없었다. 그동안 〈가디언〉에서 프리랜서로 일하면서 편집자와 상의해 기사를 쓴 적은 거의 없었다. 물론 이때처럼 민감한 기사를 쓴 적이 없었다. 그래서 이 상황에서 내가 모르는 요인이 많았다. 사실 이번 기사 전체가 독특했다. 이런 일이 일어난 적이 한 번도 없었기 때문에, 누가 어떻게 반응할지 전혀 알 수 없었다. 편집자가 정부의 협박에 겁을 집어먹고 시달리게 될까? 정부와 협상하느라 몇 주씩 시간을 보내는 쪽을 선택할까? 더 안전하게 느낄 수 있도록 〈워싱턴포스트〉가 먼저 기사를 터트리게 놔두는 쪽을 선호할까?

당장 버라이즌 기사를 내보내고 싶었다. 우리에겐 해외정보감시법과 관련된 문서가 있었고, 그건 명백하게 진짜였다. 정부가 국민의 프라이버시에 대해 무슨 짓을 하고 있는지 볼 수 있는 권리를 거부할 이유가 없었다. 단 1분이라도 더 늦출 이유가 없었다. 스노든에게 내가 느끼는 의무감도 그만큼 절실했다. 스노든은 용기와 열정과 강인함을 바탕으로 결정을 내렸다. 나는 같은 정신에 따라 기사를 보도하고, 희생에 걸맞은 대우를 제보자에게 하겠다고 다짐했다. 오직 용기 있는 신문과 잡지만이 정부가 기자와 제보자에게 조성한 공포 분위기를 극복하는 데 필요한 힘을 기사에 실어줄 수 있다. 지나친 법적 경고와 〈가디언〉의 망설임은 그런 용기와 대조되었다.

그날 밤, 나는 데이비드에게 전화를 걸어서 〈가디언〉이 점점 더 걱정된다는 생각을 털어놓았다. 내가 우려하는 바에 대해 로라와도 의논했다. 우리는 그 이튿날까지 〈가디언〉에 기사를 내보낼 시간을 주거나 다른 대안을 마련해보기로 했다.

몇 시간 뒤, 매카스킬이 내 방에 와서 스노든에 대한 최신 정보를 들었다. 매카스킬은 스노든을 아직 만나지 않은 상태였다. 나는 보도가 늦어져서 우려된다고 말했다.

"걱정할 필요 없습니다. 그들은 아주 적극적이니까요."

매카스킬이 말하는 '그들'이란 〈가디언〉을 뜻했다. 〈가디언〉에서 장기간 일한 앨런 러스브리저 편집국장이 이 사건에 "아주 관심이 많고, 기사를 싣기 위해 전력을 기울이고" 있다고 매카스킬이 장담했다.

나는 여전히 매카스킬을 〈가디언〉 사람으로 봤지만, 기사를 빨리 내고 싶어 하는 걸 보고 그에 대한 인상이 조금 좋아졌다. 매카스킬이 방에서 나간 후에, 나는 스노든에게 매카스킬이 우리와 같이 홍콩에 왔다는 사실을 알렸다. 매카스킬을 〈가디언〉의 '베이비시터'라고 소개하면서 다음 날 두 사람이 만나면 좋겠다고도 했다. 그러면서 매카스킬을 이 일에 참여시키는 게 〈가디언〉 편집자들이 편안한 마음으로 기사를 실을 수 있게 하는 중요한 조치라고 설명했다.

"상관없습니다. 하지만 보디가드가 따라붙었군요. 그러라고 매카스킬을 보낸 거니까요."

스노든이 말했다. 두 사람의 만남은 중요했다. 다음 날 아침 매카스킬과 함께 스노든이 묵는 호텔에 가서 거의 두 시간 동안 질문을 던졌고, 전날 내가 했던 이야기와 거의 같은 내용을 다뤘다. "말씀하신 신분이 사실이라는 걸 제가 어떻게 판단할 수 있습니까? 증거가 있습니까?" 인터뷰가 끝날 때 쯤 매카스킬이 물었다. 스노든은 여행 가방에서 서류 뭉치 하나를 꺼냈다. 유효 기간이 끝난 외교관 여권, 전에 사용했던 CIA 신분증, 운전면허증, 정부 기관에서 발행한 또 다른 신분증이었다.

나는 매카스킬과 함께 호텔방에서 나왔다.

"스노든이 진짜라는 걸 확신해요. 한 점의 의혹도 없습니다."

매카스킬이 말했다. 매카스킬이 보기에도 더 이상 기다릴 이유가 없었다.

"호텔에 도착하는 즉시 러스브리저에게 전화해서 당장 기사를 내보내야 한다고 말하겠습니다."

그때부터 매카스킬은 완전히 우리와 한 팀이 되었다. 로라와 스노든 둘 다 곧바로 매카스킬을 편하게 생각하게 되었고, 그건 나도 마찬가지였다. 그동안 아무 근거도 없이 매카스킬을 의심했다는 사실을 깨달았다. 온순한 태도에 아저씨 같은 겉모습 뒤로 매카스킬은 우리 모두가 필요하다고 생각한, 기사 보도에 적극적으로 나서는 대담한 기자였다. 매카스킬은 적어도 본인의 생각으로는, 회사 차원에서 우리가 하는 일에 제약을 가하려고 온 게 아니라, 사건을 보도하고 가끔은 보도할 때 부딪치는 제약을 극복할 수 있게 도와주려고 왔다. 사실, 우리가 홍콩에서 머무는 동안, 매카스킬이 우리 중에서 가장 앞서나가는 의견을 냈다. 심지어 로라나 나, 혹은 스노든마저도 아직 공개해야 할지 확신하지 못했던 문서를 폭로하자고 주장했다. 나는 런던의 〈가디언〉 본사가 지금 우리가 하는 일을 전면적으로 계속 지원해주려면 공격적인 보도에 대한 매카스킬의 지지가 절대적으로 필요할 것이라는 점을 금방 깨달았고, 실제로 그랬다.

매카스킬과 나는 런던 시간으로 아침이 되자마자 러스브리저에게 전화를 걸었다. 나는 가능한 아주 확실하게 〈가디언〉이 그날 기사를 내보낼 것을 기대한다는(심지어 요구한다는) 의사를 전달하고 싶었고,

회사 측 입장이 어떤지 분명하게 알고 싶었다. 그때쯤(홍콩에서 온전한 하루를 보낸 지 불과 이틀째 되는 날) 나는 〈가디언〉이 망설인다고 느껴지면 기사를 다른 곳으로 갖고 가야겠다고 마음먹은 상태였다.

나는 퉁명스럽게 러스브리저에게 물었다.

"버라이즌 기사를 발표할 준비가 되었는데, 왜 기사를 내보내지 않는지 이해가 안 됩니다. 왜 이렇게 지체되는 겁니까?"

러스브리저는 지체되는 게 아니라고 장담했다.

"저도 동의합니다. 우리도 기사를 실을 준비가 되어 있습니다. 자닌이 오늘 오후에 마지막으로 변호사와 만나야 합니다. 그 후에 기사가 나갈 겁니다."

나는 〈워싱턴포스트〉가 프리즘 관련 기사를 준비하고 있다는 이야기를 꺼냈다. 이 문제 때문에 마음이 더 급했다. 그러자 러스브리저는 나를 놀라게 했다. 그는 전체적으로 NSA 관련 기사를 다른 언론사들보다 먼저 발표하고 싶을 뿐 아니라, 특히 프리즘 관련 기사를 먼저 내고 싶어 했다. 〈워싱턴포스트〉를 따돌리고 특종을 터트리길 간절히 바라는 게 분명했다. 러스브리저가 말했다.

"기사를 미룰 이유가 없습니다."

"그럼 저야 좋습니다."

런던은 뉴욕보다 네 시간 빠르다. 이 때문에 자닌이 출근하려면 다소 시간이 걸리고, 변호사와 만나려면 그보다 더 오래 기다려야 했다. 그래서 나는 홍콩의 밤을 매카스킬과 함께 프리즘 기사를 마무리하는 데 보냈다. 어쨌든 러스브리저가 지금 이 상황에 맞게 적극적이라는 사실에 안도했다.

우리는 그날 프리즘 관련 기사를 끝내고 암호 프로그램을 이용해 뉴욕에 있는 자닌과 스튜어트 밀러에게 이메일을 보냈다. 이제 우리에겐 보도 준비를 끝낸 블록버스터급 특종인 버라이즌 관련 기사와 프리즘 관련 기사가 있었다. 하지만 동시에 기사 보도를 기다리는 동안 내 인내심도 바닥을 드러내고 있었다.

자닌은 변호사와 뉴욕 시간으로 오후 3시(홍콩 시간 새벽 3시)에 미팅을 시작해서 두 시간 동안 자문을 받았다. 나는 결과를 확인하려고 잠도 안 자고 기다렸다. 자닌과 연락이 닿았을 때 내가 듣고 싶은 소식은 딱 하나였다. 당장 버라이즌 관련 기사를 내보낸다는 말이었다.

하지만 그런 일은 일어나지 않았고, 비슷한 말조차 나오지 않았다. 자닌은 아직도 다뤄야 할 법적인 문제가 "꽤" 있다고 했다. 일단 문제가 해결되면, 그다음에는 〈가디언〉이 정부 관리에게 우리 계획을 알림으로써 기사를 발표하지 말라고 항변할 기회를 줘야 했다. 내가 오랫동안 혐오하고 비난했던 바로 그 과정이었다. 나는 이런 절차가 보도를 몇 주 동안 지체시키거나 영향력을 희석시키기 위해 시간을 끄는 수단이 되지 않는 한, 정부가 기사를 발표하지 말라는 주장을 할 수 있게 기회를 줘야 한다는 현실을 받아들였다.

"이야기를 들어보니 기사가 나오려면 몇 시간이 아니라 며칠 혹은 몇 주가 더 걸릴 것 같군요."

나는 자닌과의 채팅에서 모든 짜증과 초조한 마음을 압축해서 표현하려고 애를 썼다.

"다시 말하지만 기사가 지금 나갈 수 있게 필요한 조치를 다 할 겁니다."

나는 노골적이지는 않았지만 알아들을 수 있을 정도로 자닌을 협박했다. 당장 기사를 내보내지 않으면, 다른 곳을 알아보겠다는 내용이었다.

"그 점은 이미 분명하게 밝혔잖아요."

자닌은 무뚝뚝하게 답했다. 뉴욕에서는 자정이 다가오고 있었다. 적어도 다음 날까지는 아무 일이 일어나지 않을 것이라는 사실을 알고 있었다. 나는 낙담했고, 이때쯤 되자 아주 불안했다. 〈워싱턴포스트〉는 프리즘 관련 기사를 쓰는 중이고, 그 기사에 공동 필자로 이름이 들어가게 될 로라는 겔먼으로부터 일요일에 해당 기사가 나갈 예정이라는 말을 들었다. 그때까진 5일 남았다.

데이비드와 로라와 이야기를 나누면서, 나는 더 이상 〈가디언〉을 기다리고 싶은 마음이 사라졌다는 것을 깨달았다. 우리 모두 일이 더 지체될 경우에 대비해 대안을 찾기 시작해야 한다는 데 동의했다. 주간지 〈네이션〉, 그리고 다년간 내가 일한 웹진 〈살롱〉 측에 전화하자 금방 성과가 나왔다. 두 곳 모두 연락한 지 몇 시간 만에 당장 기쁜 마음으로 기사를 실을 것이며, 즉시 기사를 검토할 준비가 된 변호사와 함께 필요한 모든 지원을 해주겠다는 답을 보내왔다.

저명한 매체 두 곳이 기사를 실을 준비가 되었을 뿐만 아니라 적극적이라는 사실을 알게 되니 든든했다. 하지만 데이비드와 이야기를 하면서, 훨씬 더 강력한 대안이 있다고 판단했다. 기존 매체를 끌어들일 필요 없이 그냥 우리가 자체적으로 웹사이트를 만들어서 NSA-disclosures.com이라고 이름 붙이고, 거기에 곧바로 기사를 올리는 계획이었다. 일단 이렇게 공개하면, NSA 감시에 대한 비밀문서가 많으니까 자원봉사할 편집자, 변호사, 자료 조사원, 재정적인 후원자를 쉽게 모을 수 있을 터였다. 오직 투명성과 진짜 비판적인 저널리즘에 대한 열정에서 동기를 부여받은, 미국 역사상 가장 중요한 비밀 누출 사건을 보도하는 데 헌신할 팀이 생기는 셈이다.

애초부터 나는 스노든이 건넨 문서가 NSA의 비밀 감시뿐만 아니라 주류 언론의 타락한 역학 관계를 확실히 보여줄 기회를 제공했다고 믿었다. 대형 매체에서 벗어나 새롭고 독립적인 보도 모델을 통해 지난 수년간 보도된 기사 가운데 가장 중요한 특종을 터트리는 것은 아주 매력적인 일이었다. 언론의 자유를 보장하는 미국 수정헌법 제1조와, 중요한 보도를 할 수 있는 능력이 대형 매체와의 제휴에 달려 있는 게 아니라는 점을 과감하게 강조하는 것이다. 조직에 속하든 그렇지 않든, 저널리즘에 종사하는 기자라면 누구나 언론 자유에 따라 보호를 받는다. 그리고 그런 조치, 즉 대형 매체의 보호 없이도 NSA의 일급비밀 문서 수천 건을 발표하는 조치를 통해 보여준 대담함은, 다른 이들에게 용기를 주고 현재 만연한 공포 분위기를 무너트리는 데 일조할 것이다.

이날 밤 나는 또다시 잠자리에서 뒤척였다. 홍콩 시간으로 새벽에 평소에 믿고 조언을 구하는 친구, 변호사, 기자, 가깝게 일했던 사람들과 통화하면서 시간을 보냈다. 다들 내게 같은 충고를 했다. 사실

크게 놀랍지는 않은 충고였다. 기존 매체의 도움 없이 혼자서 하기에는 너무 위험하다는 말이었다. 독립적인 행동에 대한 반론을 듣고 싶었던 나는 실제로 좋은 의견을 많이 들었다.

아침 느지막이 이 모든 경고를 다 듣고 난 뒤에, 나는 로라와 채팅을 하는 도중에 다시 데이비드에게 전화를 걸었다. 데이비드는 〈살롱〉이나 〈네이션〉에 가는 것은 지나치게 신중하고 두려움에 굴복하는 행동("한 발짝 후퇴"라고 표현했다)이라고 단호하게 말했다. 〈가디언〉이 계속 질질 끈다면, 새로 만든 웹사이트에 기사를 발표하는 편이 우리가 하길 원했던, 적극적으로 보도하는 대담한 정신을 담아낼 수 있다고 했다. 데이비드는 그런 행동은 또한 모든 사람에게 영감을 불러일으킬 것이라고 말했다. 처음에 로라는 회의적이었지만 결국 그런 대담한 조치, 즉 NSA가 투명성을 갖도록 하는 일에 헌신하는 사람들의 국제적인 네트워크를 결성하는 조치가 대대적이고 강렬한 열정의 분출을 가져올 것이라는 말에 공감했다.

우리는 이날 자정까지 〈가디언〉이 기사를 내보낼 의사가 없다면 새 웹사이트에 버라이즌 기사를 곧바로 올리기로 결정했다. 여기에 뒤따르는 위험을 알고 있었지만, 우리는 우리가 내린 결정에 크게 흥분했다. 이렇게 대안을 갖고 있으면 이날 〈가디언〉과 대화할 때 훨씬 더 자신 있게 행동할 수 있다는 사실을 깨달았다. 보도를 하기 위해 〈가디언〉에 매달릴 필요가 없다고 느꼈고, 구속에서 벗어나면 항상 기운이 솟는 법이다.

그날 오후에 채팅으로 스노든에게 계획을 전했다. 스노든은 이런 반응을 보였다.

"위험하지만 대담한 계획이군요. 마음에 들어요."

나는 간신히 두어 시간 눈을 붙였다가 홍콩 시간으로 한낮에 깼다. 뉴욕의 수요일 아침이 되려면 몇 시간을 더 기다려야 했다. 어떤 면에서 이날 〈가디언〉에 최후통첩을 보내야 했고, 얼른 해치우고 싶었다.

자닌이 인터넷에 접속한 걸 보자마자 나는 계획을 물었다.

"오늘 기사를 내보낼 겁니까?"

"그러길 바라요."

자닌이 답했다. 자닌의 불확실한 대답은 나를 심란하게 했다. 〈가디언〉은 여전히 이날 아침에 NSA와 접촉해서 우리의 의도를 알릴 생각이었다. 자닌은 일단 NSA의 답변을 들은 후에야 보도 일정을 알게 될 것이라고 말했다.

"왜 기다려야 하는지 이해가 안 됩니다."

〈가디언〉이 이렇게 보도를 늦춘다는 사실을 참을 수가 없었다.

"이렇게 정확하고 확실한 기사가 있는데, 당국이 우리가 보도해야 할지 말아야 할지 뭐라고 하건 그게 무슨 상관입니까?"

나는 어떤 기사의 보도 여부를 결정하는 데 정부가 신문사의 편집에 관여해서는 안 된다고 생각한다. 이런 과정에 대해 내가 느끼는 경멸은 차치하고라도 우리가 작성한 버라이즌 기사에 대해 정부가 국가 안보에 저해된다는 주장을 할 만한 근거가 없다는 것을 알고 있었다. 이 기사에는 미국인의 통화 기록을 체계적으로 수집했다는 사실을 보여주는 법원의 간단한 명령이 포함되어 있었다. 이 법원 명령 폭로로 테러리스트가 덕을 볼 것이라는 발상은 우스웠다. 신발 끈을 맬 수 있을 정도의 지능이 있는 테러리스트라면 정부가 자신들의 통신을 감시하려 한다는 사실을 알고 있을 터였다. 우리 기사에서 뭔가 알게 될 사람은 테러리스트가 아니라 미국 시민이었다.

자닌은 변호사에게서 들은 말을 반복했다. 그러면서 〈가디언〉이 협박에 굴복해서 기사를 내보내지 않을 것이라고 짐작한다면 오해라고 주장했다. 법에 따라 정부 당국이 할 말을 들어줄 필요가 있을 뿐이라는 것이다. 하지만 국가 안보에 저해가 된다는 모호하고 시답잖은 호소에 벌벌 떨거나 동요하지 않을 것이라고 장담했다.

〈가디언〉이 협박에 물러서리라고 생각하지는 않았다. 다만 어떤 일이 일어날지 모를 뿐이었다. 정부와 대화하게 되면 적어도 기사 보도가 상당히 지체되리라는 점이 우려되었다. 실제로 〈가디언〉은 권력에 대해 공격적이면서 도전적인 보도를 한 역사가 있다. 이런 사실은 애초에 내가 〈가디언〉을 찾은 이유 중 하나였다. 그리고 〈가디언〉 측은 내가 최악의 상황을 추정하게 하기보다, 이런 상황에서 자신들이 할 일을 내세울 권리가 있었다. 어쨌든 나는 자닌이 독립적인 태도를 분명하게 밝히는 모습에 다소 마음이 놓였다.

"좋습니다."

나는 일단 두고 보기로 하고 이렇게 말했다.

"하지만 다시 한 번 제 입장에서 말하자면, 이 기사는 오늘 나가야 합니다. 더 이상은 기다리지 않겠습니다."

뉴욕 시간으로 정오 무렵, 자닌이 NSA와 백악관에 전화해서 일급 비밀 문서를 공개할 계획이라고 말했다는 사실을 전해왔다. 하지만 어느 쪽도 답변이 없었다. 이날 아침 백악관은 수잔 라이스를 새 국가 안보 보좌관으로 임명했다. 〈가디언〉의 국가 안보 담당 기자인 스펜서 애커먼은 워싱턴 정계에 탄탄한 인맥을 갖고 있었다. 애커먼의 말에 따르면 당국이 수잔 라이스에게 "정신이 팔려" 있다고 했다.

"지금 당장은, 답변을 줄 필요가 없다고 생각하고 있어요. 하지만 금방 제 전화에 답해야 한다는 걸 알게 될 겁니다."

자닌이 말했다. 새벽 3시(뉴욕 시간 오후 3시)까지도 아무런 이야기를 듣지 못했다. 자닌에게서도 연락이 없었다.

"〈가디언〉에는 마감 시간이라는 것이 없습니까? 아니면 내킬 때 아무 때나 연락하는 겁니까?"

나는 빈정대는 투로 물었다. 자닌은 NSA에 "오늘 일과가 끝나기 전에" 답변을 달라고 했다고 말했다. 내가 물었다.

"그때까지 연락이 안 오면 어떻게 되는 겁니까?"

자닌이 말했다.

"그때 가서 결정을 내릴 거예요."

자닌은 사태를 복잡하게 만드는 또 다른 요인을 덧붙였다. 그녀의 상사인 앨런 러스브리저가 보도를 감독하기 위해 방금 런던에서 뉴욕행 비행기를 탔다는 소식이었다. 이런 상황은 러스브리저와 일곱 시간 정도 연락이 끊긴다는 의미였다.

"러스브리저 없이도 기사를 내보낼 수 있습니까?"

자닌이 "아뇨"라고 답을 하는 경우 기사가 이날 나갈 가능성이 없었다. 러스브리저가 탄 비행기는 이날 밤늦게야 JFK 공항에 도착할 예정이었다.

"좀 더 상황을 지켜보죠."

자닌이 말했다. 나는 공격적으로 보도하기 위해 〈가디언〉과 손을 잡으면 피할 수 있을 줄 알았던 바로 그런 종류의 제도적인 장벽에 부딪쳤다는 느낌을 받았다. 법적인 우려, 정부 관리와의 협의, 조직 내 위계 체제, 위험 회피, 지체.

몇 분 뒤 뉴욕 시간으로 오후 3시 15분쯤 되었을 때, 〈가디언〉의 부편집국장인 스튜어트 밀러가 채팅으로 연락해왔다.

"정부에서 전화가 왔습니다. 자닌이 지금 통화 중입니다."

기다리는 시간이 마치 영원처럼 느껴졌다. 한 시간 정도 지난 뒤, 자닌이 전화로 자초지종을 설명해주었다. NSA, 법무부, 백악관을 비롯한 수많은 정부 기관의 열두 명 가까운 고위 관료들이 자닌에게 연락했다. 처음에는 자닌을 아랫사람 대하듯 하면서도 친근한 태도로 버라이즌에 관한 법원 명령의 의미나 "전후 관계"를 자닌이 이해하지 못했다고 했다. 그러면서 "다음 주 중 언제" 한 번 만나서 상황을 설명할 수 있게 약속을 잡고 싶어 했다.

자닌은 오늘 그 기사를 내보내길 원하고, 그렇게 하지 말아야 할 구체적이고 확실한 이유를 대지 않는 한 그렇게 할 것이라고 말했다. 그러자 상대측은 좀 더 적대적으로 나오면서 협박까지 했다. 자닌이 "제대로 된 언론인"이 아니며, 〈가디언〉도 "제대로 된 신문사"가 아니라고 했다. 기사 보도를 하지 말아야 한다고 주장할 시간을 주지 않는다는 이유에서였다.

"정상적인 언론이라면 우리와 먼저 만나지도 않고 이렇게 빨리 기사를 내보내지 않을 겁니다."

이런 말을 했는데, 시간을 벌기 위한 수작이 틀림없었다.

맞는 말일 수도 있다. 당시 나는 그렇게 생각했던 것으로 기억한다. 그게 핵심이었다. 이제까지 따라온 이런 규칙 덕분에 정부는 취재 과정을 통제하고 무력화시켰으며, 언론과 정부 사이의 적대적인 관계를 없앨 수 있었다. 나로서는 그런 타락한 규칙이 이번 일에 적용되지 않는다는 사실을 당국이 처음부터 아는 것이 매우 중요했다. 이 기사는 기존과는 다른 규칙, 정부에 굴종하는 기자단이 아닌 독립적인 기자단이 어떤 것인지 분명하게 보여줄 규칙에 따라 보도될 터였다.

자닌의 어조는 강하고 도전적이었다. 그런 태도에서 나도 힘을 얻었다. 거듭된 요청에도 불구하고, 정부 측은 이 기사로 인해 국가 안보가 어떤 식으로 손상되는지 구체적으로 말해준 적이 전혀 없었다는 점을 자닌이 강조했다. 하지만 아직 이날 기사를 내보내겠다는 확약을 하지 않았다. 통화가 끝날 무렵 자닌이 말했다.

"러스브리저와 연락할 수 있는지 한번 볼게요. 그다음에 어떻게 할지 결정을 할 거예요."

30분 동안 기다린 나는 다짜고짜 물었다.

"오늘 기사가 나갑니까, 안 나갑니까? 내가 알고 싶은 건 그것밖에 없습니다."

자닌은 내 질문을 피했다. 러스브리저와 연락이 닿지 않은 상태였다. 자닌이 아주 곤란한 상황에 처한 건 분명했다. 한쪽에서는 정부 당국이 무모하다고 격렬하게 비난하고 있고, 또 한편에서는 내가 점점 더 단호한 요구를 하고 있었다. 게다가 〈가디언〉 본사 편집국장이 비행기를 타고 오는 중이었다. 결과적으로 〈가디언〉 190년 역사상 가장 어렵고 엄청난 결과를 불러일으킬 수 있는 결정을 내려야 할 책임을 자닌 혼자서 지고 있었다.

나는 자닌과 채팅을 하는 내내 데이비드와도 통화를 했다.

"5시가 다 됐어. 〈가디언〉에 제시한 마감 시간이야. 결정을 해야 할 때가 되었어. 지금 기사를 내보내지 않으면 그만두겠다고 말해야 해."

데이비드가 주장했다. 맞는 말이지만 나는 망설였다. 미국 역사상 극히 중요한 국가 안보 기밀 유출 사건 중 하나를 발표하기 전에 내가 〈가디언〉에서 발을 빼면 굉장한 언론 스캔들이 나게 된다. 이렇게 되면 〈가디언〉이 막대한 피해를 보게 되고, 나 역시 공개적으로 해명해야 했다. 이 경우 〈가디언〉도 어쩔 수 없이 자사의 입장을 두둔하게 될 것이고, 나를 공격할 것이다. 결국 우리끼리 떠들썩한 소동을 따로 벌임으로써 모두가 피해를 입게 된다. 설상가상으로 NSA 폭로 사건에 집중되어야 할 대중의 관심이 엉뚱한 데 쏠리게 된다.

개인적으로도 두려운 마음이 들었다는 사실을 인정해야 했다. 수천 건까지는 아니라도 분명 수백 건에 달하는 NSA의 일급비밀 파일을 발표하는 일은 〈가디언〉처럼 큰 조직을 배경으로 해도 충분히 위험한 일이다. 이런 조직의 보호 없이 단독으로 보도하면 그 위험이 훨씬 더 커진다. 내가 연락한 친구와 변호사가 해준 현명한 경고가 머릿속에서 크게 맴돌았다.

내가 망설이는 사이에 데이비드가 말했다.

"선택의 여지가 없어. 〈가디언〉이 두려운 나머지 기사를 내보내지 않는다면, 거긴 네가 있을 곳이 아니야. 두려워서 행동하지 못하면 아무것도 이루지 못하게 돼. 그게 바로 스노든이 보여준 교훈이잖아."

나는 데이비드와 함께 자닌에게 할 말을 가다듬었다.

> 지금은 오후 5시로, 제가 제시한 마감 시한입니다. 당장 30분 내로, 기사를 싣지 않으면 〈가디언〉과의 계약을 해지하겠습니다.

나는 '보내기' 버튼을 누르려다가 다시 생각했다. 메시지가 지나치게 노골적이었고 사실상 협박 편지나 다름없었다. 이런 상황에서 〈가디언〉을 떠나면, 이 말을 포함해 모든 사실이 공개된다. 그래서 나는 좀 더 완곡한 표현으로 바꾸었다.

> 여러모로 우려되는 점이 많고, 귀사가 생각하기에 옳은 조치를 취해야 한다는 점을 이해합니다. 저도 제가 판단하기에 꼭 해야 할 일을 지금 진행하려고 합니다. 일이 제대로 풀리지 않아서 유감입니다.

그러고는 '보내기' 버튼을 눌렀다.

15초도 지나지 않아서 호텔방으로 전화가 왔다. 자닌이었다.

"지금 아주 부당하게 행동하시는 것 같아요."

자닌이 몹시 당황한 게 분명했다. 내가 지금 떠나면, 문서를 하나도 갖고 있지 않은 〈가디언〉은 기삿거리를 전부 잃게 되었다.

"제가 판단하기에 부당한 건 그쪽입니다. 기사를 언제 보도할 거냐고 계속 물었는데, 대답을 하지 않고 이리저리 피하기만 했잖습니까."

"오늘 확실히 기사가 나갈 거예요. 길어도 30분만 더 있으면 돼요. 지금 최종 편집을 하면서 제목을 뽑고 포맷을 짜고 있어요. 늦어도 5시 반에는 나간다고요."

"좋습니다. 그럴 계획이라면, 문제없습니다. 저도 확실히 30분 더 기다릴 용의가 있습니다."

내가 말했다. 자닌은 오후 5시 40분에 채팅 메시지로 내가 지난 며칠 동안 간절히 기다려온 링크를 걸어줬다.

"실시간 기사에요."

자닌이 말했다. "NSA, 버라이즌 고객 수백만 명의 통화 기록을 매일 수집"이라는 제목 뒤에 다음과 같은 소제목이 달려 있었다. "단독 기사: 버라이즌에 모든 통화 데이터를 제출하도록 요구한 법원의 일급비밀 명령, 오바마 정부의 국내 감시 규모 보여줘". 그 밑에는 해외정보감시법원의 명령 전문이 링크되어 있었다. 기사의 첫 세 단락이 전체 이야기를 말했다.

국가안보국은 지난 4월 하달된 법원의 일급비밀 명령을 근거로 미국 최대 통신 사업자 중 하나인 버라이즌의 미국인 고객 수백만 명의 통화 기록을 수집하고 있다.

〈가디언〉이 확보한 법원 명령에 따르면 버라이즌은 "매일 지속적으로" 회사 시스템에 저장된, 미국 내 통화 기록 및 미국인과 외국인 사이의 모든 통화 기록을 NSA에 넘겨야 했다.

해당 문서는 오바마 정부 하에서 어떤 범법 행위 혐의를 받고 있는지 여부와 상관없이 수백만 명에 달하는 미국 시민의 통화 기록이 무차별적으로, 그리고 대량으로 수집되고 있다는 사실을 보여준다.

이 기사가 가져온 충격은 예상을 훨씬 뛰어넘었다. 즉각적이며 어마어마했다. 실제로 이 소식은 이날 밤 모든 미국 내 뉴스 방송의 머리기사로 나와서 정치와 언론 토론을 장악했다. CNN, MSNBC, NBC, 〈투데이〉, 〈굿모닝아메리카〉를 비롯한 방송국을 포함해서 사실상 모든 전국 TV 방송에서 인터뷰 요청이 쇄도했다. 홍콩에서 나는 기사에 공감하는 텔레비전 인터뷰 진행자들과 이야기하면서 많은 시간을 보냈다. 다들 우리 기사를 주요 사건이자 실질적인 스캔들로 다뤘다. 정치 논객으로서 종종 주류 언론과 충돌이 잦은 내 경력에 비춰보면 특이한 경험이었다.

예상대로 여기에 대응해 백악관 대변인은 대량 정보 수집 프로그램이 "국가를 테러리스트의 위협으로부터 보호하는 데 꼭 필요한 수단"이라고 변호했다. 상원 정보위원회 위원장이자, 의회 내에서 총체적인 국가안보국가, 구체적으로는 미국 감시 프로그램을 일관되게 지지해온 다이앤 파인스타인 의원은 기자들에게 "국민은 조국이 안전하기를 원하기" 때문에 이 프로그램이 필요하다고 주장했다. 9·11 이후에 나타난 전형적인 공포 분위기 조성에 다시 한 번 호소한 것이었다.

하지만 그런 주장을 심각하게 받아들인 사람은 거의 없었다. 친오바마 성향을 보이는 〈뉴욕타임스〉도 혹독하고 맹렬하게 정부를 비난하는 사설을 실었다. '오바마 대통령의 저인망'이라는 제목을 단 사설에서 〈뉴욕타임스〉는 이렇게 선언했다.

> 행정부가 주어진 권력이라면 어떤 권력이든 사용하고, 남용할 가능성이 아주 높다는 진부한 말을 오바마 대통령은 입증해주고 있다.

또한 NSA 프로그램을 정당화하기 위해 기계적으로 '테러리즘'이라는 말을 반복하는 정부를 비웃으며 "정부는 현재 모든 신뢰를 잃었다"고 분명하게 밝혔다. 이 사설로 인해 논란이 일자 〈뉴욕타임스〉는 사설을 처음 발표한 지 몇 시간 후에 아무런 언급 없이 "이 문제에 관한 한"이라는 문구를 삽입해서 비난의 강도를 누그러트렸다.

민주당 상원의원인 마크 유달은 성명서를 발표했다.

> 이런 종류의 대규모 감시는 모두가 우려해야 하는 것으로, 그동안 제가 미국인들이 알게 되면 충격적일 것이라고 말해온, 도를 넘은 행위입니다.

미국시민자유연맹도 다음과 같은 성명을 발표했다.

> 시민의 자유라는 관점에서 볼 때, 이 프로그램은 매우 우려스러운 수준이다. … 〈1984〉에 등장하는 전체주의 세계를 뛰어넘고, 해명할 책임을 지지 않는 정보기관의 요구에 의해 기본적이고 민주적인 권리가 암암리에 얼마나 침해당하고 있는지 입증하는 증거를 제공한다.

전직 부통령인 앨 고어는 트위터에 기사를 링크해 "전면적인 감시가 불쾌할 정도로 충격적이라고 느끼는 건 나뿐인가?"라는 글을 포스팅했다.

얼마 안 가 AP 통신은 익명의 상원의원을 통해 우리가 그동안 크게 의심했던 바가 사실임을 확인시켜주었다. 통화 기록을 대량으로 수집하는 프로그램이 수년간 실행되었고, 여기에는 버라이즌뿐만 아니라 미국의 주요 통신사가 모두 포함된다는 것이었다.

내가 NSA에 대해 기사를 쓰고 이야기를 해온 지난 7년 동안, 이 정도의 관심과 열정을 불러일으킨 폭로 사건은 한 번도 본 적이 없었다. 왜 이 기사가 이렇게 강력한 반향과 관심과 분노를 촉발시켰는지 분석할 여유가 없었다. 지금은 상황을 이해하려고 하기보다는 그냥 분위기에 편승할 작정이었다.

홍콩 시간으로 정오 무렵 마침내 모든 TV 인터뷰가 끝났을 때, 곧장 스노든이 있는 호텔방에 갔다. 내가 들어가자 CNN 방송이 나오고 있었다. 게스트가 NSA에 대해 토론하면서 감시 프로그램의 엄청난 규모가 준 충격을 표현하고 있었다. 진행자는 이 모든 감시가 비밀리에 이루어진 사실에 분개했다. 프로그램에 출연한 거의 모든 게스트도 대량 감시 프로그램을 비난했다.

"기사가 사방에 났어요. 기자님이 출연한 인터뷰를 전부 봤어요. 다들 상황을 이해하고 있는 것처럼 보이더군요."

스노든이 눈에 띄게 흥분하며 말했다. 나는 바로 그 순간 제대로 된 성취감을 느꼈다. 스노든은 자신이 인생을 송두리째 내던져서 감행한 폭로에 아무도 관심을 가지지 않을까 봐 걱정했다. 기사가 나온 첫날 그런 우려는 근거가 없다는 사실이 입증되었다. 무관심이나 냉담함은 찾으려야 찾을 수가 없었다. 로라와 내가 스노든을 도와서 우리 모두가 시급하다고 믿은, 바로 그 논쟁이 벌어지게 했다. 그리고 이 순간 그런 상황이 펼쳐지는 모습을 지켜보는 스노든을 지켜볼 수 있었다.

첫 기사가 나가고 일주일 후에 스노든이 정체를 밝히기로 한 계획을 감안하면, 우리는 스노든의 자유가 얼마 남지 않을 가능성이 높다는 사실을 알고 있었다. 스노든이 곧 공격을 받게 된다는, 즉 감옥에 가거나 쫓길 거라는 비관적인 확신이 우리가 한 모든 일의 주위에서 맴돌고 있었다. 스노든은 전혀 신경 쓰지 않는 듯 보였지만, 나는 스노든의 선택이 정당하다는 점을 입증하고, 자신의 모든 것을 걸고 세상에 밝히기로 한 폭로의 가치를 극대화시키겠다고 마음먹었다. 출발이 좋았고, 이제 막 시작일 뿐이었다. 스노든이 말했다.

"다들 일회성 사건이자, 단발성 특종이라고 생각하고 있어요. 아무도 이게 빙산의 일각이란 걸, 더 많은 진실이 드러날 거란 걸 모르고 있죠. 다음 기사는 뭐고 언제 나가죠?"

"프리즘이고 내일입니다."

나는 내 방으로 돌아왔다. 뜬눈으로 밤을 지새운 지 6일째가 되어가는데도 도저히 잠이 오지 않았다. 아드레날린이 지나치게 강렬하게 분비되었다. 오후 4시 반에 잠시라도 쉬어보려는 마음에 수면보조제를 먹고 알람 시계를 7시 반에 맞췄다. 그때 뉴욕에 있는 〈가디언〉 편집자들이 인터넷에 접속할 예정이었다.

이날 자닌이 일찌감치 인터넷에 접속했다. 우리는 축하 인사를 주고받으며 기사에 대한 폭발적인 반응에 감탄했다. 대화 분위기가 급격히 변했다는 게 금방 느껴졌다. 자닌과 나는 이제 막 저널리스트로서 의미 있는 도전을 함께 헤쳐나간 상태였다. 자닌은 우리 기사를 자랑스러워했고, 나는 정부의 협박에도 굴하지 않고 기사를 내보내기로 한 자닌이 자랑스러웠다. 〈가디언〉은 대담하고 훌륭하게 이런 쾌거를 이뤄냈다.

그 당시에는 상당히 지체된 것처럼 보였지만, 돌이켜보면 〈가디언〉은 놀랄 만한 속도로 대담하게 일을 진행했다는 것이 확실했다. 비슷한 규모와 위상을 지닌 다른 뉴스 매체보다 훨씬 앞서나갔다. 그리고 자닌은 〈가디언〉이 어제의 영광에만 취해 있을 의도가 전혀 없다는 점을 분명히 했다.

"러스브리저가 프리즘 기사를 오늘 내보내자고 고집하고 있어요." 자닌이 말했다. 물론 나로서도 대환영이었다. 프리즘 폭로가 중요한 이유는 NSA가 이 프로그램 덕분에 전 세계인이 현재 주요 소통 수단으로 사용하고 있는 인터넷 회사를 통해 사실상 원하는 모든 정보를 확보할 수 있기 때문이다. 이렇게 할 수 있었던 이유는 9·11 테러의 여파로 미국 정부가 시행한 법 때문이다. 이 법에 의거해서 NSA는 미국인을 감시할 수 있는 광범위한 힘과, 외국인 전체를 무차별적으로 감시할 수 있는 사실상 무제한적인 권한을 갖게 되었다.

2008년 해외정보감시법 개정안은 현재 NSA 감시를 통제하는 법이다. 부시 정부 시절 무영장 도청 스캔들이 일어난 후 의회가 초당적으로 제정했다. 그 핵심적인 결과가 부시의 불법적인 프로그램을 사실상 합법화한 것이었다. 스캔들에서 드러났듯이, 부시는 NSA에 미국에 있는 미국인과 외국인을 감시할 수 있는 권한을 비밀리에 부여했고, 테러리스트의 활동을 조사하기 위해 필요하다는 이유로 이를 정당화했다. 해당 명령은 국내 감시에 일반적으로 필요한, 법원에서 승인한 영장을 받아야 한다는 법적인 요건에 우선했고, 결과적으로 미국 내에서 최소한 수천 명이 비밀리에 감시당했다.

이 프로그램이 불법이라는 격렬한 항의에도 불구하고, 2008년 해외정보감시법은 이런 계략 중 일부를 종료하는 것이 아니라 제도화하려고 시도했다. 이 법은 "미국인(미국 시민과 미국 영토에 합법적으로 있는 사람)"과 그 밖의 모든 사람 간의 구별에 기초한 것이다. 미국인의 통화나 이메일을 직접적으로 감시 대상으로 삼으려면, NSA는 여전히 해외정보감시법원에서 개별적인 영장을 발부받아야 한다.

하지만 그 밖의 다른 사람을 감시하려면 대상자가 어디에 있든, 심지어 미국인과 통신 활동을 하더라도 개별적인 영장이 불필요하다. NSA는 2008년 개정안 제702조에 의거해서 1년에 한 번 해외정보감시법원에 그해의 감시 목표를 결정하는 일반적인 가이드라인을 제출하면 감시를 할 수 있는 전면적인 허가를 받게 된다. 이때 기준은 해당 감시가 단지 "외국 정보의 합법적인 수집에 도움"이 되느냐다. 일단 해외정보감시법원이 이 허가증에 '승인' 도장을 찍으면, NSA는 감시하고 싶은 외국인은 누구든 목표로 삼을 수 있는 권한을 갖게 된다. 전화사업자와 인터넷 회사에 미국인이 아닌 모든 사람의 모든 통신 내용을 열람할 수 있는 접속 권한을 제공하라고 요구할 수 있다. 여기에는 해당 외국인의 미국인과의 페이스북 채팅, 야후 이메일, 구글 검색도 포함된다. 감시 대상이 된 사람이 무슨 범죄를 저질렀거나, 심지어 의심할 이유가 있다고 법원을 설득할 필요가 없고, 그 과정에서 부수적으로 감시하게 된 미국인에 대한 정보를 걸러낼 필요도 없다.

가장 먼저 처리해야 할 일은 〈가디언〉 편집자가 정부에 프리즘 기사를 내보내겠다는 의도를 알리는 것이었다. 다시 한 번 우리는 뉴욕 시간으로 그날 자정까지라는 마감 시간을 제시할 예정이었다. 그러면 어떤 불만이든 제기할 수 있는 하루라는 시간이 생기니, 시간이 부족해서 답할 수 없었다고 불평할 수 없을 터였다. 하지만 이런 내용에 대한 인터넷 회사의 논평도 꼭 들어야 했다. NSA 문서에 따르면, 페이스북, 구글, 애플, 유튜브, 스카이프를 비롯한 IT 기업들은 프리즘 프로그램의 일환으로 NSA가 자사 서버에 직접 접속할 수 있는 권한을 제공했다.

나는 다시 몇 시간씩 기다려야 해서 스노든의 방으로 돌아갔다. 로라가 스노든과 함께 다양한 문제에 대해 의논하고 있었다. 충격적인 첫 폭로 기사의 보도로 중요한 문턱을 하나 넘은 시점이었다. 스노든은 자신의 안전에 대해 눈에 보일 정도로 훨씬 더 철저하게 경계하고 있었다. 내가 들어온 뒤에 스노든은 방문 바닥에 베개를 몇 개 더 받쳐 놓았다. 컴퓨터에서 뭔가 보여주려고 할 때면 머리 위에 담요를 덮어서 암호가 천장 카메라에 찍히지 않게 했다. 전화벨이 울렸을 때는 다들 몸이 얼어붙었다. 대체 누굴까? 벨이 몇 번 울린 후에 스노든이 망설이며 수화기를 집어 들었다. 객실 청소 담당자가 방문에 걸린 '방해하지 마시오'라는 팻말을 보고 방 청소를 원하는지 확인 차 전화한 것이었다.

"아뇨, 됐습니다."

스노든은 무뚝뚝하게 답했다. 스노든이 묵는 방에서 미팅을 할 때는 항상 긴장감이 감돌았다. 일단 기사가 나가기 시작하자 그런 분위기가 한층 고조되었다. 우리는 NSA가 문서를 유출시킨 제보자의 정체가 발각되었는지 전혀 알지 못했다. 만약 알아냈다면, 스노든이 있는 곳을 알고 있을까? 홍콩이나 중국 요원들은 알고 있을까? 언제 어느 때 누군가가 스노든의 호텔방에 노크를 해서 우리의 공동 작업을 즉시, 그리고 기분 나쁘게 끝내버릴지 모를 일이었다.

호텔방에는 텔레비전을 늘 켜두었는데, 끊임없이 누군가가 NSA에 대해 이야기하고 있는 것 같았다. 버라이즌 기사가 나간 뒤, 뉴스 프로그램에서는 "무차별적인 대량 수집"과 "국내 통화 기록", "감시 남용" 같은 말 밖에 나오지 않았다. 로라와 나는 다음 기사에 대해 이야기를 나누면서 자신이 일으킨 소동을 지켜보는 스노든의 모습을 지켜봤다.

그러다가 홍콩 시각으로 새벽 2시에 프리즘 기사가 막 실리려던 차에 자닌이 연락해왔다.

"아주 희한한 일이 일어났어요. IT 기업들이 NSA 문서의 내용을 강하게 부인하고 있어요. 프리즘에 대해 전혀 들어본 적이 없다고 주장하고 있어요."

우리는 IT 기업들이 부인하는 이유를 살펴보았다. 어쩌면 NSA 문서에 제시된 NSA의 능력은 과장된 것일 수도 있었다. 어쩌면 기업들이 그냥 거짓말을 하거나, 아니면 〈가디언〉이 인터뷰한 사람들은 소속 기업과 NSA가 맺은 합의 사항에 대해 모르고 있을 수도 있다. 아니면 프리즘은 그냥 NSA의 암호명으로, 기업과 공유하지 않은 이름일지도 몰랐다.

이유가 뭐였든 기사를 다시 써야 했다. 기업들이 부인한 사실을 넣어야 할 뿐만 아니라, NSA 문서와 기업의 입장 사이에서 생긴 이상한 불일치에 초점을 맞춰야 했기 때문이다.

"어느 쪽이 옳은지에 대해서는 거론하지 맙시다. 그냥 양측 입장이 다르다는 사실을 알리고, 그다음에 자기들끼리 공개적으로 해결하게 합시다."

내가 제안했다. 우리는 기사가 나가면 인터넷 회사들이 어쩔 수 없이 자사 이용자의 통신 내역을 가지고 정부와 뭘 하기로 동의했는지에 대해 공개적인 토론을 하게 할 작정이었다. 만약 기업의 이야기가 NSA 문서와 차이가 있으면 전 세계가 지켜보는 가운데 그 일을 해결해야 할 필요가 있고, 당연히 그래야 했다.

내 제안에 자닌도 동의하자 두 시간 뒤에 새로 작성한 프리즘 기사의 원고를 보냈다. 해당 기사의 제목은 다음과 같았다.

> NSA 프리즘 프로그램, 애플과 구글 비롯 IT 기업 사용자 데이터 수집
>
> - 일급비밀 프리즘 프로그램, 구글·애플·페이스북 등 기업 서버에 직접 접속할 수 있는 권한 얻어
> - 기업들은 2007년 이후로 해당 프로그램의 운영 사실에 대해 전혀 아는 바가 없다고 밝혀

이 기사는 프리즘이 나온 NSA 문서를 인용한 다음 이렇게 지적했다.

> 문서는 이 프로그램이 인터넷 회사의 지원을 받아 시행되었다고 주장하지만, 목요일에 〈가디언〉의 인터뷰에 응한 사람들은 모두 그런 프로그램에 대해 아는 바가 없다며 부인하고 있다.

기사가 괜찮아 보였다. 자닌은 30분 내로 싣겠다고 약속했다.

초조하게 시간이 가기를 기다리는데 채팅 메시지가 도착했다는 벨소리가 들렸다. 나는 프리즘 기사가 올라갔다는 소식을 알려주는, 자닌이 확인차 보낸 메시지이기를 바랐다. 자닌이 보낸 메시지는 맞지만 기대한 내용은 아니었다.

"〈워싱턴포스트〉가 방금 자기네 프리즘 기사를 보도했어요."

뭐? 왜 〈워싱턴포스트〉가 갑자기 일정을 바꿔서 원래 계획보다 사흘이나 먼저 기사를 냈는지 궁금했다. 얼마 안 가 로라는 바튼 겔먼으로부터 소식을 들었다. 〈워싱턴포스트〉는 이날 아침 〈가디언〉이 프리즘 프로그램에 관해 정부 관리와 접촉한 뒤에 우리 측 의도를 눈치챘다. 〈워싱턴포스트〉가 관련 기사를 준비하고 있다는 사실을 알고 있던 정부 관리 중 한 명이 그런 사실을 〈워싱턴포스트〉에 알렸고, 〈워싱턴포스트〉는 특종을 뺏기지 않으려고 급히 일정을 앞당긴 것이다.

이제 나는 정부 당국과의 협의를 전보다 훨씬 더 혐오하게 되었다. 관리 한 명이 원래는 국가 안보를 보호하기 위해 마련된 보도 전 협의 과정을 악용해서 자신이 선호하는 신문사가 먼저 기사를 보도할 수 있게 한 셈이다.

일단 그 소식을 듣고 난 후, 〈워싱턴포스트〉가 내보낸 프리즘 기사로 트위터가 들썩이고 있다는 사실을 알아챘다. 하지만 〈워싱턴포스트〉의 기사를 확인했을 때 뭔가 누락된 점이 보였다. NSA 문서 내용과 인터넷 회사의 진술이 일치하지 않는다는 사실이 빠진 것이다.

해당 기사는 '미·영 정보기관, 광범위한 비밀 프로그램을 통해 아홉 개의 미국 인터넷 기업으로부터 데이터 수집'이라는 제목과 함께 필자로 겔먼과 로라의 이름을 제시했다. 그러면서 "국가안보국과 FBI가 미국의 9대 주요 인터넷 회사의 중앙 서버에 직접 접속해서 오디오와 비디오 채팅, 사진, 이메일, 문서, 로그인 기록을 빼내 분석관이 외국 목표를 추적할 수 있게 했다"고 보도했다. 가장 중요하게도, 기사는 아홉 개 회사가 "프리즘 작전에 대해 알고 참여했다고" 주장했다.

우리가 작성한 프리즘 관련 기사는 10분 뒤에 나갔다. 〈워싱턴포스트〉의 기사와는 초점이 다소 다르면서 좀 더 조심스럽게 이 문제에 접근해서, 주로 인터넷 회사가 문서 내용을 강하게 부인하고 있다는 점을 부각시켰다.

다시 한 번 반응이 폭발적이었다. 게다가 이번 반응은 세계적이었다. 통상적으로 한 개 국가에 기반을 둔 버라이즌 같은 전화 회사와 달리, 인터넷 거물들은 전 세계에서 사업을 하고 있다. 전 세계, 즉 모든 대륙에 있는 국가에서, 수십억 명에 달하는 사람들이 페이스북, 지메일, 스카이프, 야후를 주요 소통 수단으로 쓰고 있다. 이런 기업들이 NSA와 비밀리에 합의해서 고객의 통신에 접속할 수 있게 했다는 사실은 국제적으로도 충격적이었다.

이제 사람들은 앞서 보도된 버라이즌 기사가 일회성 이벤트가 아닐 거라는 추측을 하기 시작했다. 두 기사는 NSA에서 중요한 정보가 유출되었다는 신호였다.

프리즘 기사가 나간 날은 내가 답장을 못 하는 것은 물론이고, 수신된 이메일을 다 읽을 수 있던 마지막 날이었다. 그 후 몇 달 동안은 도저히 그럴 시간이 없었다. 이날 메일함을 대충 훑어보니 전 세계 거의 모든 주요 언론사의 인터뷰 요청이 들어와 있었다. 불과 기사 두 건이 나간 뒤에 스노든이 그토록 촉발시키고자 했던 세계적인 토론이 순조롭게 진행되는 셈이었다. 나는 아직 발표하지 못한 엄청난 문서와, 이 일이 내 인생에 어떤 의미일지, 전 세계에 어떤 영향을 미칠지, 그리고 미국 정부가 지금 이 상황을 깨닫게 되면 어떻게 반응할지에 대해 생각해보았다.

전날과 마찬가지로, 나는 미국의 황금 시간대 TV 프로그램과 인터뷰하면서 홍콩의 새벽 시간을 보냈다. 홍콩에서 머무는 동안 생활 패턴은 다음과 같았다. 밤에는 〈가디언〉과 함께 기사를 쓰고, 낮에는 언론사와 인터뷰했다. 그러고는 로라와 함께 스노든의 호텔방에서 스노든을 만났다.

새벽 서너 시경에 택시를 타고 홍콩 이곳저곳에 있는 텔레비전 스튜디오에 가는 일이 잦았다. 이때마다 스노든이 말한 '작전 보안'을 명심했다. 노트북이나 문서가 가득 저장된 USB 메모리를 절대 몸에서 떼놓지 않아서 누가 손을 대거나 훔쳐가지 못하게 조심했다. 언제 어디를 가든 항상 무거운 배낭을 어깨에 짊어지고 홍콩의 적막한 거리를 돌아다녔다. 한 걸음 디딜 때마다 나타나는 피해망상과 싸웠고, 종종 어깨너머를 돌아보며 누군가 다가올 때마다 어깨에 멘 가방을 조금 더 세게 움켜쥐었다.

수많은 TV 인터뷰를 다 마치면 스노든의 방으로 돌아갔다. 거기서 로라와 스노든과 나는 작업을 계속하다가 가끔 TV를 볼 때만 쉬곤 했다(가끔 매카스킬도 합류했다). 쏟아지는 긍정적인 반응과 우리의 폭로 기사에 언론이 실질적인 관심을 보이는 것 같아서, 그리고 대부분의 진행자가 크게 분노하는 모습을 보여서 깜짝 놀랐다. 이 사건을 폭로한 우리에게 화를 내는 것이 아니라, 그동안 충격적인 수준의 국가적 감시를 당하고 있었다는 사실에 분노했다.

이제 의도했던 대로 국가적 차원의 감시를 정당화하기 위해 9·11 사건을 들먹이는 정부의 진부한 전략을 도전적으로 비웃으며 대응할 수 있겠다는 느낌을 받았다. 그래서 우리가 국가 안보를 위태롭게 했고, 테러리스트를 돕고 있으며, 국가 기밀을 공개해 범죄를 저질렀다는 정부의 지겹고 뻔한 비난을 비판하기 시작했다.

자신감을 얻은 나는 정부의 이런 행태는 자신들을 당황하게 만들고 평판이 훼손되는 짓을 하다 들킨 정부 관리들이 쓰는, 속이 뻔히 들여다보일 뿐만 아니라 여론을 교묘히 조종하려는 전략이라고 주장했다. 정부의 그런 공격은 우리의 보도를 막지 못한다. 정부가 공포를 확산시키고 협박하는 것과 상관없이, 우리는 입수한 문서를 통해 더 많은 기사를 보도해서 저널리스트로서의 본분을 다할 작정이었다. 나는 당국이 흔히 하는 협박과 우리를 악당으로 몰아가는 짓이 아무런 소용이 없다는 점을 분명히 해두고 싶었다. 이렇게 도전적인 태도를 보였음에도 불구하고, 대부분의 언론은 기사가 나간 초기 며칠 동안 우리가 하는 일에 지지를 보냈다.

이런 반응은 놀라웠다. 그전에도 마찬가지였지만, 특히 9·11 테러 이후로 미국 언론은 전반적으로 호전적이고 애국주의적 성향을 띠면서 정부에 아주 충성스러워서, 정부의 비밀을 폭로하는 사람이 누구건 적대적으로, 때로는 사악하게 대하기 때문이었다.

위키리크스가 이라크 전쟁과 아프가니스탄 전쟁 관련 비밀 문건, 특히 외교 전보와 관련된 비밀문서를 공개하기 시작했을 때, 미국 언론은 앞장서서 위키리크스를 기소하라고 요구했는데, 그것 자체가 경악스러운 행동이었다. 권력자들의 행동을 투명하게 밝히는 일에 헌신해야 할 조직 스스로 실제로 그런 중요한 폭로를 몇 년 만에 한 이들을 비난할 뿐만 아니라 범죄자로 만들려고 시도한 것이다. 위키리크스가 한 일, 즉 정부 내에 있는 제보자로부터 비밀 정보를 받아서 세상에 공개하는 일은 본질적으로 언론사가 항상 하는 업무다.

나는 미국 언론이 나를 적대적으로 대할 것이라고 예상했다. 무엇보다 우리가 문서를 계속 공개했고, 보도 내용이 전례 없는 대규모 비밀 누출 사건이라는 점이 분명해지기 시작했기 때문이었다. 그리고 내가 그동안 주류 매체와 그곳에서 잘 나가는 언론인을 혹독하게 비판해왔으므로 그런 적대적인 반응이 나오는 것이 당연하다고 판단했다. 나는 전통적인 대중 매체에 우군이 거의 없었다. 그동안 대부분의 기자가 쓴 기사를 공개적으로, 자주, 가차 없이 공격했다. 그래서 기회가 생기자마자 곧바로 내게 덤벼들 것이라고 예상했지만, 방송 첫 주 내내 사실상 단합이라도 한 것처럼 호의적이었고, 내가 출연하지 않은 방송도 마찬가지였다.

홍콩에 온 지 닷새째 접어든 목요일이었다. 내가 스노든의 방에 가자 스노든이 곧바로 "약간 걱정스러운" 소식이 있다고 했다. 하와이에 있는 집에 설치해둔 인터넷 연결 보안 장치가 NSA 직원 두 명(인사 담당자와 NSA 소속의 "경찰")이 스노든을 찾아서 집에 온 사실을 탐지했다는 것이다. 하와이 집은 오랫동안 사귄 여자친구와 동거하던 곳이었다.

스노든은 이런 사실이 자신이 폭로 기사의 제보자라는 것을 NSA가 알아냈다는 의미라고 거의 확신했지만, 나는 회의적이었다.

"당국이 제보자의 정체를 파악했다면, 수색 영장을 갖고 FBI 요원들을 떼거리로 보냈거나 아마 경찰특공대까지 보냈을 겁니다. 달랑 NSA 직원 한 명과 인사 담당자만 보냈을 리가 없습니다."

나는 이 일이 자동적이고 일상적인 조사고, NSA 직원이 말 한마디 없이 몇 주 동안 결근했을 때 하는 조치라고 생각했다. 하지만 스노든은 NSA 측이 언론의 관심을 끌지 않기 위해서, 혹은 증거를 없애려는 활동을 하지 못하도록 의도적으로 눈에 띄지 않게 조사를 하는 건지도 모른다고 말했다.

그 소식이 어떤 의미가 있건 상관없이, 스노든이 이번 폭로의 제보자라는 사실을 밝히는 기사와 동영상을 빨리 준비해야 할 필요성이 더 커졌다. 우리는 스노든이 직접 자신과 자신의 행동과 동기에 대해 사람들에게 이야기하도록 해야 한다고 마음먹었다. 스노든이 숨어 있거나 감금되어 있어서 자신을 변호할 수 없는 사이에 정부가 스노든을 나쁜 놈으로 만드는 계략에 따라 정체가 공개되면 안 되었다.

기사 두 건을 추가로 보도할 생각이었다. 하나는 다음 날인 금요일, 또 하나는 토요일에 공개하기로 했다. 그런 다음, 일요일에는 스노든에 관한 장문의 기사를, 녹화한 인터뷰 영상과 매카스킬이 작성할 질의응답 자료와 함께 싣기로 했다.

로라는 지난 48시간을 내가 처음 스노든과 인터뷰한 장면을 편집하는 데 보냈다. 하지만 보도 자료로 쓰기엔 너무 자세하고 길고 단편적이라고 했다. 로라는 좀 더 간결하고 집중적인 인터뷰를 당장 새로 촬영하길 원했다. 그러면서 스노든에게 할 구체적인 질문을 스무 개 정도 적어주었다. 로라가 카메라를 설치하고 자리 배치를 지시하는 동안 나는 질문 몇 가지를 더 보탰다.

"음, 제 이름은 에드 스노든입니다."

지금은 유명해진 인터뷰 영상은 이렇게 시작된다.

"전 스물아홉 살입니다. 하와이에서 NSA의 기반 체계 분석관으로 부즈앨런해밀턴에서 일하고 있습니다."

스노든은 각 질문에 대해 간결하면서도 침착하고 이성적으로 답했다. 왜 이 문서를 폭로하기로 마음먹었나? 왜 이 일이 자유를 희생할 만큼 중요했는가? 가장 중요한 폭로 사실은 무엇인가? 폭로 문서에 범죄가 성립되는, 혹은 불법적인 점이 있는가? 자신에게 무슨 일이 일어날 것이라 예상했는가?

불법적이고 프라이버시를 침해하는 감시의 사례들을 들 때는 활기를 띠면서 열정적으로 바뀌었다. 하지만 자신이 한 일에 대해 어떤 부정적인 영향이 있을지 예상했느냐는 질문에 대해서는 확실히 고통스러워하면서 정부가 보복 차원에서 가족과 여자친구를 목표로 삼는 상황을 우려했다. 위험을 줄이기 위해 연락을 피하겠다고 말했지만, 그것만으로는 가족과 여자친구를 완전히 보호할 수 없다는 사실을 알고 있었다.

"그 문제 하나 때문에 밤에 잠을 잘 수 없습니다. 무슨 일이 일어날지 모르니까요."

이 말을 할 때는 눈물이 고였는데, 그런 스노든의 모습을 본 것은 처음이자 마지막이었다. 로라가 동영상을 편집하는 동안 매카스킬과 나는 다음에 발표할 기사 두 건을 최종적으로 마무리했다. 이날 보도한 세 번째 기사는 2012년 11월 오바마 대통령이 서명한 일급비밀 대통령 훈령으로, 국방부와 관련 기관에 세계 도처에서 일련의 사이버 공격 작전을 준비하라는 지시가 담겨 있었다. 기사의 첫 단락은 다음과 같았다.

> 〈가디언〉이 입수한 일급비밀 대통령 훈령에 따르면 고위 국가 안보 및 정보 관리들은 미국의 사이버 공격에 대한 잠재적인 해외 목표의 명단을 작성하라는 지시를 받았다.

계획대로 토요일에 나간 네 번째 기사는 NSA의 데이터 추적 프로그램인 '국경없는정보원'에 관한 내용이었다. 또한 NSA가 미국 전역의 이동 통신 인프라를 통해 발생한 수십억 건의 전화 통화와 이메일을 수집, 분석, 저장한 사실을 보여주는 보고서에 대해 서술했다. 이 기사는 NSA가 수집한 국내 통신의 수치에 대한 상원의원들의 질문에 대해 NSA 관리가 답변을 거부하면서 그런 기록은 유지하지 않고 있고, 그런 데이터를 수집할 수 없다고 주장했을 때 거짓말을 한 게 아니냐는 의혹을 제기했다.

'국경없는정보원' 기사가 나간 후, 로라와 나는 스노든이 묵는 호텔에서 만나기로 했다. 방에서 나가기 전에 침대에 앉아 있는데 느닷없이 6개월 전에 이름을 밝히지 않은 채 내게 이메일을 보냈던 킨키나투스라는 인물이 떠올랐다. 킨키나투스는 내게 PGP 프로그램을 설치해서 중요한 정보를 제공할 수 있게 해달라는 요구를 여러 번 했다. 이렇게 모든 일이 벌어지는 들뜬 와중에, 나는 킨키나투스도 내게 전달할 중요한 기삿거리가 있을 거라는 생각이 들었다. 이메일 아이디가 기억나지 않았던 터라 키워드 검색으로 마침내 예전에 받은 메시지 중 하나를 찾아냈다.

"좋은 소식이 있습니다. 시간이 조금 오래 걸렸다는 건 알지만 제가 드디어 PGP 이메일을 쓰게 되었습니다. 그러니까 아직 관심이 있으시면 저는 언제든 이야기할 준비가 되어 있습니다."

이런 메시지를 담은 메일을 작성해서 '보내기' 버튼을 눌렀다.

내가 스노든의 방에 도착한 직후, 스노든은 놀리는 듯한 표정으로 말했다.

"그건 그렇고 방금 메일로 연락하신 킨키나투스는 바로 저예요."

스노든이 한 말을 이해하고 다시 평정을 되찾기까지 몇 분이 걸렸다. 그 사람, 몇 달 전에 필사적으로 내게 이메일 암호 프로그램을 설치하게 하려고 애를 썼던 사람이 바로 스노든이라니. 내가 스노든과 처음 연락을 주고받은 시점은 불과 한 달 전인 5월이 아니라 더 오래 전이었다. 스노든은 로라와 접촉하기 전에, 다른 누구와 접촉하기 전에, 맨 먼저 내게 연락하려고 했던 것이다.

이제 하루하루, 한 시간 한 시간 함께 보내는 기간이 우리의 결속력을 더 공고하게 만들어주었다. 처음 만났을 때 느꼈던 어색함과 긴장감은 이내 협력과 신뢰와 공통의 목적을 가진 관계로 바뀌었다. 우리는 다 같이, 우리 삶에서 아주 중요한 사건 중 하나에 착수했다는 사실을 알고 있었다.

하지만 이제 '국경없는정보원' 기사가 나간 상황에서, 지난 며칠간 겨우 밝게 유지되던 분위기가 눈에 띌 정도의 불안감으로 바뀌었다. 스노든의 정체를 밝히기까지 채 24시간도 남지 않았는데, 그렇게 되면 모든 것이 변할 것이고, 누구보다 스노든 자신의 모든 상황이 바뀔 것이란 사실을 알고 있었다. 우리 셋은 짧지만 극도로 강렬하고 기분 좋은 경험을 함께했다. 그런데 우리 중 하나인 스노든은 곧 그룹에서 제외되어 오랫동안 감옥살이를 할 가능성이 컸다. 그런 사실이 적어도 내게는 처음부터 분위기를 가라앉히면서 우울하게 도사리고 있었다. 오직 스노든만 신경 쓰지 않는 것처럼 보였다. 이제 아찔하고 기분 나쁜 유머가 우리 사이에서 나오기 시작했다.

"관타나모 감옥의 아래층 침대는 제가 찜했어요."

스노든이 우리가 한 예상을 찬찬히 생각해보며 농담을 던졌다. 앞으로 쓸 기사에 대해 이야기를 나누는 동안, 이런 말도 했다.

"그건 기소장에 들어갈 거예요. 제 기소장에 들어갈지, 기자님 기소장에 들어갈지가 문제죠."

스노든은 믿을 수 없을 정도로 침착한 태도를 잃지 않았다. 이제 자유인으로 남을 시간이 차츰 줄어드는 상황에서도, 스노든은 내가 홍콩에 있는 동안 매일 밤 여전히 10시 반이면 잠자리에 들었다. 내가 한 번에 두 시간 이상 잔 적이 없던 반면, 스노든은 일관되게 그렇게 잤다.

"전 이만 자러 갑니다."

매일 밤 일곱 시간 반의 숙면을 취하기 위해 물러가기 전에 이렇게 태평스럽게 말하고, 다음 날이면 아주 상쾌한 얼굴로 나타났다.

어떻게 이런 상황에서 푹 잘 수 있느냐고 묻자, 자신이 한 일 때문에 마음이 아주 편해서라는 답이 돌아왔다.

"이렇게 푹신한 베개를 베고 잘 날도 며칠 안 남았으니, 즐길 수 있을 때 즐겨야죠."

홍콩 시간으로 일요일 오후, 매카스킬과 내가 스노든을 세상에 소개하는 기사를 마지막으로 마무리하는 동안 로라가 비디오 편집을 끝냈다. 뉴욕의 아침이 시작됐을 때 나는 인터넷에 접속한 자닌과 함께 이 뉴스를 조심스럽게 다뤄야 할 특별한 중요성과, 스노든의 선택을 공정하게 다뤄야 할 내 개인적인 책임감에 대해 이야기를 나눴다.

〈가디언〉의 동료들을 편집자로서뿐만 아니라, 이들의 용기에 대해서도 차츰 더 신뢰하게 됐다. 하지만 스노든을 세상에 공개할 이 기사만큼은 크고 작은 부분 모두 내가 직접 점검하고 싶었다.

홍콩 시간으로 오후 늦게 로라가 내 방에 와서 촬영한 비디오를 매카스킬과 내게 보여주었다. 우리 셋은 말없이 비디오를 시청했다. 로라의 작품은 훌륭했다. 과장되지 않았고 편집도 근사했지만, 무엇보다 스노든이 자기 생각을 이야기하는 목소리에 큰 힘이 실려 있었다. 스노든은 자신이 이런 행동에 나서게 한 확신과 정열과 의무감을 설득력 있게 표현했다. 자신이 한 일을 대담하게 나서서 밝히고, 행동에 책임을 지며, 숨거나 쫓기지 않겠다는 스노든의 의지는 수백만 명의 사람들에게 영감을 줄 것이란 사실을 알고 있었다.

나는 무엇보다도 사람들이 스노든의 용기를 알아볼 수 있기를 원했다. 미국 정부는 지난 10년 동안 무제한적인 권력을 행동으로 보여주기 위해 전력을 다했다. 전쟁을 일으키고, 사람을 고문하고, 기소도 하지 않고 감옥에 가두고, 사법 절차를 거치지 않은 채 무인 항공기로 목표물을 폭격했다. 그런 사실을 알린 사람들 역시 그 영향에서 자유롭지 못했다. 내부고발자는 학대받고 기소되었으며, 기자는 감옥살이를 하게 될 거라는 협박을 받았다. 의미 있는 도전을 하려고 생각한 사람이면 누구나 협박해서 전 세계 사람들에게 자신들의 권력은 법이나 윤리, 도덕이나 헌법의 제약을 받지 않는다는 것을 보여주려고 애를 썼다. 마치 일을 방해하는 자들에게 자신들이 뭘 할 수 있는지, 그리고 뭘 할 건지 똑똑히 보라고 말하는 듯했다.

스노든은 그런 협박에 최대한 직접적으로 맞섰다. 용기는 전염성이 있다. 나는 스노든이 수많은 사람을 일깨워 같은 일을 하게 만들 수 있다는 사실을 알고 있었다.

6월 9일 일요일 동부 시간으로 오후 2시, 〈가디언〉은 스노든을 세상에 공개하는 기사를 보도했다.

내부고발자 에드워드 스노든 : NSA 감시 폭로의 배후 인물

인터넷 기사의 맨 위에는 로라가 찍은 12분짜리 비디오를 실었고, 기사 첫 줄은 이렇게 시작했다.

> 미국 정치 역사상 가장 중요한 비밀 폭로의 장본인은 에드워드 스노든이다. 현재 29세로 과거 CIA에서 기술 지원을 담당했고, 방위산업체인 부즈앨런해밀턴의 직원이다.

기사는 스노든에 관한 이야기와 동기를 서술한 후 "스노든은 대니얼 엘즈버그와 브래들리 매닝과 함께 미국 역사에 아주 중요한 영향을 미친 내부고발자 중 한 명으로 남을 것이다"라고 밝혔다. 우리는 스노든이 초기에 로라와 내게 보낸 쪽지 내용 중 일부를 인용했다.

> 저는 제가 한 행동 때문에 고통을 받게 될 거라는 점을 알고 있습니다. … 하지만 연방 정부의 은밀한 법, 불공평한 사면, 그리고 제가

> 사랑하는 세계를 지배하는 저항할 수 없는 집행권이 단 한 순간이라도 밝혀진다면 만족할 것입니다.

이 기사와 비디오에 대한 반응은 내가 글을 쓰면서 경험한 그 무엇보다 더 강렬했다. 다음 날 〈가디언〉에 글을 기고한 대니얼 엘즈버그도 이렇게 선언했다.

> 미국 역사상 에드워드 스노든의 NSA 문서 폭로보다 더 중요한 문서 유출 사건은 없었다. 여기에는 40년 전 펜타곤 페이퍼의 유출도 확실히 포함된다.

이 기사가 나간 지 며칠 만에 수십만 명의 사람들이 페이스북에 기사를 공유했다. 약 300만 명에 달하는 사람이 유튜브로 스노든의 인터뷰를 봤다. 그보다 더 많은 사람이 〈가디언〉 홈페이지에서 인터뷰를 조회했다. 스노든의 용기에서 충격과 영감을 받았다는 반응이 대다수였다.

우리는 다 함께 스노든의 신원 노출에 대한 사람들의 반응을 지켜봤다. 그 와중에 나는 월요일에 어느 TV 방송국의 아침 프로그램에 나가 인터뷰를 할지에 대해 〈가디언〉의 미디어 전략가 두 명과 의논했다. 우리는 MSNBC의 〈모닝조〉에 이어 NBC의 〈투데이〉에 나가기로 합의했다. 아침 일찍 방영되는 프로그램 두 개가 그날 하루 스노든에 대한 보도 분위기를 조성할 것이었다.

하지만 이런 인터뷰를 하기도 전에, 새벽 5시에 걸려온 전화 한 통 때문에 우리의 관심은 다른 곳에 쏠렸다. 스노든 관련 기사가 발표되기 불과 몇 시간 전인 그때, 홍콩에 살면서 오랫동안 내 기사를 읽어온 독자이자 그 주 내내 주기적으로 나와 연락을 했던 사람에게서 온 전화였다. 이른 아침에 건 전화에서 그는 전 세계가 곧 홍콩에 있는 스노든을 찾을 것이라는 점을 지적하면서, 스노든이 즉시 홍콩에서 인맥이 좋은 변호사의 변호를 받아야 한다고 주장했다. 그러면서 자신이 아는 최고의 인권 변호사 두 명이 기꺼이 스노든을 변호할 의사를 갖고 대기 중이라고 했다. 나는 이 세 명이 당장 내 호텔에 와도 될지 고민했다. 우선 눈을 좀 붙인 후에 만나기로 했는데, 약속했던 시간보다 한 시간 이른 오전 7시에 다시 전화가 왔다.

"지금 와 있습니다. 묵고 계신 호텔 아래층입니다. 지금 변호사 두 명도 같이 있습니다. 호텔 로비가 카메라맨과 기자로 꽉 찼습니다. 스노든이 묵고 있는 호텔을 찾고 있는데, 금방 찾아낼 겁니다. 그리고 변호사들이 그러는데, 언론이 스노든을 찾아내기 전에 먼저 스노든을 꼭 만나야 한다고 합니다."

나는 비몽사몽 상태로 가장 가까이에 있는 옷을 급하게 걸치고 허둥지둥 방문으로 갔다. 문을 열자마자 여러 대의 카메라 플래시가 터졌다. 언론들이 호텔 직원에게 돈을 먹여 방 번호를 알아낸 게 분명했다. 여자 두 명은 〈월스트리트저널〉 홍콩 지사 기자라고 신분을 밝혔고, 대형 카메라 한 대를 들고 온 또 다른 기자는 AP통신 소속이라고 했다.

내가 엘리베이터로 걸어가는 동안 기자들은 질문을 퍼부었고, 내 주변에서 에워싸며 따라왔다. 엘리베이터 안에도 우르르 몰려와 질문을 계속했는데, 나는 대부분의 질문에 짧고 무뚝뚝하게 별 도움이 안 되는 답변만 했다.

아래층 로비에 내려가자 새로 몰려든 카메라맨과 기자들이 합류했다. 나는 내게 연락한 독자와 변호사를 찾으려고 애를 썼지만, 두 발짝만 움직이면 곧바로 기자들에게 묻혀 도저히 움직일 수 없었다.

기자들이 떼거리로 따라다니면서 변호사들이 스노든에게 가는 걸 막을까 봐 특히 걱정되었다. 결국 로비에서 즉석 기자 회견을 열고 질문에 답해줘서 기자들을 보내기로 마음먹었다. 15분 정도 지난 후에 대부분의 기자들이 자리를 떴다.

그러고 나서 한숨 돌리던 차에 질 필립스와 마주쳤다. 질은 〈가디언〉의 선임 변호사로, 호주에서 런던으로 가는 도중에 매카스킬과 내게 법적인 조언을 해주기 위해 홍콩에 들렀다. 그녀는 〈가디언〉이 스노든을 보호할 수 있는 가능한 방법을 모두 조사해보고 싶다면서 이렇게 덧붙였다.

"러스브리저가 스노든에게 해줄 수 있는 법적 지원은 다 해줘야 한다고 단호하게 말했어요."

더 이야기하려고 했지만 기자 몇 명이 주변에서 어슬렁거리고 있어서 도저히 조용하게 이야기할 수 없었다.

나는 마침내 내게 연락해온 독자와 그가 데려온 홍콩 변호사 두 명을 발견했다. 우리는 기자들에게 미행당하지 않은 채 이야기할 수 있게 모의한 뒤 몰래 그 자리에서 급히 빠져나와 질의 방으로 갔다. 기자 몇 명이 여전히 따라붙었지만 그냥 보란 듯이 방문을 닫아버렸다.

그러고는 즉시 본론으로 들어갔다. 변호사들은 스노든을 변호하려면 당사자의 공식적인 허락을 받아야 하기 때문에 급하게 스노든과 이야기하고 싶어 했다. 허락이 떨어진 시점부터 스노든을 대변할 수 있었다.

질은 방금 만난 변호사들에게 스노든을 맡기기 전에 서둘러서 휴대폰으로 이들에 대해 조사했다. 독자가 데려온 변호사들은 실제로 인권과 망명 분야에서 유명하고 인정받는 사람일 뿐만 아니라, 홍콩에서 정치적 인맥이 든든해 보인다는 사실을 확인할 수 있었다. 질이 즉석에서 이렇게 세심하게 조사하는 동안, 나는 채팅 프로그램에 로그인했다. 로라와 스노든 둘 다 접속해 있었다.

이때 로라는 스노든과 같은 호텔에 묵고 있었다. 그녀는 기자들이 호텔을 찾아내는 일이 시간문제라고 확신했다. 스노든은 그곳에서 뜨길 고대하고 있는 것이 분명했다. 나는 스노든의 호텔방으로 갈 준비가 된 변호사에 대해 이야기했다. 스노든은 변호사가 자신을 데리고 호텔에서 나와 안전한 곳으로 가야 한다고 답했다.

"이제 제가 저를 보호하고 정의를 찾아달라고 사람들에게 요청할 단계로 들어갈 때가 되었네요."

스노든이 말했다. 그러고는 이렇게 덧붙였다.

"기자들이 절 알아보는 일 없이 호텔을 나와야 해요. 그렇지 않으면 어딜 가든 따라올 겁니다."

나는 스노든이 걱정하는 바를 변호사에게 전달했다.

"기자들의 미행을 막을 계획이 있다고 하던가요?"

변호사 중 한 명이 물었다. 나는 그 질문을 스노든에게 전달했다.

"지금 변장하는 중이에요. 사람들이 알아볼 수 없게 할 수 있어요."

스노든은 이 점에 대해 미리 생각해둔 게 분명했다.

이쯤 되자 나는 변호사가 스노든과 직접 대화해야 한다고 생각했다. 변호사가 스노든을 데려갈 수 있기 전에, 스노든은 변호사 선임 의사를 밝히는 형식적인 문장을 읊어야 했다. 내가 스노든에게 그 구절을 보내자 스노든이 그걸 다시 타자로 쳐서 보냈다. 변호사가 내 컴퓨터로 스노든과 채팅하기 시작했다.

10분 후 두 변호사가 지금 당장 스노든의 호텔로 갈 것이며, 그 사이에 스노든은 기자들의 눈에 띄지 않게 호텔에서 나올 시도를 해볼 것이라고 했다.

"그다음엔 스노든을 어떻게 할 겁니까?"

내가 물었다. 그들은 아마 홍콩에 있는 유엔 대사관으로 가서 스노든이 망명을 원하는 망명자라는 근거로 미국 정부로부터 보호해줄 것을 요청할 가능성이 크다고 했다. 아니면 "은신처"를 마련해볼 것이라고 했다.

하지만 어떻게 기자들을 따돌리고 변호사들을 호텔 밖으로 나가게 할까? 우리는 계획을 하나 마련했다. 내가 질과 같이 호텔방에서 나와 아직 방 밖에서 기다리고 있는 기자들이 우리를 따라 로비로 내려가게 유인하는 것이다. 변호사들은 몇 분 더 기다렸다가, 바라건대,

기자들의 시선을 피해 호텔을 빠져나가기로 했다.

작전은 효과가 있었다. 나는 호텔과 연결된 쇼핑몰에서 질과 30분 정도 담소를 나눈 후에, 내 방으로 돌아와 걱정스러운 마음으로 변호사 중 한 명의 휴대폰에 전화를 걸었다.

"스노든은 기자들이 몰려들기 직전에 빠져나왔습니다. 우린 호텔에서(나중에 알고 보니 우리가 처음 만났던, 악어가 있는 회의실 앞이었다) 스노든을 만나서 건물 안에 있는 다리를 건너 근처에 있는 쇼핑몰로 들어간 다음 대기시킨 차에 탔습니다. 지금 스노든은 우리와 같이 있습니다."

변호사가 말했다. 스노든을 어디로 데려가는 걸까?

"전화상으로 그 이야기는 하지 않는 게 상책입니다. 스노든은 당분간 안전할 겁니다."

변호사가 말했다. 스노든이 믿을 만한 사람들과 함께 있다는 말에 크게 안도했지만, 다시는 스노든을, 적어도 자유인 자격으로 만나거나 이야기할 수 없을 가능성이 컸다. 아마 다음번에는 주황색 죄수복을 입고 발목에 족쇄를 찬 채 미국 법정 안에서 간첩 혐의로 기소 인정 여부 절차를 밟는 모습을 TV에서 보게 될지도 모른다고 생각했다.

내가 스노든의 소식을 곱씹어보는 동안 누군가가 노크했다. 호텔의 총지배인이었다. 프론트 데스크에 내 방으로 걸려오는 전화를 연결하지 말라고 말해두었는데, 총지배인이 나를 찾는 전화가 끊임없이 울리고 있다는 말을 전하러 온 것이었다. 게다가 로비에는 내가 나타나기를 기다리는 기자, 사진사, 카메라맨이 떼 지어 몰려 있었다.

"괜찮으시다면 호텔 뒤쪽에 있는 엘리베이터를 통해 아무도 볼 수 없는 출구로 나가실 수 있도록 모시겠습니다. 그리고 〈가디언〉지 변호사가 손님을 위해 다른 이름으로 다른 호텔에 묵으실 수 있게 예약을 해놨습니다. 손님이 그럴 의사가 있으시다면 말입니다."

총지배인이 말했다. 총지배인이 한 말을 다시 해석해보면 대강 이런 뜻이었다. 당신이 이런 소동을 일으켰으니 이만 나가주면 좋겠습니다. 어쨌든 나는 그게 좋은 생각이라는 걸 알고 있었다. 어느 정도 프라이버시를 지키면서 작업하고 싶었고, 그러면서도 스노든과 연락을 유지하고 싶은 바람이 있었다. 그래서 짐을 싼 뒤, 총지배인을 따라 호텔 뒷문으로 나와서 대기시킨 차에서 기다리던 매카스킬을 만난 다음, 〈가디언〉지 변호사의 이름으로 다른 호텔에 체크인했다.

새 호텔방에 들어가자마자 제일 먼저 한 일은 스노든에게 연락이 닿길 바라며 채팅 프로그램에 로그인한 것이었다. 몇 분 지나서 스노든이 들어왔다.

"전 괜찮아요. 당분간 은신처에 있을 겁니다. 하지만 여기가 얼마나 안전할지, 여기서 얼마나 지낼지는 모르겠어요. 여기저기 옮겨 다녀야 하고, 인터넷 접속도 불안해요. 그래서 인터넷에 얼마나 오래, 자주 접속하게 될지 모르겠어요."

스노든이 말했다. 그는 확실히 자신이 머문 곳에 대해 자세하게 이야기하기를 꺼렸고, 나도 그걸 알고 싶지 않았다. 나는 스노든의 도주를 도울 수 있는 능력이 내게 별로 없다는 사실을 알고 있었다. 그는 이제 세상에서 가장 강력한 정부가 가장 절실하게 쫓는 수배자가 되었다. 미국 정부는 이미 홍콩 당국에 스노든을 체포해서 넘기라고 요청했다. 그래서 우리는 짧고 모호한 대화를 나누면서 다시 연락할 수 있기를 바란다는 희망을 전했다. 나는 스노든에게 잘 지내라고 말했다.

내가 마침내 〈모닝조〉와 〈투데이〉의 인터뷰를 하러 스튜디오에 갔을 때, 질문의 경향이 크게 바뀌었다는 사실을 곧장 알아챘다. 진행자들은 나를 기자로 대하기보다 새로운 목표를 공격하는 쪽을 선호했다. 그 목표는 지금 홍콩에 있는 미지의 인물인 스노든이었다. 많은 미국 기자가 정부의 하수인으로서 익숙한 역할을 재개했다. 이 사건은 더 이상 기자들이 NSA의 심각한 권력 남용을 공개한 것이 아니라, 정부에서 일했던 한 미국인이 의무를 "저버리고" 범죄를 저지른 다음, "중국으로 도망친" 사건이 되었다.

나를 인터뷰한 미카 브레진스키와 사반나 거스리는 가혹하고 신랄했다. 일주일 넘게 잠을 제대로 못잔 나는 질문에 포함된 스노든에 대한 비판을 참을 수 없었다. 기자들이라면 몇 년 만에 다른 누구보다 국가 안보에 더 많은 투명성을 불러온 사람을 악당으로 만들 것이 아니라 칭찬해야 한다고 생각했기 때문이다.

나는 며칠 더 인터뷰한 뒤에 홍콩을 떠날 때가 왔다고 마음 먹었다. 홍콩에서 스노든을 만나거나 돕기가 더 이상 불가능하다는 점이 분명해졌고, 이쯤 되자 육체적·정신적·심리적으로 기진맥진해졌다. 리우데자네이루로 돌아가고 싶었다.

비행기를 타고 집으로 돌아가는 길에 뉴욕에 들러서 하루 정도 인터뷰를 하고 갈까 생각했다. 그냥 내가 할 수 있고 해야 할 일에 대해 말하기 위해서였다. 하지만 변호사는 그렇게 하지 말라는 조언을 했다. 정부가 이 사건에 대해 어떻게 나올지 알기 전에는 법적으로 그런 모험을 하는 건 아무런 의미가 없다고 주장한 것이다.

"방금 미국 역사상 가장 큰 국가 안보 기밀 유출이 일어날 수 있게 도왔고, 미국 정부에 대해 할 수 있는 가장 반항적인 메시지를 들고 TV란 TV에 다 나가셨습니다. 법무부의 반응이 어떤지 일단 알아본 후에 미국 방문 계획을 잡는 것이 현명합니다."

나는 동의하지 않았다. 오바마 정부가 아무리 극단적으로 나오더라도 이렇게 널리 알려진 보도를 하는 중간에 기자를 체포할 리가 없다고 생각했다. 하지만 변호사의 주장을 반박하거나 모험을 하기에는 너무 지쳐 있었다. 그래서 〈가디언〉에 미국에서 아주 멀리 떨어져 있는 두바이를 거쳐 리우데자네이루로 가는 비행기 표를 끊게 했다. 당장 나로서는 할 만큼 했다고 판단했다.

제3장

전부 수집한다

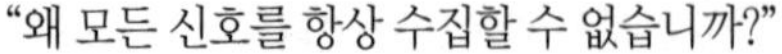

"왜 모든 신호를 항상 수집할 수 없습니까?"

_ 키스 알렉산더 NSA 국장

에드워드 스노든이 모은 자료는 규모와 범위 두 측면 모두에서 놀라웠다. 수년간 미국의 비밀 감시의 위험성에 대해 글을 쓴 나 역시 감시 체계의 광범위함을 알게 된 것만으로도 엄청난 충격을 받았다. 사실상 아무런 책임이나 투명성이나 한계도 없이 실행된 것이 분명하다는 사실 때문에 더더욱 그랬다.

문서에서 설명된 수천 개의 개별 감시 프로그램을 실행에 옮긴 사람들은 이런 사실을 공개할 마음이 전혀 없었다. 프로그램 중 다수가 미국인을 목표로 했다. 하지만 프랑스, 브라질, 인도, 독일처럼 일반적으로 미국의 동맹이라고 여겨지는 민주 국가를 포함한 전 세계 수십 개국도 무차별 대량 감시의 목표였다.

스노든의 자료는 정교하게 조직되어 있었지만, 분량이 많고 복잡해서 처리하기가 아주 어려웠다. 문어발식으로 편성된 기관 내의 사실상 모든 부서와 하위 조직이 만든 문서가 수만 건에 달했다. 긴밀하게 손잡은 외국 정보기관이 작성한 파일도 일부 포함되었다. 게다가 놀랄 만큼 최신 문서였다. 대부분은 2011년과 2012년에 생산된 문서였고, 2013년에 생산된 문서도 많았다. 일부는 홍콩에서 스노든을 만나기 불과 수개월 전인 2013년 3월과 4월에 생산되었다.

대부분의 문서는 '일급비밀'로 지정되어 있었다. 일급비밀 문서의 대부분은 'FVEY'라고 표시되어 있었는데, 이것은 '파이브아이즈Five Eyes', 즉 NSA와 가장 가깝고 영어를 사용하는 감시 동맹국인 영국, 캐나다, 호주, 뉴질랜드에만 공유할 수 있다는 의미였다. 미국 내에서만 유통 가능한 문서에는 '외국 전파 금지no foreign distribution'를 뜻하는 'NOFORN'이 표기되어 있었다. 전화 기록 수집을 허용한 해외정보감시법원의 명령과 공격적인 사이버 작전을 준비하라는 오바마 대통령 훈령 같은 특정 문서는 미국 정부의 극비였다.

자료와 문서에서 사용된 NSA의 언어를 해독하기 위해서는 빠른 학습 능력이 필요했다. NSA는 자체적으로 만든 특이한 언어로, 즉 관료적이고 딱딱하지만 가끔은 뽐내는 듯하고 심지어 멋지기까지 한 전문 용어로 내부 조직과 협력 기관과 소통한다. 또한 문서 대부분이 아주 기술적이었다. 으스스한 약어와 암호명으로 가득했고, 때로는 다른 문서를 먼저 읽어야 이해되는 내용도 있었다. 이런 문제를 예상한 스노든은 약어와 프로그램 이름이 담긴 용어집과 기관 내부에서 쓰는 전문 용어 사전을 함께 제공했다. 어떤 문서는 한 번, 두 번, 세 번을 읽어도 이해되지 않았다. 문서의 여러 부분을 종합하고 감시, 암호, 해킹, NSA의 역사, 그리고 감시를 통제하는 법적인 틀에 관한 몇몇 최고 전문가들의 의견을 들은 뒤에야 의미를 알 수 있었다.

설상가상으로 산더미 같은 문서들은 주로 주제별이 아니라 문서를 작성한 부서별로 구성되었다. 극적인 폭로 내용은 다량의 따분하고 매우 기술적인 자료에 뒤섞여 있었다. 〈가디언〉에서 키워드로 파일 내용을 검색할 수 있는 프로그램을 제공해주어서 도움이 많이 되었지만, 프로그램이 완벽하지는 않았다. 문서를 처리하는 과정은 아주 더뎌서 맨 처음 문서를 받은 뒤 수개월이 걸렸고, 일부 용어와 프로그램은 아직도 이해되지 않는다.

이런 문제에도 불구하고 스노든이 준 파일은 명백하게 (NSA의 임무를 확실히 뛰어넘는) 미국인과 외국인을 똑같이 목표로 한 복잡한 감시망을 적나라하게 보여주었다. 또한 통신 내용을 수집하기 위해 동원된 기술적 수단도 제시했다. NSA는 인터넷 서버, 위성, 수중 광섬유 케이블, 국내외 전화 시스템, 개인 컴퓨터를 도청했다. 프라이버시 침해가 아주 심한 감시의 목표가 된 개인도 나와 있었다. 여기에는 테러 혐의자와 범죄 용의자에서 동맹국의 민주적으로 선출된 지도자뿐 아니라 평범한 시민까지 망라되었다. NSA의 전반적인 전략과 목표를 분명하게 알 수 있게 해준 것이다.

스노든은 가장 중요한 문서에 특별히 표시를 해서 자료의 맨 앞에 배치했다. 해당 파일은 NSA의 엄청난 권한뿐만 아니라 NSA의 거짓말과 범죄 행위까지 보여주었다. '국경없는정보원'이라는 프로그램은 NSA가 전 세계에서 매일 수집한 전화 통화와 이메일 수집량을 정확하게 계산한 수치를 보여주었다. 스노든이 이 파일을 눈에 띄게 배치한 것은 말 그대로 매일 수십억 건에 달하는 전화와 이메일의 수집 규모를 수치로 보여줄 뿐만 아니라 키스 알렉산더 NSA 국장을 비롯한 관리들이 의회에서 거짓말을 한 사실을 입증해주기 때문이었다. NSA 측은 구체적인 수치를 제시할 수 없다고 주장했지만, 국경없는 정보원은 바로 이런 데이터를 종합하기 위해 만든 툴이다.

예컨대 2013년 3월 8일부터 한 달간 NSA 조직 중 한 곳인 GAO 부서는 미국 통신 시스템을 통과한 30억 건 이상의 전화 통화와 이메일 데이터를 수집했다. 이런 수치는 러시아, 멕시코, 그리고 사실상 유럽 국가 전체에서 수집한 양을 초과하고, 중국에서 수집한 양과 거의 비슷하다.

전체적으로 이 시스템은 단 30일간 전 세계에서 이메일 970억 건과 전화 통화 1,240억 건 이상을 수집했다. 또 다른 국경없는정보원 문서는 30일간 독일에서 5억 건, 브라질에서 23억 건, 인도에서 135억 건을 수집한 사실을 보여주었다. 또한 각국 정부와 협조해서 수집한 메타데이터 수치도 제시했는데, 프랑스가 7,000만 건, 스페인이 6,000만 건, 이탈리아가 4,700만 건, 네덜란드가 180만 건, 노르웨이가 3,300만 건, 덴마크가 2,300만 건에 달했다.[1]

NSA는 법이 규정한 외국 정보 수집에 초점을 맞췄지만, 문서는 미국인도 똑같이 비밀 감시의 주요 목표였다는 사실을 확인해주었다. 2013년 4월 25일에 내려진 해외정보감시법원의 일급비밀 명령은 이런 사실을 가장 명확하게 보여준다. 해당 명령은 버라이즌 사에 미국 고객의 전화 통화에 관한 모든 정보, 즉 "전화 통신 메타데이터"를

NSA에 제출하도록 했다. 'NOFORN' 표시가 된 명령서는 아주 명확하고 절대적이었다.[2]

대량 통화 수집 프로그램은 각종 비밀 감시 프로그램으로 꽉 찬 자료에서 가장 중요한 발견 내용 중 하나였다. 여기에는 규모가 큰 프리즘(세계 최대 인터넷 기업의 서버에서 데이터를 직접 수집)과 프로젝트 불런(온라인 활동을 보호하기 위해 사용되는 가장 일반적인 형태의 암호를 깨기 위한 NSA와, NSA의 영국 파트너인 GCHQ의 제휴 활동)에서부터, 거만한 패권 정신을 반영하는 이름인 이고티스티컬저래프(인터넷 검색 시 익명성을 보장하는 토르 브라우저를 목표로 하는 프로그램), 머스큘러(구글과 야후의 사설 네트워크 침투 프로그램), 올림피아(캐나다의 브라질 광산에너지부 감시 프로그램) 같은 소규모 사업까지 포함된다.

일부 감시는 원칙적으로 테러용의자에게 초점을 맞췄다. 하지만 대다수 프로그램은 국가 안보와 명백한 관련이 없었다. 문서는 NSA가 외교·경제 스파이 행위와 전체 국민을 목표로 하는 무차별 감시에도 똑같이 관여하고 있다는 사실을 확실히 보여주었다.

전체적으로 봤을 때, 스노든의 자료를 통해 간단한 결론을 내릴 수 있었다. 미국 정부는 전 세계적인 전자 프라이버시의 완전 제거를 목표로 하는 시스템을 구축했다는 사실이다. 전혀 과장하지 않고, 말 그대로 감시국가의 목적을 있는 그대로 보여주었다. 즉, 전 세계 모든 사람의 모든 전자 통신을 수집, 저장, 감시, 분석하는 것이다. NSA는 한 가지 아주 중대한 임무에 주력한다. 조직의 손아귀에서 한 건의 전자 통신도 빠져나가지 못하게 하는 것이다.

NSA가 이처럼 자체적으로 부여한 권한을 유지하려면 수집 범위를 끊임없이 확장해야 한다. 매일 수집·저장되지 않는 전자 통신을 확인한 다음, 그런 허점을 메우기 위해 새로운 기술과 방법을 개발한다. 특정한 전자 통신을 수집하기 위해 구체적인 변명을 할 필요가 없고, 대상자의 혐의를 판단할 이유도 없다. NSA가 시긴트라고 부르는 신호정보 전체가 목표 대상이다. 그리고 이런 통신을 수집할 능력을 갖추고 있다는 사실만으로도 그렇게 할 하나의 근거가 되었다.

펜타곤 소속의 군 조직이기도 한 NSA는 세계 최대 정보기관으로, 대부분의 감시를 파이브아이즈 동맹을 통해 수행했다. 스노든 이야기가 차츰 열기를 띤 2014년 봄까지 NSA를 이끈 인물은 4성 장군인 키스 알렉산더였다. 9년간 NSA를 이끈 알렉산더 국장은 임기 중 조직의 규모와 영향력을 공격적으로 키웠다. 그 과정에서 국장은 제임스 뱀포드 기자가 말한 대로 "미국 역사상 가장 힘 있는 정보 조직의 수장"이 되었다.

〈포린폴리시〉의 셰인 해리스 기자는 NSA가 "알렉산더가 취임했을 때 이미 데이터 괴물변었지만, 그의 지휘 아래 임무의 범위와 규모, 의욕은 전임자들의 구상을 뛰어넘었다"라고 지적했다. "미국 정부의 어떤 기관도 이처럼 많은 전자 정보를 수집하고 저장할 능력과 법적 권한"을 가진 적이 없었다. NSA와 함께 일했던 한 전직 정부 관리는 해리스에게 "알렉산더의 전략"은 명확하며, "모든 데이터를 확보할 필요가 있다"는 것이라면서 이렇게 덧붙였다.

"알렉산더 국장은 그걸 가능한 오랫동안 고수하길 원합니다."

알렉산더의 좌우명인 '전부 수집한다'는 NSA의 핵심 목표를 완벽하게 말해준다. 2005년 이라크 점령과 관련된 신호정보를 수집하는 동안 그는 이런 철학을 실행에 옮겼다. 2013년 <워싱턴포스트>가 보도했듯이, 알렉산더는 미군이 제한적인 정보에만 초점을 맞춘 사실에 차츰 불만을 품었다. 반란군 혐의를 받는 사람과 미군에 대한 위협만을 겨냥한 이런 접근은 새로 취임한 NSA 국장이 보기에 너무 한정적이었다.

> 알렉산더 국장은 전부 수집하기를 원했다. NSA가 보유한 강력한 컴퓨터는 이라크 전역에서 주고받는 문자 메시지, 전화 통화, 이메일을 빨아들일 수 있었다.

따라서 미국 정부는 이라크 전체 국민의 모든 통신 데이터를 무차별적으로 수집하기 위한 기술적 방법을 동원했다.

알렉산더는 원래 전쟁이 활발하게 벌어지는 지역에서 외국인을 대상으로 만든 이런 전방위적인 감시 시스템을 미국인에게 적용할 구상을 했다. <워싱턴포스트>에 따르면 "알렉산더 국장은 이라크에서 그랬듯이 가능한 모든 정보를 확보하기 위해 적극적으로 노력했다. 여기에는 미국과 외국 통신에 관한 방대한 양의 원천 정보를 수집하고 저장하기 위한 툴, 자원, 법적 권한이 포함되었다." 이처럼 "8년간 미국의 전자 감시 기관을 책임진 61세의 알렉산더는 국가 안보라는 이름으로 정보 수집 능력의 혁명을 주도했다."

극단적인 감시 옹호자로서 알렉산더의 명성에 관한 증거는 많다. 〈포린폴리시〉는 "최고의 스파이 기구를 건설하기 위한 NSA의 전면적이고 간신히 합법적인 업무 추진"을 설명하면서 알렉산더 국장을 "NSA의 카우보이"라고 했다. 〈포린폴리시〉에 따르면 부시 정권 당시 CIA와 NSA 국장을 역임한 마이클 헤이든 장군마저 알렉산더의 브레이크 없는 접근에 대해 종종 "가슴앓이"를 했다(헤이든 장군 자신도 부시의 불법 무영장 도청 프로그램을 감독했고, 공격적인 군사 중심 정책으로 악명 높았다). 한 전직 정보 요원은 알렉산더의 시각을 이렇게 설명했다.

"법은 신경 쓰지 마라. 그냥 어떻게 임무를 달성할지만 생각하라." 〈워싱턴포스트〉도 비슷한 지적을 했다.

> 알렉산더를 두둔하는 사람들조차 그의 공격성이 자신을 법적 권한의 한계로 몰고 간다고 말한다.

2008년 알렉산더 국장은 영국의 GCHQ를 방문했을 때 "왜 모든 신호를 항상 수집할 수 없습니까?"라는 직설적인 질문을 했다고 한다. NSA 대변인은 이 같은 알렉산더의 일부 극단적인 발언이 맥락 없이 나온 가벼운 농담일 뿐이라고 일축했다. NSA 자체 문서는 알렉산더 국장의 발언이 진담이라는 사실을 보여준다. 예컨대, 파이브아이즈 동맹이 2011년에 실시한 연례 회의에서 제시한 일급비밀 슬라이드는 NSA가 데이터를 전부 수집한다는 알렉산더의 좌우명을 기관의 핵심 목표로 명시적으로 받아들이고 있음을 보여준다.[3] GCHQ가 파이브아이즈 회의에서 제시한 2010년 문서는 '타맥'이라는 암호명으로 위성 통신 수집을 하기 위한 프로그램을 언급하면서, GCHQ도 임무를 설명하기 위해 알렉산더의 좌우명을 언급한 사실을 확실하게 보여준다.[4]

일반적인 내부 문서에서도 능력 확대를 정당화하기 위해 동일한 구호에 호소한다. 예컨대 2009년 임무운영부서의 기술 담당관이 작성한 문서는 일본 MSOC(미자와 공군기지 보안작전센터)에 대한 최근의 개선에 대해 선전하면서 "'전부 수집한다'라는 목표에 한걸음 더 다가가고" 있다고 언급한다.[5]

이처럼 "전부 수집한다"라는 말은 사소한 농담이기는커녕 NSA의 야망을 명확하게 말하고, NSA가 차츰 달성해 가는 목표다. NSA가 수집하는 전화 통화, 이메일, 인터넷 채팅, 온라인 활동, 전화 메타데이터의 양은 막대하다. 2012년에 작성한 문서에 나와 있듯이 실제로 NSA는 "분석관이 일상적으로 필요로 하는 양보다 더 많은 자료를 수집한다." 2012년 중반 현재, NSA는 '매일' 전 세계에서 수집한 200억 건이 넘는 통신 내용(인터넷과 전화 모두 포함)을 처리했다.[6]

NSA는 개별 국가에서 수집한 전화와 이메일 수치를 파악한 일일 분석 자료도 작성한다. 폴란드에 대한 수집 현황을 보여주는 차트는 수일간 300만 건 이상의 전화 통화를 수집했고 30일간 약 7,100만 건의 전화 통화를 수집한 사실을 보여준다.[7]

국내 수집량도 놀랍기는 마찬가지다. 스노든의 폭로가 있기 전에도 〈워싱턴포스트〉는 2010년에 "국가안보국의 수집 시스템은 매일 17억 건에 달하는 이메일과 전화 통화를 비롯한 여러 유형의 통신을 수집한다"고 보도했다. NSA에서 30년간 근무하다가 9·11 테러 뒤에 NSA의 국내 감시 확대에 반대해서 퇴직한 윌리엄 비니는, 국내 데이터 수집에 대해 여러 차례 진술했다. 2012년 뉴스 매체인 〈데모크라시나우! 〉와의 인터뷰에서 비니는 "약 20조 건에 달하는 미국인 간에 이루어진 통신을 수집했다"라고 말했다.

〈월스트리트저널〉은 스노든 폭로 뒤에 NSA의 수집 시스템은 종합적으로 "외국인과 미국인에 의해 이루어지는 다수의 통신을 포함해서 외국 정보를 추적하는 과정에서 미국 내 인터넷 트래픽의 약 75퍼센트를 수집할 수 있는 능력을 갖고 있다"고 보도했다. 익명의 전·현직 NSA 관리들은 어떤 경우에는 "국내에서 미국인끼리 주고받은 이메일을 보고하고, 국내의 인터넷 전화 통화도 필터링한다"고 했다.

NSA와 비슷하게 영국의 GCHQ도 겨우 저장할 수 있을 정도로 엄청나게 많은 양의 통신 데이터를 수집한다. 2011년에 GCHQ가 작성한 문서에는 "하루 500억 건 이상 수집함(수치는 계속 증가)"라는 내용이 있다.[8]

NSA는 모든 데이터를 수집하는 데 지나치게 집착한 나머지 스노든의 자료에서는 특별히 획기적인 단계를 예고하고 축하하는 내부

문건이 여기저기서 발견된다. 예컨대 2012년 12월 내부 전자 게시판에 게시된 문서에는 쉘트럼펫이라는 이름의 프로그램이 "1조 번째 메타데이터를 처리"한 사실을 자랑스럽게 알리고 있다.[9]

이런 방대한 양의 통신을 수집하기 위해 NSA는 다양한 수단을 동원한다. 여기에는 국제 통신에 사용되는 광섬유 라인(수중 케이블을 포함)에서 직접 감청하는 방법, 미국 시스템을 통과할 때 NSA 저장소로 메시지를 전송하는 방법, 다른 나라에 있는 정보 서비스와 협력하는 방법이 포함된다. NSA는 수집한 고객 정보를 넘겨주는 인터넷 회사와 전화사업자에 차츰 더 의존한다.

NSA는 공식적으로 국가 기관이지만 민간 기업과 수없이 중첩되는 제휴를 하고, 여러 핵심 기능을 외부에 위탁한다. 약 3만 명의 자체 요원 외에도 민간 기업의 고용인 약 6만 명과 계약을 맺고 있으며, 이들은 반드시 필요한 서비스를 수시로 제공한다. 스노든 자신도 사실 NSA에 고용된 것이 아니라 델과 대형 방위산업체인 부즈앨런해밀턴 소속이었다. 하지만 다른 민간 계약 직원과 마찬가지로 핵심적인 기능을 하는 NSA 사무실에서 비밀 열람권을 갖고 일했다.

오랫동안 NSA와 민간 기업의 관계에 관한 역사를 기록한 팀 샤록에 따르면 "미국 국가 정보 예산의 70퍼센트는 민간 부문에 사용된다." 마이클 헤이든이 "지구상에서 사이버 파워가 가장 큰 규모로 집중된 곳은 볼티모어 파크웨이와 메릴랜드 32번로의 교차 지점이다"라고 말했을 때, 샤록은 이렇게 지적했다.

헤이든이 말한 곳은 NSA 자체가 아니라 메릴랜드 포트미드의 NSA 본부가 있는 거대한 검은색 건물에서 1마일 정도 떨어진 상업 지구다. 그곳에서 부즈앨런해밀턴에서부터 SAIC, 노드롭그루먼에 이르기까지 NSA의 주요 계약 회사들이 NSA를 위해 감시와 정보 업무를 수행한다.

제휴 민간 기업에는 대량의 국제 통신을 다루고 개인 간 소통에 대한 접근을 촉진할 수 있는 세계 최대, 그리고 가장 중요한 인터넷 기업과 전화사업자가 포함된다. 한 일급비밀 문서는 NSA의 "방어(미국의 원격 통신과 컴퓨터 시스템을 공격으로부터 보호)"와 "공격(외국 신호의 수집 및 활용)" 임무를 설명한 뒤에 이런 기업들이 제공하는 서비스를 나열했다.[10]

시스템과 접근 권한을 제공하는 이런 기업과의 관계를 관리하는 곳이 NSA 내의 극비 조직인 SSO부서다. 스노든은 SSO를 조직의 "백미"라고 설명했다. 블라니, 페어뷰, 오크스타, 스톰브루는 SSO의 하위 조직인 CPA 부서가 관리하는 프로그램이다.[11]

이런 프로그램의 일부로, NSA는 특정 이동통신사가 외국 이동통신사와의 네트워크 구축, 유지, 업그레이드에 관한 계약에 관여해서 국제 시스템 접근권을 활용한다. 블라니의 핵심 목표는 NSA 파워포인트 자료에서 "전 세계에 걸친 대용량 국제 광섬유 케이블, 스위치, 라우터에 대한 접근권 확보를 위해 주요 기업과의 특별한 파트너십 강화"라고 설명되어 있다.[12]

〈월스트리트저널〉의 보도에 따르면 블라니는 특히 AT&T와의 장기적인 파트너십에 의존한다. NSA 내부 파일에 따르면 블라니 프로그램의 2010년 목표에는 브라질, 프랑스, 독일, 그리스, 이스라엘, 이탈리아, 일본, 멕시코, 대한민국, 베네수엘라를 비롯해 유럽연합과 유엔이 포함되었다.

또 다른 SSO 프로그램인 페어뷰도 NSA가 "대량 데이터"라고 자랑하는 것을 전 세계에서 수집한다. 페어뷰도 대부분 "기업 파트너", 특히 해당 파트너의 외국 전기 통신 시스템에 대한 접근권에 의존한다. NSA가 작성한 페어뷰의 개요는 간단하고 명확하다.[13]

NSA 문서에 따르면, 페어뷰는 "대체로 연속적인 생산을 위한 수집원(진행 중인 감시를 의미)으로서 NSA 상위 다섯 개 프로그램에 들고, 메타데이터를 가장 많이 제공하는 프로그램이다." 한 개 전화사업자에 대한 페어뷰의 절대적인 의존도는 다음과 같은 자체 주장에 따라 입증된다. "보고 출처의 약 75퍼센트는 한 곳이다. 이것은 프로그램이 여러 목표 통신에 대한 특별한 접근권을 누린다는 사실을 보여준다." 어느 전화사업자인지 밝혀지지 않았지만 페어뷰 파트너에 관한 설명은 해당 기업이 적극적인 협력을 원한다는 점을 분명하게 보여준다.[14]

이런 협력 덕분에 페어뷰 프로그램은 전화 통화에 대한 방대한 양의 정보를 수집한다. 2012년 12월 10일을 시작으로 30일간의 통계를 낸 어떤 차트는 페어뷰 단독으로 매일 2억 건, 30일간 총 60억 건이 넘는 데이터를 수집한 사실을 보여준다. [15]

이처럼 수십억 건의 전화 기록을 수집하기 위해 SSO는 NSA의 기업 파트너뿐만 아니라 폴란드 정보국과 같은 외국 정부 기관과도 협력한다.[16]

오크스타 프로그램은 NSA의 기업 파트너 중 한 곳이 갖고 있는 외국 이동 통신 시스템에 대한 접근권도 이용하고, 이를 통해 NSA의 자체 저장소로 데이터를 전송한다. 실버제퍼라는 암호명의 또 다른 기업 파트너는 2009년 11월 11일 문서에 등장한다. 문서에는 브라질과 콜롬비아의 "내부 통신"을 확보하기 위해 해당 기업과 협력한 사실이 설명되어 있다.[17]

한편 "FBI와의 긴밀한 협조"로 실행된 스톰브루 프로그램은 미국 영토에 있는 여러 "관문"에서 미국으로 들어오는 인터넷과 전화 트래픽에 대한 접근권을 NSA에 부여한다. 스톰브루는 전 세계 인터넷 트래픽의 대다수가 어느 시점에 미국에 있는 통신 인프라를 통과한다는 사실, 즉 미국이 네트워크 개발에서 중심적인 역할을 한 데 따른 결과를 이용했다. 이렇게 지정된 몇 개 관문은 스노든 파일에서 암호명을 통해 확인된다.[18]

스톰브루는 "현재 미국 이동 통신 공급자 두 곳과의 아주 민감한 관계로 이루어진다." 본토에 있는 관문 외에도, "스톰브루 프로그램은 두 개 해저 케이블의 미국 본토 접근 사이트도 운영하는데, 하나는 미국 서부 해안에 있고, 또 하나는 미국 동부 해안에 있다."

각종 암호명이 입증해주듯, 기업 파트너의 정체는 NSA의 극비 중 하나다. NSA는 암호명에 대한 키가 담긴 문서를 철저하게 보호해서 스노든은 이런 키 중 다수를 확보할 수 없었다. 그럼에도 불구하고 스노든의 폭로는 NSA와 협력하는 일부 기업의 정체를 밝혀냈다. 가장 널리 알려진 것이 프리즘이 포함된 자료다. 여기에는 NSA가 페이스북, 야후, 애플, 구글 같은 세계 최대 인터넷 회사와 맺은 비밀 계약뿐만 아니라, 스카이프와 아웃룩 같은 통신 플랫폼에 대한 접근권을 NSA에 제공한 마이크로소프트의 활동이 자세히 나와 있다.

광섬유 케이블을 비롯해 다른 형태의 기반 체계(NSA 용어로 '업스트림' 감시)를 통해 감청을 하는 블라니와 페어뷰, 오크스타, 스톰브루와 달리, 프리즘은 NSA가 거대 인터넷 회사 아홉 개의 서버에서 직접 데이터를 수집할 수 있게 한다.[19]

프리즘 슬라이드에 등장하는 기업은 NSA에 무한접근권을 허용했다는 사실을 인정하지 않았다. 페이스북과 구글은 영장이 있는 정보만 제공한다고 주장했고, 프리즘을 사소하고 세부적인 기술로 치부하려고 했다. 합법적으로 제공하도록 강제된 데이터를 보안 장치에 담아서 전달하는 약간 업그레이드된 전송 체계에 불과하다는 것이다.

하지만 이런 주장은 여러 사실과 모순된다. 첫째, 야후는 자사를 강제적으로 프리즘에 포함시키려는 NSA의 활동에 반대해서 법정 투쟁을 벌였다. 프리즘이 단지 전송 체계의 사소한 변화라면 벌어지기 힘든 일이다. 둘째, 〈워싱턴포스트〉의 바튼 겔먼은 프리즘의 영향을 "과장해서 말했다"는 강한 비판을 받은 뒤, 재조사를 벌여서 〈워싱턴포스트〉의 핵심 주장에 대한 지지를 다음과 같이 거듭 표명했다. "전 세계 어디에나 있는 워크스테이션에서 프리즘 접근권이 있는 공무원이 시스템을 맡을 수(즉, 검색을 실시할 수) 있고, 기업 직원과의 추가적인 연락 없이 인터넷 회사로부터 결과를 받을 수 있다."

셋째, 인터넷 회사들은 법에 따랐을 뿐이라는 식의 태도로 책임을 회피하고 부인했다. 예컨대, 페이스북은 "직접적인 접근권"을 제공하지 않았다고 주장했고, 구글은 NSA를 위한 백도어(정상적인 절차를 우회해서 시스템에 출입할 수 있도록 만들어 둔 비밀 출입문 - 옮긴이)를 만든 사실을 부인했다. 하지만 미국시민자유연맹의 크리스 소고이언은 이런 말들이 정보를 얻는 아주 구체적인 수단을 나타내는 매우 기술적인 용어라고 말했다. 궁극적으로 기업들은 NSA가 고객의 데이터에 직접적으로 접근할 수 있도록 하는 시스템을 구축하는 작업에 협력한 사실을 부인하지 않았다.

마지막으로, NSA 스스로 프리즘의 특별한 수집 능력에 대해 반복해서 높이 평가했고, 이 프로그램이 감시 능력을 향상시키는 데 결정적이라고 했다. 스노든 파일에는 프리즘의 특별한 감시 능력이 자세히 설명되어 있다.[20]

스노든 파일은 프리즘을 통해 접근할 수 있는 다양한 통신을 구체적으로 보여주며[21], 프리즘 프로그램이 어떻게 NSA의 수집을 꾸준히, 그리고 얼마나 크게 증가시켰는지 보여준다.[22]

NSA 내부 전자게시판에서 SSO는 프리즘이 제공한 대규모 수집의 가치를 자주 평가한다. 2012년 11월 19일에 작성된 메시지에는 "프리즘 영향력 확대 : 2012 회계 연도 매트릭스"라는 제목이 붙었다.[23]

이런 자축의 말은 프리즘이 사소한 기술이라는 개념과 모순되고,

실리콘밸리가 협조하지 않았다는 주장도 거짓임을 보여준다. 실제로 〈뉴욕타임스〉는 스노든 폭로 뒤에 프리즘 프로그램에 관한 보도를 하면서 기업 시스템에 대한 자유로운 접근권을 NSA에 제공하는 문제에 관해 NSA와 실리콘밸리 사이에 있었던 여러 건의 비밀 협상에 대해 설명했다.

> 정부 관리가 실리콘밸리에 가서 비밀 감시 프로그램의 일환으로 사용자 데이터를 넘길 더 쉬운 방법을 요구했을 때, 세계 최대 인터넷 회사들은 발끈했다. 하지만 결국 여러 회사가 적어도 약간은 협조했다. 트위터는 정부의 요구를 들어주지 않았다. 하지만 협상 내용을 알려준 사람들에 따르면, 다른 회사들은 더 고분고분했다. 회사들은 국가 안보 관리들과 정부의 합법적인 요구에 따라 더 효율적이고 안정적으로 외국 사용자의 개인 데이터를 공유하는 기술적인 방법을 개발하는 문제에 대해 대화를 나눴다. 어떤 경우에는 그렇게 하기 위해 자사의 컴퓨터 시스템을 바꾸기도 했다.

〈뉴욕타임스〉는 이런 협상은 "정부와 IT 기업들이 얼마나 긴밀하게 협조하는지, 그리고 양자가 막후에서 얼마나 깊이 교섭했는지 보여준다"고 했다. 기사는 또한 법으로 강제된 접근권만 NSA에 제공한다는 주장을 이렇게 반박했다.

> 해외정보감시법원의 정당한 요구에 따라 데이터를 건네는 것은 합

> 법이지만, 정부가 정보를 더 쉽게 얻도록 하는 조치는 그렇지 않다. 트위터가 그런 요구를 거부할 수 있었던 이유도 이 때문이다.

법적으로 필요한 정보만 NSA에 전달했다는 인터넷 회사의 주장도 특별한 의미가 없다. NSA는 확실히 미국인을 목표로 수집할 때만 개별 영장을 발부받을 필요가 있기 때문이다. 외국 땅에 있는 외국인이나 심지어 외국인이 미국인과 소통하는 경우조차 특별히 허락을 받을 필요가 없다. 마찬가지로 애국법에 대한 정부의 해석 때문에 NSA의 대량 메타데이터 수집은 한계가 없고 감독받지도 않는다. 이런 폭넓은 법 해석은 애초에 제정한 사람조차 법이 어떻게 이용되는지 알았을 때 충격을 받을 정도다.

NSA와 민간 기업 사이의 긴밀한 협조는 마이크로소프트와 관련된 문서에서 가장 잘 드러나는지도 모른다. 마이크로소프트는 스카이드라이브, 스카이프, 아웃룩닷컴을 포함해서 가장 많이 이용되는 온라인 서비스에 대한 접근권을 NSA에 주기 위해 적극적으로 노력했다.

스카이드라이브는 파일을 온라인에 저장하고 여러 장치에서 사용할 수 있게 해주는 서비스로, 전 세계적으로 2억 5,000만 명 이상이 이용한다. 스카이드라이브 웹사이트에는 이런 말이 있다.

> 고객이 클라우드에서 개인 데이터에 대한 접근에 대한 통제권을 갖는 것이 중요하다고 생각합니다.

하지만 NSA 문서에는 정부가 데이터에 대한 접근을 쉽게 하기 위해 마이크로소프트와 "수개월"간 협력한 사실이 상세하게 나와 있다.[24]

2011년 말 마이크로소프트는 스카이프를 인수했다. 스카이프는 인터넷을 기반으로 한 전화 및 채팅 서비스로 등록된 사용자 수가 6억 6,300만 명이 넘었다. 인수 당시 마이크로소프트는 "스카이프는 프라이버시와 개인 데이터, 트래픽, 통신, 콘텐츠의 비밀을 존중하기 위해 최선을 다합니다"라고 장담했다. 하지만 마이크로소프트는 정부가 이런 데이터에 손쉽게 접근할 수 있다는 사실을 알고 있었음이 틀림없다. 2013년 초 무렵 NSA 시스템에는 스카이프 사용자의 통신에 대한 접근이 차츰 향상되는 것을 자축하는 메시지가 많았다.[25]

이런 모든 협력은 투명하지 않게 실행되었을 뿐만 아니라 스카이프가 공언한 것과는 모순되었다. 미국시민자유연맹의 기술 전문가인 크리스 소고이언은 폭로 내용이 스카이프 고객 다수를 놀라게 할 것이라고 말했다.

> 과거 스카이프는 사용자들에게 자사 서비스에 대한 도청 방지를 적극적으로 약속했다. 마이크로소프트가 NSA와 은밀하게 협력한 사실은 프라이버시 문제에 있어서 구글과 경쟁하려는 선명한 노력과 앞뒤가 맞지 않는다.

2012년 마이크로소프트는 이메일 포털인 아웃룩닷컴의 업그레이드를 시작했다. 폭넓게 이용되는 핫메일을 포함해서 자사의 통신 서비스 전체를 하나의 중심 프로그램으로 통합하는 작업이었다. 마이크로소프트는 새로운 아웃룩이 프라이버시를 보호하기 위해 고급 암호화를 보장한다고 선전했고, "여러분의 프라이버시가 최우선입니다" 같은 슬로건으로 캠페인을 시작했다. NSA는 마이크로소프트가 아웃룩 고객들에게 제시한 암호화가 통신 활동에 대한 감시를 차단할 것을 우려했다. 2012년 8월 22일자 NSA 문서는 "이 포털의 사용은 여기서 작성한 이메일이 별도 설정 없이도 암호화된다는 의미"고, "여기에서 이루어지는 채팅도 송수신자 모두 마이크로소프트 암호화 채팅 클라이언트를 사용하는 경우 암호화된다"고 조바심을 냈다.

이런 걱정은 오래가지 않았다. 몇 달 내로, 양측은 머리를 맞대고 마이크로소프트가 프라이버시를 보호하기 위해 중요하다고 공개적으로 선전한 바로 그 보안 조치를 우회하는 방법을 마련했다.[26]

또 다른 문서는 이런 문제를 둘러싸고 마이크로소프트와 FBI 사이에 이루어진 더 긴밀한 협조를 보여준다. FBI도 새로운 아웃룩의 기능이 자신들의 감시 관행에 지장을 주지 않게 조치하려 했다.

> FBI의 데이터수집기술 부서는 아웃룩닷컴에 있는 추가적인 기능을 이해하기 위해 마이크로소프트와 협력하고 있음. 이런 기능은 사용자가 이메일 별명을 만들도록 하고, 이런 조치가 업무 과정에 영향을 미칠 수 있음. … 이런 문제를 완화하기 위해 별도의 다른 활동이 진행 중임.

스노든 파일에서 FBI 감시가 언급된 것은 한 번에 국한되지 않았다. 미국 정보기관 전체가 NSA가 수집한 정보에 접근할 수 있다. NSA는 수집한 방대한 데이터를 FBI와 CIA를 포함해서 다른 기관과 공유한다. NSA가 마구잡이로 자료를 수집하는 주요 목적은 다름이 아니라 정보기관끼리 정보 전파를 활성화하는 것이었다. 실제로 여러 수집 프로그램과 관련된 거의 모든 문서가 타 정보 조직이 관여한다는 사실을 언급한다. 프리즘 데이터의 공유에 관한 2012년 NSA 문서는 "프리즘은 팀 스포츠다!"라고 기쁘게 선언한다.[27]

업스트림(광섬유 케이블 도청)과 프리즘(인터넷 회사의 서버에서의 직접 수집)은 NSA 수집 활동의 대부분을 차지한다. 하지만 이런 광범위한 감시 외에도 NSA는 사용자를 감시하기 위해 개별 컴퓨터에 멀웨어(악성 소프트웨어)를 설치하는 CNE라는 것을 실행한다. 멀웨어 설치에 성공하는 경우 NSA 전문 용어로 해당 컴퓨터를 "소유"하는 것이 가능하다. 즉, 모든 키보드 조작과 화면 내용을 볼 수 있다. 이런 업무를 하는 TAO 부서는 사실상 NSA 소속의 사설 해커 조직이다.

이런 해킹 행위는 자체적으로 폭넓게 이루어진다. 한 NSA의 문서는 '퀀텀 인서트'를 통해 멀웨어를 적어도 5만 개에 달하는 개인 컴퓨터에 감염시키는 데 성공했다는 사실을 보여준다. 스노든 파일에는 이런 작전이 실행된 장소와 감염에 성공한 횟수가 나와 있다.[28]

〈뉴욕타임스〉는 스노든의 문서를 이용해서 NSA가 실제로 "전 세계에서 컴퓨터 약 10만 대"에 이런 특정 소프트웨어를 심었다고 보도했다. 멀웨어는 통상적으로 "컴퓨터 네트워크에 접근"해서 설치되지만, NSA는 인터넷에 연결되지 않더라도 침입해서 데이터를 바꿀 수 있는 비밀 기술 사용을 확대했다.

NSA는 광범위한 감시 시스템을 구축하기 위해 고분고분한 전화사업자와 인터넷 회사와의 협력 외에도 외국 정부와도 공모했다. 넓게 말하면 NSA와 외국과의 관계는 세 가지로 구분할 수 있다. 첫 번째는 파이브아이즈로, 미국은 파이브아이즈 회원국과 함께 스파이 활동을 하지만 해당 국가가 요청하는 경우가 아니면 그 나라에 대해서는 거의 수집하지 않는다. 두 번째는 NSA가 특정 감시 프로젝트에 대해 협력하는 동시에 해당 국가에 대한 스파이 활동도 광범위하게 하는 국가다. 세 번째는 미국이 일상적으로 감시하는, 사실상 전혀 협력하지 않는 국가다.

파이브아이즈 그룹 내에서 NSA와 가장 가까운 기관은 영국의 GCHQ다. 〈가디언〉지가 스노든이 제공한 문서를 바탕으로 보도했듯이 "미국 정부는 GCHQ의 수집 프로그램에 대한 접근을 보장하고 영향력을 행사하기 위해 지난 3년간 적어도 1억 파운드를 지불했다." 이런 비용 지불은 NSA의 감시 의제 지원에 대한 장려금이었다. GCHQ의 전략 브리핑 비밀 자료에는 "GCHQ가 소임을 다해야 하고, 그렇게 하는 것처럼 보여야 한다"라는 말이 언급되어 있다.

파이브아이즈 회원 기관들은 대부분의 감시 활동을 공유하고, 매년 신호개발회의에서 만나서 조직의 확장과 전년도의 성공을 자랑한다. 존 잉글리스 NSA 부국장은 파이브아이즈 동맹에 대해 "여러 면에서 공동으로 정보 활동을 하고, 특히 상호 이익을 위해 서로의 능력을 반드시 활용하도록 한다"고 말했다.

프라이버시 침해가 심한 감시 프로그램 중 대다수는 파이브아이즈 회원 기관에 의해 실시되고, GCHQ는 이런 프로그램의 상당수에 관여하고 있다. 그 가운데 특이 사항은 인터넷 뱅킹과 의료 기록 검색 등 개인의 인터넷 업무에 사용되는 통상적인 암호 기술을 해독하기 위한 GCHQ와 NSA의 연합 활동이다. 양 기관이 암호 시스템에 대한 백도어 설치에 성공하는 경우 개인의 사적인 거래를 엿볼 수 있을 뿐만 아니라, 시스템을 약화시켜서 악의적인 해커와 외국 정보기관에 더 취약하게 만든다.

또한 GCHQ는 전 세계 수중 광섬유 케이블을 통해 대량 통신 데이터 수집을 한다. 〈가디언〉은 GCHQ가 템포라라는 프로그램으로 "최대 30일까지 광섬유 케이블에서 대량으로 데이터를 수집하고 저장하는 능력"을 개발해서 "해당 자료를 정밀하게 조사하고 분석"할 수 있으며, "결과적으로 GCHQ와 NSA는 무고한 사람들 사이에서 이루어지는 대량의 통신에 접근하고 처리할 수 있다"고 보도했다. 수집된 데이터는 "전화 통화 기록, 이메일 메시지 내용, 페이스북에 게시한 글, 인터넷 사용자의 웹사이트 접속 기록" 등 모든 형태의 온라인 활동을 포함한다.

NSA만큼이나 모든 면에서 포괄적이고 무책임한 GCHQ의 감시 활동에 대해 〈가디언〉은 이렇게 지적했다.

> GCHQ의 야심이 얼마나 큰지는 가능한 많은 인터넷 및 전화 트래픽을 집어삼키는 것을 목표로 하는 '인터넷 장악'과 '글로벌 이동 통신 해킹'이라는 두 가지 핵심 요소의 명칭에 반영되어 있다. 이 모든 것들이 어떤 형태로든 대중의 인식이나 논쟁 없이 실행된다.

캐나다 역시 NSA의 매우 적극적인 파트너인 동시에 자체적으로 활발한 감시 능력을 갖고 있다. 2012년 신호개발 회의에서 CSEC(캐나다통신보안국. '씨섹'으로 읽음 - 옮긴이)은 캐나다 기업에 가장 큰 이해가 걸린 산업을 감독하는 브라질의 광산에너지부를 목표로 하고 있다는 사실을 자랑했다.[29]

CSEC이 NSA와 광범위한 협력을 하고 있다는 증거가 있다. 여기에는 NSA의 요청에 따라, 그리고 NSA를 위해 세계 도처에서 통신을 수집하고 NSA가 목표로 하는 무역 상대국가를 감시하기 위해 수집기지를 설치하려는 캐나다의 활동이 포함된다.[30]

파이브아이즈의 관계는 매우 긴밀해서 회원국 정부는 심지어 자국민의 프라이버시보다 NSA의 요구를 우선시한다. 예컨대, 〈가디언〉은 2007년에 작성된 한 문서에 대해 보도했는데, "이전에는 논의가 금지되었던 영국인에 관한 개인 데이터의 '원본 그대로' 보관하는 것을 NSA에 허용한" 협정에 대한 설명이었다. 더욱이 2007년 이 협정은 "NSA가 저인망으로 건져낸 모든 영국인의 휴대 전화와 팩스 번호, 이메일, IP 주소를 분석하고 보관하는 것을 허락하도록” 바뀌었다. 한 걸음 더 나아가 2011년 호주 정부는 NSA에 자국민에 대한 감시를 확대해줄 것을 명확하게 요청했다. 호주 DSD(국방신호국) 부국장 직무대리는 2월 21일 NSA의 신호정보국에 보낸 편지에서 호주가 “현재 호주 국내외 모두에서 활동하는 ‘자생적인’ 극단주의자의 사악하고 강력한 위협에 직면”하고 있다고 주장했다. 그러면서 정부가 의심하는 호주 국민의 통신 활동에 대한 감시 강화를 요청했다.

> 이러한 통신을 찾아서 개발하기 위해 상당한 수집 및 분석 노력을 기울였지만, 규칙적이고 믿을 만한 접근을 하는 데 있어서 우리가 직면한 어려움은 테러 행위를 발견하고 막는 능력에 영향을 미치고, 호주인 및 호주와 가까운 동맹국 국민의 생명과 안전을 보호하는 능력을 감소시킵니다.
>
> 우리는 인도네시아에 있는 주요 테러리스트를 목표로 한 미국의 수집에 대한 최소한의 접근권을 얻는 데 장기간 NSA와 매우 생산적인 협력 관계를 누렸습니다. 이런 접근권은 우리 지역에서 활동하는 테러리스트의 작전 능력을 억제하고 와해시키려는 DSD의 노력에 결정적이었으며, 최근 발리 폭파범인 우마르 파텍을 체포한 사례가 이를 잘 보여줍니다.
>
> 국제적 극단주의자들의 활동과 관련된 호주인, 특히 알 카에다 아라비아반도지부와 관련된 호주인의 수가 증가하는 상황을 처리하기 위해 NSA와 파트너십을 확대할 기회를 갖게 되면 기쁘겠습니다.

파이브아이즈 외에 NSA의 다음 단계 협력은 "B급" 동맹국이다. 이 국가들은 NSA와 다소 제한적으로 협력하고, 자국 또한 적극적이고 원치 않는 감시의 대상이 된다. NSA는 이런 두 단계 동맹국을 명확하게 구분했다(대한민국도 B급 동맹국에 해당 - 옮긴이).[31]

2013 회계 연도의 「외국 파트너 리뷰」라는 좀 더 최근의 NSA 문서는 NSA가 나토 같은 국제 기구를 포함해서 협력국을 확대하고 있다는 사실을 보여준다. 여기서는 앞서 말한 B급 국가를 "제3자"라고 언급하고 있다.[32]

GCHQ와 마찬가지로, NSA는 특정 기술의 개발과 감시 참여에 대한 대가를 지불함으로써 이런 협력 관계를 유지하고, 이를 통해 감시의 실행 방향을 관리할 수 있다. 2012 회계 연도의 「외국 파트너 리뷰」는 캐나다, 이스라엘, 일본, 요르단, 파키스탄, 대만, 태국을 포함한 여러 국가가 이런 대금을 받았다는 사실을 보여준다.[33]

특히 NSA는 파이브아이즈 회원국보다 더 친밀하지는 않더라도 그에 못지않은 관계를 이스라엘과 유지한다. NSA가 이스라엘 정보기관과 맺은 양해 각서는 미국이 미국인들의 통신을 포함한 원천 정보를 이스라엘 정보기관과 일상적으로 공유하는 독특한 조치를 어떻게 취하는지에 잘 나와 있다. 이스라엘에 제공한 데이터 중에는 "검토하지 않은 원본 그대로의 통신 내용, 요약, 팩시밀리, 텔렉스, 음성, 미국 국가정보국의 메타데이터와 콘텐츠가 있다."

이런 활동을 특히 어처구니없게 만드는 것은 데이터를 법이 요구하는 '최소화' 과정을 거치지 않고 이스라엘 측에 보낸다는 사실이다.

최소화 과정은 NSA의 매우 폭넓은 가이드라인조차 수집을 허용하지 않는 통신 데이터를 쓸어 담을 때, 이런 데이터가 가능하면 삭제되고 추가적으로 전파되지 않도록 하는 조치다. 법에 명시되어 있듯이, 최소화 조건에는 "중요한 외국 정보 자료" 또는 "범죄 증거"를 제외하는 것을 포함해서 이미 빠져나갈 구멍이 있다. 하지만 데이터를 이스라엘 정보기관에 전파하는 데 있어서, NSA는 이런 법적 의무를 한꺼번에 생략한 것이 분명했다. 문서는 딱 잘라서 이렇게 말한다. "NSA는 정기적으로 ISNU(이스라엘신호정보국)에 최소화한 데이터와 최소화하지 않은 원천 수집 데이터를 보낸다."

NSA 문서는 어떻게 한 국가가 감시 활동의 파트너인 동시에 감시의 대상이 되는지 잘 보여준다. 또한 이스라엘과의 협력 역사를 이야기하면서 "이전의 ISR(정보감시정찰) 작전을 중심으로 한 신뢰 문제"를 지적하고, 이스라엘을 미국을 겨냥하는 아주 공격적인 감시국가 중 하나로 파악했다.[34]

같은 보고서는 미국과 이스라엘 정보기관 사이의 긴밀한 관계에도 불구하고 미국은 이스라엘에 방대한 정보를 제공하는 데 비해 얻는 정보가 거의 없다고 했다. 이스라엘 측은 자국에 도움이 되는 데이터를 수집하는 데에만 관심을 갖고 있다. NSA가 불평했듯이, 양측의 협력 관계는 "거의 전적"으로 이스라엘의 필요에 맞게 설계되었다.

> 미국과 이스라엘 사이의 신호정보 교환의 균형을 맞추는 일에 대해 지속적인 저항이 있음. 지난 10년간, 이스라엘의 안보에 유리한 방

> 향으로 심하게 기울어진 것이 거의 틀림없음. NSA의 유일하고 진정한 제3자 대테러 관계가 파트너 측의 필요에 따라 거의 전적으로 주도되는 가운데 9·11 테러가 벌어졌음.

파이브아이즈 파트너와 이스라엘 같은 2급 국가보다 더 낮은 단계인 3급 국가는 감시 대상일 뿐 NSA와 전혀 협력하지 않는다. 여기에는 예상대로 중국, 러시아, 베네수엘라, 시리아 같은 적성국으로 판단되는 정부가 포함된다. 하지만 3급 국가에는 브라질, 멕시코, 아르헨티나, 케냐, 남아프리카처럼 통상적으로 우방국에서부터 중립국까지 포함되어 있다.

NSA 폭로가 처음 나왔을 때, 미국 정부는 외국인과 달리 미국인들은 무영장 감시에서 보호된다고 주장하면서 자신들의 행위를 두둔하려 했다. 2013년 6월 18일 오바마 대통령은 토크쇼 진행자인 찰리 로즈에게 이렇게 말했다.

> 제가 확실하게 말씀드릴 수 있는 것은 미국인의 경우, NSA는 법과 규정에 따라서, 법원에서 영장을 받고 개연성 있는 혐의를 발견하지 못한 경우, 전화 통화를 감청할 수 없습니다. 과거에도 그랬고 지금도 마찬가집니다.

공화당 하원 정보위원장인 마이크 로저스도 CNN 방송에서 NSA는 "미국인의 전화 통화를 엿듣지 않습니다. 그랬다면 불법입니다. 법을 어기는 겁니다"라고 비슷한 말을 했다.

두 사람의 말은 다소 이상한 변명이다. 사실상 이런 진술은 NSA가 다른 국가를 상대로 프라이버시를 실제로 침해하는 반면, 미국인의 프라이버시는 확실히 보호한다는 말이다. 이런 메시지는 국제 사회의 분노를 불러일으켜서 프라이버시에 대한 열성적인 지지자로 알려지지 않은 페이스북의 CEO인 마크 저커버그조차 미국 정부가 NSA 스캔들에 대응하는 과정에서 국제적인 인터넷 기업들의 이익을 위태롭게 함으로써 "일을 망쳤다"고 불평했다.

> 정부가 "걱정 마세요 미국인은 감시하지 않으니까"라고 말했습니다. 멋지군요. 전 세계인들과 함께 일하려고 하는 회사들에 정말 도움이 되는 말입니다. 앞장서서 확실한 태도를 보여줘서 고맙습니다. 정말 끔찍한 발언인 것 같습니다.

당국의 주장은 이상한 전략일 뿐만 아니라, 확실히 잘못된 것이다. 오바마 대통령과 정부 고위 관료들의 반복적인 부인과는 반대로, NSA는 감시를 정당화할 "그럴듯한 근거"가 있는 개별 영장 없이 미국인들의 통신 활동을 지속적으로 수집한다. 앞서 언급했듯이, 그 이유는 2008년 해외정보감시법이 외국에 있는 감시 대상과의 통신이기만 하면 미국인의 통신 내용도 개별 영장 없이 감시할 수 있게 했기 때문이다. 미국인을 감시하는 것이 마치 일종의 사소한 사고인 것처럼 NSA는 이를 "우발적" 수집이라고 부른다. 미국시민자유연맹의 법무담당관인 자멜 재퍼의 설명처럼 그 의미는 기만적이다.

> 정부는 미국인의 통신 활동에 대한 감시가 "우발적"이라고 흔히 말한다. 이런 발언은 미국인의 전화 통화와 이메일에 대한 NSA의 감시가 우연히 벌어지고, 심지어 정부가 유감스러워하는 것처럼 들린다.
> 하지만 부시 행정부의 관리들이 이런 새로운 감시 능력을 의회에 요구했을 때, 미국인들의 통신이 자신들이 가장 관심을 갖는 통신이라고 아주 명백하게 말했다. 예컨대, 2006년 21세기를 위한 해외정보감시법을 주제로 한 제109회 상원 법사위원회 청문회에서 마이클 헤이든은 "미국인과 소통하는" 특정 통신은 "우리에게 가장 중요하다"고 진술했다.
> 2008년 해외정보감시법의 주목적은 정부가 '미국인'의 국제 통신을 수집하고, 통신 활동 당사자들이 불법 활동을 하는지 여부와 상관없이 수집할 수 있도록 하는 것이다. 정부의 여러 변명은 그런 사실을 모호하게 하려는 것이지만, 정부가 미국인의 통신을 대량으로 수집하기 위해 미국인을 '목표로 할' 필요가 없다는 점은 매우 중요하다.

예일대 법학 교수인 잭 볼킨은 2008년 해외정보감시법이 조지 부시가 은밀하게 실행했던 "무영장 감시 프로그램과 동일한" 프로그램을 실행할 권한을 대통령에게 주었다는 데 동의했다. "이런 프로그램은 불가피하게 테러리즘이나 알 카에다와 전혀 관계가 없을지도 모르는 미국인들의 여러 전화 통화를 포함할 수 있다."

오바마 대통령의 주장을 더 의심스럽게 만드는 것은 NSA가 제출한 거의 모든 감시 요구를 승인한 해외정보감시법원의 저자세다. NSA를 옹호하는 사람들은 흔히 해외정보감시법원의 절차가 NSA가 효과적인 감독 아래 있다는 증거라고 선전한다. 하지만 해외정보감시법원은 정부의 힘을 제대로 견제하기 위해서라기보다, 1970년대에 드러난 감시 남용에 대한 대중의 분노를 달래기 위한 개혁의 외피를 제공하는 겉만 번지르르한 대책으로 만들어졌다.

감시 남용의 진정한 견제 장치로서 이 제도는 확실히 무용지물이다. 왜냐하면 해외정보감시법원은 사실상 우리 사회가 일반적으로 사법 체계의 최소 요소로 이해하는 모든 속성을 갖고 있지 않기 때문이다. 철저하게 보안이 유지되고 일방만이, 즉 정부에만 공판 참가와 의견 진술이 허용된다. 판결은 자동적으로 일급비밀로 지정된다. 수년간 해외정보감시법원은 법무부에 위치했는데, 이런 사실은 진정한 감독권을 행사하는 독립된 사법 기관이라기보다 행정부의 일부로 기능하는 해외정보감시법원의 역할을 분명하게 보여준다.

그 결과는 뻔했다. 해외정보감시법원은 미국인을 감시 목표로 삼은 NSA의 특정한 신청을 거부한 적이 거의 없었다. 애초부터 해외정보감시법원은 본질적으로 거수기나 다름없었다. 1978년 설립 이후 2002년까지 24년간 수천 건을 승인하면서도 단 한 건의 신청도 거부하지 않았다. 2012년까지 뒤이은 10년간 11건을 거부했지만, 전체적으로 2만 건이 넘는 요청을 승인했다.

2008년 해외정보감시법의 조항 중 하나는 행정부가 법원이 받은 감청 신청과 승인, 변경, 또는 거부 횟수를 매년 의회에 제시하도록 하고 있다. 2012년 자료는 법원이 전자 감시 신청에 대해 1,788건을 일일이 승인한 반면, "변경", 즉 범위 축소는 단 40건으로 3퍼센트도 되지 않는다는 사실을 보여준다.

2011년도 별로 다르지 않았다. 이때 NSA는 법원에 1,676건을 신청해서 이 중 30건만 변경 지시를 내려서 "전체적으로든 부분적으로든 거부하지 않았다."

NSA에 대한 해외정보감시법원의 저자세는 다른 통계에서도 나타난다. 예컨대, 아래 표는 지난 6년간 애국법을 근거로 미국인의 전화, 금융 또는 의료 관련 업무 기록을 수집하기 위해 NSA가 제출한 여러 건의 요청에 대한 해외정보감시법원의 처리 결과로, 거부된 사례가 단 한 건도 없음을 알 수 있다.

연도	미국 정부의 요청 횟수	법원의 거부 횟수
2005	155	0
2006	43	0
2007	17	0
2008	13	0
2009	21	0
2010	96	0
2011	205	0

* 출처 : 국가정보국, 2013년 11월 18일

따라서 누군가의 통신을 목표로 삼기 위해 해외정보감시법원의 승인이 필요한 한정된 사례에서, 승인 과정은 NSA에 대한 의미 있는 견제라기보다 요식 행위에 가깝다.

NSA에 대한 또 다른 감독은 외견상 의회의 정보위원회에 의해 이루어진다. 이런 절차는 1970년대 감시 스캔들의 여파로 정해졌지만, 해외정보감시법원보다 더 무기력하다. 정보위원회는 정보기관에 대해 "방심하지 않는 의회의 감독"을 이행해야 하지만, 해당 위원회는 현재 NSA를 가장 열성적으로 지지하는 의원인 민주당의 다이앤 파인스타인 상원의원과 공화당의 마이크 로저스 하원의원이 이끌고 있다. 정보위원회는 NSA의 작전에 대해 어떤 종류의 비판적인 견제를 하기보다는 주로 NSA가 하는 모든 일을 변호하고 정당화한다.

2013년 12월 〈뉴요커〉의 라이언 리자가 말했듯이 정보위원회는 감독하기보다는 "정보 분야 고위 관리를 인기 배우를 대하듯 한다." NSA의 활동에 관한 정보위원회의 공청회를 관람한 사람들은 상원의원들이 자신들 앞에 나타난 NSA 관리들에게 질의를 하는 모습에 충격을 받았다. '질의'라는 것이 단지 상원의원들의 9·11 테러에 대한 회고와 앞으로 공격을 막기 위해 NSA의 임무가 얼마나 중요한지에 대해 장광설을 늘어놓는 것이나 다름없었다. 위원회 소속 의원들은 관리들을 추궁하고 감독 의무를 이행할 기회를 거부하는 대신 NSA 편에 서서 선전을 했다. 이런 광경은 지난 10년간 정보위원회의 진짜 기능을 완벽하게 포착한 것이다.

실제로 상하원 정보위원회의 위원장들은 가끔 NSA 관리보다 훨씬 더 적극적으로 NSA를 변호한다. 2013년 8월 민주당의 앨런 그레이슨 플로리다 주 의원과 공화당의 모건 그리피스 버지니아 주 의원은 내게 찾아와서는 하원 정보위원회가 자신들을 비롯한 의원들이 NSA에 관한 아주 기본적인 정보에 접근하는 것마저 차단한다고 불평했다. 두 의원은 로저스 위원장의 비서관에게 보낸, 미디어에서 회자되는 NSA 프로그램에 대한 정보를 요구하는 편지를 각자 내게 보냈다. 이런 요청은 반복적으로 거부되었다.

스노든 폭로 뒤에 오랫동안 감시 남용에 대해 우려해온 양당의 상원의원들은 NSA의 힘에 제대로 제동을 걸 법안을 마련하는 활동을 시작했다. 하지만 민주당 오리건 주 상원의원인 존 와이든이 이끈 이런 개혁파는 얼마 안 가 암초에 부딪혔다. 상원에 있는 NSA 옹호자들이 개혁의 탈만 쓰고서 실제로는 NSA의 힘을 유지하거나 심지어 확대하는 법안 마련을 통해 반격한 것이다. 웹진인 〈슬레이트〉의 데이브 바이겔은 이런 보도를 했다.

> NSA의 대량 데이터 수집과 감시 프로그램을 비판하는 사람들은 의회의 복지부동에 대해 전례 없이 우려하고 있다. 이들은 의회가 개혁처럼 보이는 뭔가를 생각해내리라고 기대했지만, 의회는 폭로되고 웃음거리가 된 관행을 사실상 성문화하고 눈감아주었다. 2001년 애국법에 대한 모든 개정과 재승인은 장벽이 아니라 빠져나갈 구멍을 더 많이 만들었다.
>
> 지난달 오리건 주의 론 와이든 상원의원은 다음과 같이 경고했다.

"우리는 정부의 정보 분야 고위층의 유력 인사와 씽크탱크와 학계에 있는 이들의 우군, 전직 정부 관리, 정부에 동조하는 의원들로 구성된 '현상 유지 부대'에 맞서게 될 것입니다. 이들의 최종 단계는 모든 감시 개혁을 최소화하는 것입니다. … 실제로 프라이버시를 보호하지 못하는 프라이버시 보호법은 제정할 가치가 없습니다."

이런 '가짜 개혁파'를 이끄는 인물은 다이앤 파인스타인이다. 파인스타인은 다름 아닌 NSA에 대한 주요 감독을 맡고 있는 상원의원으로 이라크 전쟁을 열렬하게 찬성했고, 부시 시절 NSA 프로그램을 확고하게 후원하는 등 오랫동안 미국 국가 안보 산업의 헌신적인 충신 노릇을 한 인물이다(한편 파인스타인의 남편은 군과 관련된 여러 계약에 지분을 많이 갖고 있다). 다이앤 파인스타인은 정보기관을 감독한다고 주장하는 위원회를 책임졌지만, 수년간 이런 책임과는 상반된 활동을 해왔다.

따라서 정부의 모든 부인에도 불구하고 NSA는 자신들이 누구를 어떻게 감시하는지에 대한 충분한 제약을 받지 않고 있다. 명목상으로 존재하는 그런 제약이 있어도 미국인들이 감시의 대상이 된다면 그런 절차는 대개 무의미해진다. NSA는 확실히 불량 기관이다. 매우 미약한 통제를 받으면서 최소한의 투명성과 책임으로 원하는 것이 무엇이든 실행할 힘을 갖고 있다.

아주 넓게 말하면 NSA는 콘텐츠와 메타데이터라는 두 종류의 정보를 수집한다. 여기서 '콘텐츠'는 실제로 전화 통화를 듣고 이메일, 인터넷 채팅 내용을 읽는 것뿐만 아니라 브라우징 기록과 검색 활동 같은 인터넷 활동을 확인하는 것을 말한다. 반면 '메타데이터'는 이런 통신에 관한 데이터를 축적하는 것과 관련이 있다. NSA는 이를 두고 "콘텐츠에 대한 정보(콘텐츠 자체는 아님)"라고 한다.

예컨대 이메일 메시지에 대한 메타데이터는 송수신자, 보낸 날짜, 송신 장소 같은 기록이다. 전화 통화의 경우 전화를 건 사람과 받은 사람의 전화번호, 통화 시간과 장소, 통화에 이용된 기기의 유형이 포함된 정보다. 전화 통화에 관한 어느 문서에서 NSA는 자신들이 접근해서 저장하는 메타데이터를 대략적으로 설명했다.[35]

미국 정부는 스노든 자료로 밝혀진 감시의 대부분이 "콘텐츠가 아닌, 메타데이터" 수집과 관련된 것이라고 주장했다. 이런 종류의 스파이 활동이 프라이버시 침해가 아니거나, 혹은 적어도 콘텐츠를 수집하는 것과 같은 수준은 아니라고 말하려 한 것이다. 다이앤 파인스타인은 〈USA투데이〉에서 모든 미국인의 전화 기록에 관한 메타데이터 수집이 "어떤 통신의 콘텐츠를 수집하는 것이 아니기 때문에 감시가 아니다"라고 못을 박았다.

이런 솔직하지 않은 주장은 메타데이터 감시가 적어도 콘텐츠 수집만큼이나 프라이버시 침해가 심하고, 많은 경우 그 이상일 수 있다는 사실을 호도한다. 정부가 전화 송수신자와 정확한 통화 시간뿐만 아니라 이메일을 주고받는 모든 사람과 송신 위치를 파악하는 경우, 가장 사적인 정보를 일부 포함해서 어떤 사람의 삶, 인간관계, 활동에 관한 놀랍도록 포괄적인 그림을 그릴 수 있다.

미국시민자유연맹이 제출한 진술서에서 프린스턴 대학의 컴퓨터공학과 교수인 에드워드 펠튼은 NSA의 메타데이터 수집 프로그램의 합법성을 문제 삼으면서 왜 메타데이터 감시가 특별히 프라이버시 침해가 심할 수 있는지 설명했다.

> 다음과 같은 상황을 가정해봅시다. 한 젊은 여성이 산부인과 의사에게 전화를 겁니다. 다음에는 어머니와 통화를 합니다. 또한 지난 몇 달간 11시 이후에 반복적으로 전화 통화를 한 남성에게 전화를 겁니다. 그런 다음 낙태를 제안하는 가족계획센터에 전화를 겁니다. 이 경우 한 차례 전화 통화 기록을 확인해서는 분명하지 않은 이야기를 개연성 있게 구성할 수 있습니다.

한 번의 전화 통화라도 통화 내용보다 메타데이터가 더 많은 정보를 담을 수 있다. 어떤 여성이 낙태시술소와 통화한 내용을 엿듣는 것은 누군가가 포괄적으로 들리는 기관과의 약속을 확인하는 것에 불과할 수 있다. 하지만 메타데이터는 이보다 더 많은 사실, 즉 전화를 받은 사람의 정체를 알 수 있다.

결혼정보회사, 동성애자센터, 마약중독클리닉, 에이즈 전문의 또는 자살상담소에 전화하는 경우도 마찬가지다. 메타데이터는 억압적인 정권에서 인권 운동가와 밀고자 사이의 대화, 또는 비밀 소식통이 저널리스트에게 고위층의 비리를 폭로하는 내용을 밝힐 수 있다. 누군가 밤늦게 배우자가 아닌 사람에게 자주 전화를 걸면, 메타데이터는 그런 사실도 알려준다. 어떤 사람이 누구와 얼마나 자주 통신을 하는지 뿐만 아니라, 그 사람의 친구와 동료가 소통하는 모든 대상이 누군지도 기록해서 한 사람이 지닌 연락망의 포괄적인 그림을 그려준다.

펠튼 교수가 말하듯, 언어적 차이와 종잡을 수 없는 대화, 속어 또는 암호 사용을 비롯해서 의도적이거나 우연히 뜻을 애매하게 만드는 속성 때문에 실제 대화를 엿듣는 일은 몹시 어려울 수 있다. "통화 내용은 체계적이지 않기 때문에 자동화된 방식으로 분석하기가 훨씬 더 어렵다." 반면, 메타데이터는 수학과 같아서 깔끔하고 정확하고 쉽게 분석된다. 펠튼 교수는 메타데이터를 두고 "콘텐츠의 대용물"이라고 흔히 말한다.

> 전화 통신 메타데이터는 어떤 사람의 습관과 인간관계에 대해서 엄청난 양의 정보를 확인할 수 있게 해준다. 통화 패턴은 언제 일어나고 잠자는지, 종교가 무엇인지, 안식일에는 정기적으로 통화를 하지 않는지, 또는 크리스마스에는 통화를 많이 하는지 알려준다. 또한 어떤 습관과 사회적 적성이 있는지, 친구가 몇 명인지, 심지어 어떤 단체나 정당에 가입되어 있는지도 알려준다.

요컨대, 펠튼 교수는 이렇게 말했다.

> 대량 수집은 정부가 더 많은 사람에 관한 정보를 알 수 있게 해줄 뿐만 아니라, 소수의 특정 개인에 관한 정보를 수집함으로써 이전에는 알 수 없었던 새롭고 사적인 사실들을 알 수 있게 해준다.

정부가 이렇게 민감한 정보를 검색할 수 있다는 점을 남용하는 문제에 대한 우려는 정당화될 수 있다. 그 이유는 오바마 대통령과 NSA의 반복적인 주장과 달리 상당수 활동이 테러 방지 활동, 혹은 심지어 국가 안보와 관련이 없는 것이 이미 분명하기 때문이다. 스노든 자료에 등장하는 많은 프로그램은 경제 스파이 활동이라고밖에 할 수 없는 내용이었다. 브라질의 거대 정유 회사인 페트로브라스, 라틴 아메리카 경제 회의, 베네수엘라와 멕시코에 있는 에너지 회사를 겨냥한 도청 및 이메일 수집, 브라질 광산에너지부를 비롯한 여러 나라의 에너지 회사에 대한 캐나다, 노르웨이, 스웨덴 같은 NSA 동맹들의 감시 행위는 전부 경제 스파이 활동이다.

NSA와 GCHQ가 제시한 어떤 놀랄 만한 문서는 경제적인 성격이 분명한 여러 감시 목표를 세부적으로 말해주었는데, 여기에는 페트로브라스, 스위프트 뱅킹 시스템, 러시아 정유 회사인 가스프롬, 러시아 항공사인 아에로플로트가 포함되었다.[36]

수년간 오바마 대통령과 정부 고위층 관료들은 중국이 경제적 이득을 위해 감시 능력을 사용한다고 맹비난하면서도, 미국과 미국의 우방국들은 그런 짓을 결코 하지 않는다고 주장했다. 〈워싱턴포스트〉는 NSA 대변인의 이메일 성명서를 인용해서 NSA가 소속된 국방부는 "컴퓨터 네트워크 개발에 관여하는 것"은 사실이지만, "'사이버'를 포함한 어떤 영역에서도 경제적 스파이 활동에 관여하지 않는다"라고 보도했다(NSA는 성명서에서 "않는다"는 말을 강조하기 위해 "***not***"으로 표기했다).

NSA가 자신들이 부인한 것과는 달리 명확하게 경제적 목적을 위해 스파이 활동을 벌인다는 사실은 NSA 자체 문서에 의해 입증된다. NSA는 자신들이 "수요자"라고 부르는 대상을 위해 활동한다. 이런 수요자에는 백악관, 국무부, CIA뿐만 아니라 미국 통상대표부, 농림부, 재무부, 상무부 같은 경제 부서도 주로 포함된다.[37]

블라니 프로그램에 관한 설명에서 NSA는 "수요자"에게 제공하는 정보의 종류를 "핵 확산 대응", "대테러", "외교", "경제" 순으로 열거했다.[38]

NSA가 경제에 관심을 보인다는 또 다른 증거는 2013년 2월 2일에서 8일에 해당하는 주의 "보고 주제"의 "샘플"을 보여주는 프리즘 문서에 나온다. 여러 국가에서 끌어모은 정보의 유형을 보여주는 목록에는 경제와 금융 항목이 확실하게 포함되어 있는데, 그중에는 "에너지", "무역", "석유"도 보인다.[39]

2006년 ISI 부서의 글로벌역량관리자가 작성한 문서는 일본, 독일, 브라질, 벨기에 같은 여러 나라를 상대로 한 경제 및 무역 스파이 활동을 적나라하게 설명해준다.[40]

〈뉴욕타임스〉는 스노든이 폭로한 다수의 GCHQ 문서에 대해 보도하면서 NSA의 감시 목표에 금융 기관과 "국제 원조 기구의 수장, 외국 에너지 기업, 미국 기술 산업과 반독점 싸움에 휘말린 유럽연합 관계자"가 주로 포함되었다고 지적했다. 또한 미국과 영국의 정보기관이 "유럽연합의 고위 관리, 아프리카 국가의 정상을 포함한 외국의 지도자와 때로는 이들의 가족, 유엔 및 국제 원조 프로그램의 책임자, 석유와 재무를 감독하는 관리들의 통신을 감시했다"고 덧붙였다.

경제 스파이 활동을 하는 이유는 명확하다. 미국이 경제 무역 회담을 하는 동안 NSA를 이용해서 다른 국가가 구상한 전략을 엿듣는다면 미국 산업에 엄청난 이익을 줄 수 있다. 예컨대, 2009년 토머스 섀넌 국무부 차관보는 키스 알렉산더 NSA 국장에게 제5차 미주정상회담과 관련에서 국무부가 받은 "탁월한 신호정보 지원에 대해 감사와 축하"를 전하는 편지를 썼다. 미주정상회담은 경제 문제 협상에 중점을 둔 행사였다. 편지에서 섀넌 차관보는 NSA의 감시가 다른 나라에 비해 협상의 우위를 제공한 사실을 구체적으로 언급했다.

> 우리가 받은 100건 이상의 NSA 보고서는 회담에 참석한 다른 국가의 계획과 의도에 관한 깊은 이해를 제공했고, 쿠바와 같이 논란의 여지가 있는 이슈를 어떻게 다루고, 차베스 베네수엘라 대통령 같은 까다로운 상대와 어떻게 대화할지에 관해서 오바마 대통령과 클린턴 국무장관에게 잘 준비된 건의를 할 수 있게 했습니다.

"정치적 문제"를 언급한 문서가 보여주듯이, NSA는 외교 스파이 활동에도 경제 스파이 활동 못지않게 주력한다. 특히 어처구니없는 2011년의 사례는 NSA가 어떻게 두 명의 라틴아메리카 지도자를 겨냥했는지 보여준다. 자료에 따르면 지우마 호세프 브라질 대통령과 대통령의 "핵심 자문", 그리고 2011년 당시 유력한 멕시코의 대선 주자이자 현 대통령인 엔리케 페나 니에토와 "아홉 명의 측근"에 대해 특별히 프라이버시 침해가 심한 감시 활동을 "급증"시켰다. 해당 문서에는 니에토와 "측근"이 주고받은 문자 메시지의 일부를 수집한 내용이 특별히 포함되어 있다.[41]

왜 NSA가 브라질과 멕시코의 정치 지도자를 목표로 삼았는지 의문을 품을 수 있다. 두 국가 모두 석유 자원이 풍부하다. 라틴아메리카 지역에서 넓은 면적을 자랑할 뿐만 아니라 영향력 있는 존재다. 미국의 적성국가와는 거리가 멀지만, 아주 가깝고 신뢰하는 동맹국은 아니다. 실제로 「도전 식별 : 지정학적 트렌드 2014-2019」라는 이름의 NSA 기획 문서는 멕시코와 브라질을 "우방, 적국, 또는 문제 국가?"라는 머리글 아래에 나열했다. 이런 국가에는 이집트, 인도, 이란, 사우디아라비아, 소말리아, 수단, 터키, 예멘이 포함되었다.

궁극적으로 다른 모든 사례처럼, 이 경우도 어떤 특정한 목표에 관한 의문은 잘못된 전제를 바탕으로 한다. 즉, NSA는 사람들의 사적인 통신을 수집하기 위해 어떤 특정한 이유나 근거가 필요하지 않다. NSA의 임무는 전부 수집하는 것이다.

외국 정상에 대한 NSA의 스파이 활동보다 오히려 더 중요한 것은 모든 사람에 대한 무영장 대량 감시다. 수 세기에 걸쳐 각국은 동맹을 비롯해 타국의 정상에 대해 감시 활동을 해왔다. NSA가 수년간 앙겔라 메르켈 독일 총리의 개인 휴대폰을 목표로 삼은 사실이 드러난 뒤에 격렬한 항의가 있긴 했어도 특별한 일은 아니다.

더 놀라운 사실은 NSA가 수억 명에 달하는 외국인을 감시하고 있다는 폭로에 대해 해당 국가의 정치 지도자들이 거의 반대 목소리를 내고 있지 않다는 점이다. 지도자들은 자국민뿐만 아니라 자신도 목표가 되었을 경우에만 제대로 된 분노를 쏟아냈다.

그럼에도 불구하고 NSA가 실시한 외교적 감시 활동의 규모는 이례적이고 주목할 만하다. 예컨대, 외국 정상 외에도, 미국은 외교적 이익을 위해 유엔 같은 국제기구에 대해서도 광범위한 감시 활동을 했다. 2013년 4월의 SSO 브리핑 자료는 오바마 대통령과의 회담이 있기 전에 유엔 사무총장이 제시할 의제를 파악하기 위해 NSA가 어떻게 자체 프로그램을 이용했는지 보여준다.[42]

여러 다른 문서에는 당시 유엔 대사였고 현재 오바마 대통령의 안보보좌관인 수전 라이스가 협상 전략을 알아내기 위해 핵심 회원국의 내부 논의에 대한 스파이 활동을 NSA에 얼마나 반복적으로 요청했는지 상세하게 나와 있다. 2010년 5월 SSO 보고서는 유엔에서 논의된 대이란제재결의안과 관련해서 이런 과정을 설명해준다.[43]

2010년 8월에 작성된 이와 유사한 감시 관련 문서는 미국이 이란 제재에 관한 뒤이은 결의안과 관련해서 유엔 안보리의 여덟 개 이사국을 감시한 사실을 보여준다. 여기에는 프랑스, 브라질, 일본, 멕시코가 포함되는데, 모두 우방국으로 여겨지는 국가들이다. 이런 스파이 활동은 해당 국가의 표결 의도에 관한 소중한 정보를 미국에 제공했고, 다른 유엔 안보리 이사국과 대화를 할 때 우위를 차지하게 했다.[44]

외교 스파이 활동을 촉진하기 위해 NSA는 아주 가까운 우방국의 대사관과 영사관에 여러 형태로 접근했다. 2010년의 한 문서는 NSA의 수집 대상이 된, 미국 내에 외교 공관이 있는 국가의 명단을 나열했다. 마지막에 제시된 용어 해설은 수집에 동원된 다양한 감시의 형태를 설명해준다(스노든 파일에 따르면 주미 유엔 한국 대사관도 '컴퓨터 스크린 수집' 형태로 감시 대상이 되었다 - 옮긴이).[45]

NSA가 사용하는 일부 방법은 경제, 외교, 안보 등 모든 부문에서 이익을 얻게 해준다. 이런 방법은 NSA가 갖고 있는 프로그램 가운데 가장 침해가 심하고 위선적이다. 수년간 미국 정부는 중국제 라우터를 비롯한 인터넷 장치가 "위협"이 된다고 전 세계에 요란하게 경고했다. 백도어 감시 기능을 심어두어서 중국 정부가 해당 장비를 사용하는 모든 사람을 감시할 수 있다는 이유에서다. 하지만 NSA 문서는 미국이 중국 정부가 저지른다고 비난하는 바로 그 행위에 미국도 관여한 사실을 보여준다.

중국제 인터넷 장비에 대한 미국의 떠들썩한 비난은 수그러들 줄 몰랐다. 예컨대, 2012년 마이크 로저스 의원이 이끄는 하원 정보위원회가 작성한 보고서는 중국의 2대 통신 장비 업체인 화웨이와 ZTE가 "미국법을 위반하고 있을 수" 있고, "미국의 법적 의무 또는 업계의 국제 표준을 따르지" 않았다고 주장했다. 해당 위원회는 "중국 통신 기업에 의해서 미국 통신 시장이 지속적으로 침투당하는 상황을 미국이 의심해봐야 한다"고 제안했다.

로저스 위원장이 이끈 정보위원회는 두 회사가 자사의 라우터를 비롯한 그 밖의 시스템에 감시 장치를 심었다는 실질적인 증거는 없다고 인정했다. 하지만 두 회사가 중국의 국가적 감시를 가능하게 한다는 우려의 목소리를 냈다. 그럼에도 불구하고, 두 회사가 협조하지 않았다고 언급하면서 미국 회사가 이 회사들의 제품을 구입하지 말 것을 촉구했다.

> 미국의 민간 기업에 화웨이 및 ZTE와 함께 장비 및 서비스 사업을 하는 데 따른 장기적인 보안 위험성을 고려할 것을 강력하게 권장한다. 미국 네트워크 공급자와 시스템 개발사에는 자사 프로젝트에 대해 다른 판매 회사를 찾을 것을 강력하게 권장한다. 가용한 비밀 및 일반 정보를 근거로, 화웨이와 ZTE는 외국의 영향에서 자유롭다고 장담할 수 없고, 따라서 미국과 미국 시스템에 보안상 위협이 된다.

2013년 11월 이 같은 비난을 큰 부담으로 여긴 69세의 런정페이 화웨이 CEO는 미국 시장을 포기한다고 발표했다. 〈포린폴리시〉가 보도했듯이, 런정페이는 프랑스 신문에 이렇게 말했다. "화웨이가 미국-중국 관계에 끼어서 문제가 발생한다면, 그럴 필요가 없습니다."

하지만 미국 회사가 신뢰할 수 없는 중국 라우터를 멀리하라는 경고를 받는 동안, 외국 기관은 미국산 라우터를 조심하는 편이 좋았다. 2010년 6월 NSA 접근목표개발 부서의 부서장이 작성한 보고서는 충격적일 만큼 노골적이다. NSA는 미국에서 수출하는 라우터, 서버를 비롯한 컴퓨터 네트워크 장치가 외국 고객에게 배달되기 전에 정기적으로 전달받거나 가로챈다. 그런 다음 백도어 감시 툴을 심고, 새 제품처럼 재포장해서 배송한다. 이를 통해 NSA는 전체 네트워크와 사용자에게 접근할 수 있다. 스노든 파일은 일부 "신호정보 스파이 기술이 … 매우 실질적임(말 그대로!)"이라고 신나게 말하고 있다.[46] 이런 조치가 이루어진 장비는 NSA의 기반 체계와 연결된다.[47]

특히, NSA는 대량의 인터넷 트래픽을 NSA의 저장소로 빼돌리기 위해 시스코가 생산한 라우터와 서버를 가로채 마음대로 변경한다. 시스코가 이런 상황을 인지하거나 용인한다는 증거는 없다. 2013년 4월 NSA는 확보한 시스코 네트워크 스위치와 관련된 기술적 어려움을 해결하려고 노력했다. 이 장치는 블라니, 페이뷰, 오크스타, 스톰브루 프로그램에 영향을 미쳤다.[48]

중국 기업이 자사의 네트워크 장비에 감시 장치를 심을 가능성은 얼마든지 있다. 하지만 미국도 똑같은 행동을 하는 것이 확실하다.

미국이 전 세계를 상대로 중국의 감시에 대해 경고하는 이유 중 하나는 중국 장비는 신뢰할 수 없다는 주장을 하기 위한 것이다. 하지만 중국 장비가 미국 장비를 대체하는 상황을 막는 것도 그에 못지않은 동기로 보인다. 이 경우 NSA의 수집 범위가 제한되기 때문이다.

다시 말해, 중국산 라우터와 서버는 경제적인 경쟁 대상일 뿐만 아니라 감시 차원에서도 경쟁 대상이다. 누군가 미국산 장비 대신 중국산 장비를 사면 NSA는 엄청난 양의 통신 활동에 대한 중요한 감시 수단을 잃는다.

폭로된 수집량은 충분히 놀랄 만하지만, 모든 신호를 항상 수집한다는 NSA의 임무는 감시 영역을 더 크게 확장시켰다. 실제로 수집한 데이터의 양은 매우 방대해서, NSA가 불평하는 주된 도전 과제는 전 세계에서 끌어모은 산더미 같은 정보를 저장하는 문제다. 파이브아이즈 신호개발회의를 위해 작성한 NSA 문서는 "수집량이 우리가 익숙해진 '표준' 수집, 처리, 저장 능력을 초과하고"있다면서 이런 핵심 문제를 제시했다.[49]

NSA가 이른바 "NSA 메타데이터 공유의 대규모 확장"에 착수한 2006년으로 거슬러 올라가면, NSA는 메타데이터 수집량이 매년 6,000억 건씩 증가할 것으로 내다보았다. 이 같은 증가는 매일 10~20억 건의 전화 통화 수집을 포함한다.[50]

2007년 5월 무렵 이 같은 확장은 확실하게 결실을 맺었다. NSA가 저장하는 전화 메타데이터의 양(이메일을 비롯한 인터넷 데이터는 별도로, 그리고 저장 공간 부족으로 인해 NSA가 삭제한 데이터는 제외하고)이 1,500억 건으로 증가했다.[51]

인터넷을 기반으로 한 통신까지 합치면, 저장된 전체 통신 데이터의 양은 1조 건에 달했다(이 데이터가 다른 기관과 공유된다는 사실에 주목해야 한다).

저장 문제를 처리하기 위해 NSA는 유타 주 블러프데일에 대규모 신축 시설을 짓기 시작했다. 이 시설의 주요 용도는 모든 데이터를 보관하는 것이었다. 제임스 뱀포드 기자가 2012년에 지적했듯이, "블러프데일에 있는 시설은 서버로 가득한 2만 5,000제곱피트 면적의 홀 네 곳에 케이블과 저장 공간용 올림 마루를 완비해서 NSA의 저장 능력을 증대시킬 예정이다. 게다가 기술 지원과 행정을 위한 90만 제곱피트 이상의 공간도 있었다." 뱀포드의 말처럼 건물 크기와 "남자의 새끼손가락 크기의 USB 메모리에 1테라바이트의 데이터를 저장할 수 있다"는 사실을 감안하면, 이런 시설이 데이터 수집과 관련된 의미는 어마어마하다.

현재 NSA의 전 세계적 온라인 활동에 대한 침해를 고려하면, 그리고 이런 침해가 메타데이터를 훨씬 뛰어넘어서 이메일, 웹브라우징, 검색 기록, 채팅의 실제 콘텐츠를 포함한다는 것을 고려하면, 전례 없는 규모의 시설이 반드시 필요한 상황이다. NSA가 데이터를 수집, 정리, 검색하는 데 사용하는 핵심 프로그램은 2007년에 도입한 엑스키스코어로, 이 프로그램은 NSA의 감시 능력의 범위를 대폭 확장시켰다. NSA는 엑스키스코어가 전자 데이터 수집을 위한 "가장 폭넓은 범위의" 시스템이라고 하는데, 여기에는 그럴 만한 이유가 있다.

분석관용 교육 문서에 따르면 엑스키스코어는 이메일 내용, 구글 검색, 방문한 웹사이트의 이름을 포함해서 일반 사용자가 인터넷에서 하는 거의 모든 활동을 포착한다. 심지어 어떤 사람의 온라인 활동을 "실시간"으로 감시할 수 있어서, 목표 대상이 이메일을 확인하고 브라우징을 하는 동안 NSA 분석관도 이를 지켜볼 수 있다.

수억 명의 온라인 활동에 관한 포괄적인 데이터를 수집하는 일 외에도, 엑스키스코어는 이메일 주소, 전화번호, 또는 IP 주소와 같은 식별 속성을 통해 특정 시스템의 데이터베이스를 검색할 수 있다. 가용한 정보의 범위와, 분석관이 검색을 위해 기본적으로 사용하는 수단은 스노든 파일에 설명되어 있다.[52]

또 다른 엑스키스코어 슬라이드는 이 프로그램의 "플러그인"을 통해서 검색할 수 있는 여러 범위의 정보를 나열했다. 여기에는 "한차례 검색에서 모든 이메일 주소", "한차례 검색에서 모든 전화번호", "이메일 및 채팅 활동"이 포함된다.[53]

이 프로그램은 작성한 다음 주고 받은 내장 문서와 이미지를 검색하는 기능도 제공한다.[54]

또 다른 NSA 슬라이드는 엑스키스코어의 전체를 아우르는 세계적인 야망을 노골적으로 선언한다.[55]

엑스키스코어를 통한 검색은 매우 구체적이어서 NSA 분석관은 사용자가 방문한 웹사이트를 찾을 수 있을 뿐만 아니라, 특정 컴퓨터에서 특정 웹사이트 방문에 관한 목록 전체를 종합할 수 있다.[56]

가장 놀라운 사실은 분석관이 아무런 감독을 받지 않고 편하게 원하는 정보를 검색할 수 있다는 것이다. 엑스키스코어를 사용하는 분석관은 관리자를 비롯해서 권한이 있는 사람에게 신청서를 제출할 필요가 없다. 그 대신, 감시를 "정당화하기" 위한 기본 양식을 작성하기만 하면 요청한 정보를 얻게 된다.[57]

홍콩에서의 첫 영상 인터뷰에서 에드워드 스노든은 대담한 주장을 했다.

> 저는, 제 책상에 앉아서, 누구든 도청할 수 있습니다. 여러분과 여러분의 회계사에서부터 연방 재판관, 혹은 심지어 대통령에 이르기까지, 개인 이메일만 있다면 말입니다.

미국 관리들은 스노든의 발언이 사실이 아니라며 강하게 부인했다. 마이크 로저스 의원은 노골적으로 "거짓말"을 한다고 비난하면서, "스노든이 할 수 있다고 말한대로 하는 것은 불가능하다"고 했다. 하지만 NSA 분석관은 엑스키스코어를 통해 스노든이 말한 것을 그대로 할 수 있다. 즉, 이메일 열람을 포함해서 어떤 사용자라도 포괄적인 감시의 대상으로 삼을 수 있다. 실제로, 이 프로그램은 "참조" 라인 또는 본문에 언급된 특정 사용자를 포함해서 이메일 전체를 분석관이 검색할 수 있게 해준다.

이메일 검색에 관한 NSA 내부 교안은 분석관이 이메일 주소가 확보된 사용자를 감시하는 것이 얼마나 간단하고 쉬운지 보여준다.[58]

엑스키스코어의 가장 좋은 기능 중 하나는 소셜네트워크에서 이루어지는 활동을 감시할 수 있는 능력이다. NSA는 이런 수집 활동이 풍

부한 정보와 "목표의 사생활에 관한 이해"를 제공한다고 판단한다.[59]

소셜 미디어 활동을 검색하는 방법은 이메일 검색만큼 쉽다. 분석관이, 예컨대 감시 대상의 페이스북 사용자 이름과 활동 기간을 입력하면 엑스키스코는 메시지와 채팅을 비롯해 모든 개인 포스팅 글이 포함된 정보를 보여준다.[60]

엑스키스코어에 관한 가장 놀라운 사실 가운데 하나는 아마 전 세계 여러 수집소에서 수집하고 저장하는 데이터의 양일 것이다. 한 보고서는 "매일 우리가 수집하는 데이터의 양(20테라바이트 이상)은 가용 자원을 고려하면 겨우 24시간 동안만 저장할 수 있다." 2012년 12월을 시작으로 30일 동안 엑스키스코어가 한 개 부서인 SSO만을 위해 수집한 데이터의 양은 410억 건이 넘었다.[61]

엑스키스코어는 "효과적으로 '인터넷을 늦추며' 3~5일간 전체 콘텐츠를 저장한다." 이 말은 "분석관이 과거 데이터를 복구할 수 있다는 것을 의미한다." "'관심' 콘텐츠는 엑스키스코어에서 빼내 어질러티 또는 핀웨일"이라는 저장 데이터베이스에 넣어 더 오래 보관할 수 있다.[62]

엑스키스코어가 페이스북을 비롯한 소셜미디어 사이트에 접근할 수 있는 능력은 다른 프로그램에 의해 확대된다. 예컨대, 블라니는 "감시 및 검색 활동을 통해 폭넓은 범위의 페이스북 데이터"를 조사할 수 있게 해준다.[63]

한편 영국에서 GCHQ의 GTE부서도 이 일에 상당한 자원을 투입했는데, 이런 내용은 2011년 연례 파이브아이즈 회의 슬라이드에 자

세히 나와 있다.[64]

GCHQ는 페이스북의 보안 시스템이 지닌 약점과, 페이스북 사용자가 감추려고 하는 데이터의 확보에 특별히 관심을 보였다.[65]

특히 GCHQ는 네트워크 시스템이 사진 저장에 취약하다는 사실을 발견했다. 이런 점은 페이스북 아이디와 앨범 이미지에 접근하는 데 활용될 수 있다.[66]

소셜미디어 네트워크 외에, NSA와 GCHQ는 감시망에 구멍이 있는지, 손아귀에서 벗어나는 통신이 있는지 지속적으로 살펴보고 자신들의 감시 아래에 둘 방법을 개발한다. 불분명해 보이는 한 프로그램이 이런 사실을 보여준다.

NSA와 GCHQ는 항공기에 탑승한 사람의 전화와 인터넷 통신을 감시할 필요가 있다는 생각에 사로잡혔다. 이런 통신은 독립적인 위성 시스템을 거쳐서 전달되기 때문에 신호를 제대로 포착하기가 아주 어렵다. 감시 기관으로서는 누군가 단 몇 시간이라도 감시의 눈길을 피해 인터넷과 전화를 사용할 수 있는 순간이 있다는 사실을 용납할 수 없다. 여기에 대응해서, 두 기관은 항공기 탑승 중에 이루어지는 통신을 수집할 시스템을 개발하는 데 상당한 자원을 투입했다.

2012년 파이브아이즈 회의에서, GCHQ는 차츰 증가하는 비행 중 휴대폰을 겨냥해서 '도둑까치'라는 수집 프로그램을 제시했다.[67]

GCHQ가 제시한 방법은 전 세계를 완벽하게 수집 범위에 두는 시스템 구상이었다.[68] 민항기에서 특정 장치가 감시에 취약하도록 하는 데도 상당한 진전이 이루어졌다.[69]

같은 회의에서 이와 관련된 NSA 문서가 제시되었다. 전서구Homing Pigeon라는 이름의 프로그램도 비행 중 통신을 감시하기 위한 활동을 보여준다. NSA는 이 프로그램과 관련하여 GCHQ와 협조할 예정이고, 전체 프로그램을 파이브아이즈 회원 기관이 사용할 수 있게 했다.[70]

NSA의 일부 조직은 대규모의 비밀 감시 시스템을 구축하는 진짜 목적에 대해 놀랄 만큼 솔직하다. 인터넷 표준에 관한 전망을 논의하는 NSA 요원용 슬라이드는 이들의 시각을 숨김없이 보여준다. 슬라이드 작성자는 "과학 기술에 관한 NSA/SIGINT 국가 정보 담당관"으로, 자칭 "훈련이 잘된 과학자이자 해커"다. 슬라이드의 노골적인 제목은 「국익, 돈, 자부심의 역할」로, 슬라이드 작성자는 이 세 가지 요소 전부가 미국이 국제적인 감시 통제를 유지하는 주요 동기라고 말한다.[71] 또한 인터넷에 대한 통제는 미국에 상당한 힘과 영향력을 주었고, 방대한 이익도 창출했다고 지적한다.[72]

물론 이런 이익과 힘은 불가피하게 감시 산업 자체에서도 발생하면서 끝없는 확장에 대한 또 다른 동기를 제공한다. 9·11 테러 뒤 감시에 투입되는 자원이 대폭 급증했다. 이런 자원의 대부분은 세금으로 충당되었으며, 감시와 관련된 방위산업체의 배를 불리게 했다.

부즈앨런해밀턴과 AT&T 같은 기업은 수많은 전직 정부 고위층 관리들을 고용했고, 현직에 있는 고위층 국방부 관리 중 다수는 이런 기업의 과거(그리고 미래의) 직원이다.

감시국가를 끊임없이 확대하는 것은 정부의 자금 흐름을 유지하고, 이러한 회전문에 대한 기름칠을 보장하는 방법 중 하나다. 또한 NSA와 관련 기관이 워싱턴에서 중요성과 영향력을 유지하는 것을 보장하는 최선책이기도 하다.

감시 산업의 규모와 야망이 커지면서 인지된 적의 범위도 커졌다. 「국가안보국 : 현황 브리핑」이라는 문서에서, NSA는 미국이 직면하고 있는 여러 위협을 나열하면서 "해커", "범죄 요소", "테러리스트" 처럼 일부 예상 가능한 항목을 포함했다. 하지만 조직의 야심을 드러내듯, "인터넷" 자체를 포함해서 여러 기술을 위협에 포함시킴으로써 더 멀리 나갔다.[73]

오랫동안 인터넷은 일찍이 없던 민주화와 자유화, 혹은 심지어 해방의 도구로 알려져왔다. 하지만 미국 정부가 볼 때, 이런 전 지구적 네트워크를 비롯한 온갖 형태의 통신 기술은 미국의 힘을 약화시키는 위협이다. 이런 관점에서 보면, "전부 수집"하기 위한 NSA의 야망은 마침내 일관성을 갖게 되었다. NSA가 인터넷의 모든 부분을 비롯해서 모든 통신 수단을 감시하는 것이 매우 중요하고, 그렇게 함으로써 누구도 미국 정부의 통제에서 벗어날 수 없다.

전방위적인 감시 시스템은 궁극적으로 외교적인 조작과 경제적 이득 외에도 미국이 전 세계를 계속 통제하게 해준다. 미국이 모든 사람의 행동, 말, 생각, 계획을 알 수 있을 때, 그런 사람에 자국민뿐만 아니라 외국인, 국제기구, 타국의 지도자가 포함된다면, 이런 대상에 대한 미국의 힘은 극대화된다. 최상의 보안을 유지하는 가운데 이런 감시를 하는 경우 그 효과는 배가된다. 비밀 유지는 단방향 거울을 만든다. 미국 정부는 나머지 세계와 그 나라 국민의 행동을 지켜보지만, 그 누구도 미국 정부의 행동을 보지 못한다. 이런 최악의 불균등은 투명성이나 책임감 없이 무한 권력을 행사하게 해서 모든 인간을 아주 위험한 상태에 빠트린다.

에드워드 스노든의 폭로는 감시 시스템과, 이런 시스템이 어떻게 기능하는지에 관한 진실을 밝혀서 이런 위험한 힘을 전복시켰다. 처음으로, 세상 모든 사람이 자신들을 상대로 축적된 감시 능력의 진정한 범위를 알게 되었다. 이 뉴스는 전 세계적으로 격렬하고 지속적인 논쟁에 불을 댕겼다. 감시가 민주적인 통치 방식에 심각한 위협이 되기 때문이다. 또한 개혁과, 전자 시대에 인터넷 자유와 프라이버시의 중요성에 관한 전 세계적 논의를 촉발시켰고, "광범위한 감시가 개인으로서 우리와, 우리의 삶에서 어떤 의미인가?"라는 중요한 질문을 하게 만들었다.

제4장

감시의 해약

전 세계 정부는 자국민이 프라이버시를 내팽개치도록 활발한 설득을 시도했다. 지금은 익숙해진 장황한 이야기를 통해 사적 영역에 대한 심각한 침해를 사람들이 너그럽게 봐주도록 납득시킨 것이다. 이런 정당화는 매우 성공적이어서 많은 사람이 자신이 말하고, 읽고, 사고, 행동했던, 그리고 이런 일을 누구와 함께 했는지에 관한 방대한 양의 데이터를 정부 당국이 수집하는 일에 박수를 보낸다.

인터넷 거물, 즉 감시에 반드시 필요한 정부의 파트너들은 프라이버시에 대한 정부의 공격을 한목소리로 후원했다. 2009년 CNBC 방송 인터뷰에서 에릭 슈미츠 구글 CEO는 사용자 데이터 저장 문제에 대한 우려를 묻는 질문에 이런 악명 높은 답을 내놓았다.

> 다른 사람이 몰랐으면 하는 뭔가가 있다면, 애초에 공개하지 말았어야죠.

페이스북 창립자 겸 CEO인 마크 저커버그는 2010년 한 인터뷰에서 다음과 같이 말해서 에릭 슈미츠 못지않은 거만함을 보여주었다.

> 사람들은 더 많은 온갖 정보를 공유하는 것뿐만 아니라, 더 많은 사람과 더 공개적으로 공유하는 일에서 진정으로 편안함을 느끼게 되었어요.

저커버그는 디지털 시대에 프라이버시는 더 이상 "사회적 규범"이 아니라고 주장했다. 이것은 IT 회사가 자사의 이익을 위해 개인 정보를 이용하기 수월하게 하는 개념이다.

프라이버시의 가치를 평가 절하하는 사람과, 프라이버시가 사라졌거나 없어도 된다고 말하는 사람일지라도, 말과 행동이 일치하지는 않는다. 이런 점에서 프라이버시의 중요성은 명확하다. 프라이버시를 옹호하지 않는 사람은 흔히 자신의 행동과 정보를 얼마만큼 노출할지 여부를 통제하기 위해 온갖 노력을 다했다. 미국 정부 스스로 정부의 행동이 대중에게 공개되지 않게 하기 위해서 전례 없이 높은 비밀의 벽을 쌓는 극단적인 조치를 취했다. 미국시민자유연맹의 2011년 보고서 내용처럼, "오늘날 정부가 하는 업무의 대부분은 은밀하게 이루어진다." 〈워싱턴포스트〉의 보도처럼 "매우 거대하고, 매우 다루기가 어려우며, 매우 비밀스러워서 예산을 얼마나 썼는지, 공무원이 몇 명인지, 정부 내에 프로그램이 몇 개 있는지, 몇 개 기관이 똑같은 일을 하는지 아무도 모르고 있다."

이와 마찬가지로, 사람들의 프라이버시를 아주 적극적으로 평가절하하는 인터넷 거물은 정작 자신의 프라이버시는 열심히 보호한다. IT 뉴스 사이트인 씨넷CNET이 에릭 슈미츠의 연봉과 선거 운동 기부 내역, 주소 등 구글을 통해 얻은 개인 정보를 공개하자 구글 측은 씨넷 소속의 기자와는 인터뷰를 금지하는 정책을 고집했다.

한편 마크 저커버그는 프라이버시 보호를 위해 팔로알토에 있는 자택과 인접한 집 네 채를 3,000만 달러에 구입했다. 이런 행동은 씨넷 기사 내용처럼 "여러분의 사생활은 이제 페이스북의 데이터로 통합니다. 페이스북 CEO의 사생활은 이제 신경 끄세요"라고 말하는 듯하다. 국가의 감시를 두둔하면서도 이메일과 소셜미디어 계정의 패스워드를 갖고 있는 다수의 일반 시민들에게서도 같은 모순이 드러난다. 이런 사람들도 욕실 문을 걸어 잠그고, 편지가 담긴 봉투를 밀봉한다. 사람들 앞에서 절대 할 생각이 없는 행동을 아무도 보지 않을 때 한다. 다른 사람에게 알려지지 않았으면 하는 이야기를 친구, 정신과 의사, 변호사에게 한다. 이름이 노출되길 원하지 않는 온라인에서 자기 생각을 드러낸다.

스노든이 내부 고발을 한 뒤, 나와 논쟁했던 감시 지지자 중 다수는 뭔가 감출 것이 있는 사람에게나 프라이버시가 필요하다는 에릭 슈미츠의 시각을 그대로 따라 했다. 하지만 그런 사람 가운데 누구도 자신의 이메일과 계정을 알려주려 하지 않았고, 집에 비디오 카메라를 설치하는 것을 허용하지 않으려 했다.

다이앤 파인스타인 상원 정보위원회 위원장이 NSA의 메타데이터 수집에는 통신 내용이 포함되지 않으므로 감시로 볼 수 없다고 주장했을 때, 여기에 항의하는 사람들은 행동으로 그런 주장을 뒷받침하라고 요구했다. 다이앤 의원은 매달 이메일과 전화를 주고받은 사람들의 명단과 함께 전화 대화 시간과 장소를 공개하려고 할까? 이런 제안을 받아들일 리가 없다. 메타데이터는 많은 사실을 담고 있고, 사적 영역에 대한 실질적인 침해이기 때문이다.

프라이버시의 가치를 폄하하면서도 막상 자신의 프라이버시는 신줏단지 모시듯 하는 사람들의 위선은 인상적이기는 해도 여기서 말하려는 핵심은 아니다. 모든 사람이 프라이버시에 대한 욕구가 부수적이라기보다 필수적이고, 인간이라는 존재의 일부분으로 받아들이는 것이 중요하다. 우리 모두는 이해한다. 사적 영역은 우리 자신에 대해 판단하려는 다른 사람의 시선에서 벗어나 우리가 행동하고, 생각하며, 말할 뿐만 아니라 쓰고, 실험하며, 되고자 하는 바를 결정하는 곳이다. 프라이버시는 자유인이 되는 핵심적인 조건이다.

프라이버시가 의미하는 바와 프라이버시가 보편적이고 가장 소중하게 여겨지는 이유에 관한 가장 유명하고 명확한 표현은, 1928년 올름스테스 재판에서 미국 연방 대법관인 루이스 브랜다이스가 제시한 것일지도 모른다.

> 혼자 있을 권리는 가장 포괄적인 권리고, 자유인이 가장 소중하게 여기는 권리다.

브랜다이스 판사는 프라이버시의 가치는 단순한 시민적 자유보다 "훨씬 광범위"하고 근본적이라고 말했다.

> 우리 헌법을 제정한 사람들은 행복 추구에 유리한 조건을 보장하기로 약속했다. 이들은 인간의 정신적인 본성인 감정과 지성의 중요성을 인식했다. 삶의 희로애락 가운데 일부분만을 물질적인 것에서 찾을 수 있다는 사실을 알았다. 미국인들의 믿음, 생각, 감정, 감각을 보호하려 했다. 정부에 대항해서 혼자 있을 권리를 부여했다.

브랜다이스는 대법관이 되기 전부터 프라이버시의 중요성을 열렬히 옹호했다. 사뮤엘 워런과 함께 1890년에 〈하버드로리뷰〉에 기고한 「프라이버시 권리」라는 글에서 브랜다이스는 프라이버시 침해가 소유물의 절도와는 아주 다른 성격의 범죄라고 주장했다.

> 개인적 글쓰기와 모든 개인적 생산물을, 절도와 물리적 전용이 아니라 어떤 형태의 공개에 대해 보호하는 원칙은, 사실상 사유물의 원칙이 아니라 신성한 인격의 원칙이다.

프라이버시는 인간의 자유와 행복에 꼭 필요하다. 좀처럼 논의되지는 않지만, 많은 사람이 직관적으로 이해하는 이유로 그렇다. 우선 사람들은 누군가가 지켜본다는 사실을 알고 있을 때 전혀 다른 행동을 한다. 자신에게 기대되는 행동을 하려고 노력하게 된다. 사람들은 수치심과 비난을 피하기를 원한다. 용인된 사회적 관습을 엄격하게 고수하고, 강요된 경계에 머물며, 비정상적이고 이상하게 보일 수 있는 행동을 피하게 된다.

따라서 다른 사람이 지켜볼 때 사람들의 선택 범위는 사적인 영역에서 선택할 때에 비해 훨씬 제한된다. 프라이버시를 부정하는 것은 선택의 자유를 심각하게 제한한다.

몇 해 전, 절친한 유대인 친구의 딸의 성년식에 참가했다. 행사가 진행되는 동안, 랍비가 딸이 배워야 할 "가장 중요한 교훈"은 "항상 신께서 지켜보고 심판을 한다"는 것이라고 강조했다. 아주 사적이라고 할지라도 모든 행동과 모든 선택과 모든 생각을 신께서 항상 알고 있다고 말했다. "넌 결코 혼자가 아니란다"라는 랍비의 말은 친구의 딸이 항상 신의 의지에 따라야 한다는 의미였다.

랍비가 하고자 하는 말은 분명했다. 절대 권위자의 주의 깊은 시선을 피할 수 없다면, 권위자가 부과하는 지시에 따를 수밖에 없다는 사실이다. 이런 규칙에서 벗어나서 자신의 길로 나아가는 행동은 생각조차 할 수 없다. 즉, 누군가가 항상 지켜보고 심판하는 상황에 놓인다면, 사실상 자유인이 아니다.

정치, 종교, 사회, 가정의 모든 압제적인 권위체는 사회 통념을 강제하고 충성을 강요하며 반대 의견을 억누르는 주요 수단으로 감시를 이용한다. 권위체가 피지배 대상이 하는 모든 행동을 알고 있다는 사실을 알리는 일은 권위체에 득이 된다. 프라이버시 박탈은 경찰력보다 훨씬 더 효율적이고, 규칙에서 벗어나고자 하는 유혹을 짓밟는다.

사적 영역이 사라졌을 때 잃는 것은 일반적으로 삶의 질과 관련된 여러 속성이다. 대부분의 사람들은 프라이버시가 어떻게 제약으로부터 자유를 가능하게 했는지 경험했다. 거꾸로 말하면 우리 모두는 혼자라고 생각할 때 춤추고, 고해하고, 성적인 표현을 탐구하고, 검증되지 않은 생각을 공유하는 등 다른 사람이 봤더라면 부끄러움을 느꼈을 사적인 행동을 한 경험이 있다. 아무도 지켜보고 있지 않을 때만 제대로 된 실험을 하고, 경계를 시험하며, 새로운 방식의 생각을 탐구하는 일이 자유롭고 안전하다고 느낀다. 인터넷이 아주 매력적인 이유는 사적 탐구에 아주 중요한, 익명으로 말하고 행동할 수 있는 능력을 주기 때문이다.

이런 이유로 창의성, 반대 의견, 권위에의 도전이 싹트는 곳이 바로 사적 영역이다. 모든 사람이 국가의 감시를 받는다는 사실을 아는 사회, 사적 영역이 효과적으로 제거된 사회는, 사회 활동과 개인적 수준 모두에서 이런 특성이 상실된 곳이다.

따라서 앙심을 품은 정부 관리가 정적에 관한 사적인 정보를 얻는 것 같은 권력 남용의 사례가 벌어지지 않더라도, 국가에 의한 대규모 감시는 본질적으로 억압적이다. 감시가 어떻게 이용되고 남용되는지 상관없이, 그 존재 자체만으로 자유를 제한하기 마련이다.

조지 오웰의 『1984』에 호소하는 것은 다소 진부하지만, NSA가 만

든 감시국가는 확실히 오웰이 구축한 세계를 떠올리게 한다. 즉, 두 세계는 모든 시민의 행동과 말을 감시할 수 있는 기술 체계에 의존한다. 감시를 옹호하는 사람들은 우리가 '항상' 감시받는 것은 아니므로 두 세계가 다르다고 말하지만, 이것은 핵심을 벗어나는 주장이다. 『1984』에서도 사람들이 항상 감시받는 것은 아니다. 사실 이들은 실제로 감시당하는지조차 모른다. 하지만 국가는 언제라도 감시할 능력이 있다. 사람들을 고분고분하게 만든 것은 불확실성과 전방위적인 감시의 가능성이었다.

> 텔레스크린은 송신과 수신이 동시에 이루어졌다. 윈스턴이 내는 어떤 소리도, 낮은 속삭임이 아닌 이상 포착되었다. 게다가 금속판으로 된 텔레스크린의 가시 범위 내에 있는 한, 소리뿐만 아니라 모습도 포착되었다. 물론 어느 특정 시간에 감시당하는지 알 방법은 없었다. 사상 경찰이 얼마나 자주, 또는 무슨 시스템으로, 누구를 감시할지는 짐작만 할 뿐이었다. 심지어 항상 모든 사람을 지켜볼 가능성도 있지만, 어쨌든 그들은 원할 때면 언제라도 감시할 수 있었다. 사람들은 자신이 내는 모든 소리가 들리고, 어둠 속이 아니라면 모든 움직임을 일일이 조사받는다는 가정하에, 본능이 되어버린 습관으로 살아야 했고, 살았다.

NSA조차 자체적인 능력으로 모든 이메일을 읽고, 모든 전화 통화를 듣고, 각 개인의 행동을 추적할 수는 없다. 사람들의 행동을 통제하는 데 감시 체계가 효과적인 이유는 말과 행동이 감시에 취약하다는 사실 자체다.

이 원칙은 영국 철학자 제러미 벤담이 생각해낸 파놉티콘, 즉 기관이 인간의 행동을 효과적으로 통제할 수 있게 설계한 건물의 핵심이다. 벤담의 말에 따르면 이 건물의 구조는 "모든 부류의 사람을 감시 아래 두는 모든 종류의 기관을 위해" 사용될 수 있다. 파놉티콘의 주요한 건축상의 혁신은 감시자가 어느 때든 모든 방(감방, 교실, 병동)을 지켜볼 수 있도록 중앙에 대형 타워가 있다는 점이다. 하지만 방에 있는 사람들은 타워를 볼 수 없어서 감시당하고 있는지 알 수 없다.

어떤 기관이든, 기관이 모든 사람을 항시 감시할 수는 없으므로 파놉티콘은 거주자로 하여금 "감시자가 어디에나 있는 듯한" 생각을 하게 만든다. "감시받는 사람들은 자신들이 항상 감시당하고 있거나, 적어도 그럴 가능성이 아주 크다고 느낀다." 따라서 이들은 감시받지 않는 상황에서조차 늘 감시당하는 것처럼 행동하게 된다.

그 결과는 순종, 복종, 그리고 감시자의 기대에 부응하는 것이다. 벤담은 자신이 만든 구상이 감옥과 정신 병동을 넘어서 모든 사회 기관으로 확대되는 상황을 상상했다. 시민들의 머리에 자신들이 항상 감시당한다는 생각을 심어주는 것이 인간의 행동에 혁명을 일으킬 것이라 이해했다.

1970년대 미셸 푸코는 벤담이 만든 파놉티콘의 원리가 현대 국가의 근본적인 메커니즘 가운데 하나라고 말했다. 저서 『권력』에서 푸코는 파놉티코니즘이 "개인에 대한 지속적인 감시의 형태로, 통제·

처벌·보상의 형태로, 교정의 형태로 개인에게 적용되는 권력의 유형이다. 즉, 특정한 규범이라는 측면에서 개인을 형성하고 변화시키는 것이다"라고 했다.

『감시와 처벌』에서 푸코는 전방위적인 감시가 권위체에 힘을 부여하고 개인의 순종을 강요할 뿐만 아니라, 개인이 감시자를 내면화한다는 설명을 추가했다. 사람들은 자신들이 통제되고 있다는 사실을 깨닫지도 못한 채 강요된 행동을 본능적으로 하게 된다. 파놉티콘은 "권력의 자동적인 작동을 보장하는 수감자의 의식 상태와 영구적 가시성을 만들어낸다." 통제를 내면화함으로써 공공연한 억압의 증거는 사라진다. 더 이상 그럴 필요가 없기 때문이다.

> 외적인 힘은 물리적인 무게를 떨쳐버릴지도 모른다. 그것은 비육체적으로 되어가는 경향이 있다. 그리고 이런 한계에 더 가까이 접근할수록 그 효과가 더 지속적이고 깊으며 영속적이다. 모든 물리적 대결을 피하는 완전한 승리고, 이런 상황은 항상 미리 결정된다.

게다가 이런 통제 모델은 자유라는 착각을 동시에 불러일으킨다는 큰 이점이 있다. 복종의 강요는 개인의 머릿속에 존재한다. 개인은 감시당한다는 두려움 때문에 자발적으로 순종을 택한다. 이런 상황에서 눈에 보이는 모든 강압적 행동은 불필요하고, 따라서 자신이 자유롭다고 착각하는 사람들을 통제하는 것이 가능하다.

이런 이유로, 모든 억압적인 국가는 감시를 가장 중요한 통제의 도구로 본다. NSA가 수년간 자신의 휴대폰을 감청했다는 사실을 알았을 때, 평상시 말을 삼가는 앙겔라 메르켈 독일 총리는 화를 내면서 미국의 감시를 악명 높은 동독의 감시 기관이었던 슈타지에 비유했다. 메르켈 총리가 하려는 말은 분명하다. 위협적인 감시 기구의 핵심은 그것이 NSA든, 아니면 슈타지나 빅브러더 혹은 파놉티콘이든 상관없이, 보이지 않는 권위체에 의해 언제든 감시당할 수 있다는 사실이다.

미국을 비롯한 서방 정부가 자국민을 상대로 하는 전방위적인 감시 체계 구축에 유혹을 느낀 이유는 어렵지 않게 이해할 수 있다. 경제적 불평등의 악화는 2008년 재정 붕괴로 인해 전면적인 위기로 뒤바뀌었고, 심각한 국내 불안을 가져왔다. 가장 안정적인 민주주의 국가에서도 눈에 띄는 동요가 있었다. 2011년 런던에서는 며칠간 폭동이 벌어졌다. 미국에서는 2008년과 2009년 티파티 시위와 점거 운동 등 진보·보수할 것 없이 분노한 시민의 시위가 벌어졌다. 해당 국가에서 실시한 여론 조사는 정치 계급과 사회의 방향에 대한 불만의 정도가 엄청나게 크다는 사실을 보여주었다.

사회 불안에 직면한 당국에는 일반적으로 두 가지 선택지가 있다. 상징적인 양보로 대중을 달래거나, 이런 상황이 당국의 이익에 줄 피해를 최소화하기 위해 통제를 강화하는 것이다. 서구의 엘리트들은 통제를 강화하는 두 번째 선택지를 더 나은, 혹은 자신들의 자리를 지키기 위해 실행 가능한 유일한 방안으로 보는 듯하다. 점거 운동에 대한 대응은 무력과 최루 가스와 기소를 통해 진압하는 것이었다. 미국 도시에서는 국내 경찰력의 준군사화가 전면적으로 나타났다. 합법적으로 모인, 주로 평화적인 시위대를 진압하기 위해 경찰들은 바그다드의 거리에서나 볼 수 있던 무기를 동원했다. 이들의 전략은 시위와 행진에 참석하는 사람들을 두렵게 만드는 것으로, 효과가 있었다. 더 일반적인 목적은 거대하고 난공불락인 지배층을 상대로 한 이런 저항이 헛수고라는 생각을 심어주는 것이었다.

전방위적인 감시 체계는 같은 목적을 달성하지만 더 큰 잠재력을 갖고 있다. 정부가 모든 사람의 행동을 감시할 때는 단순히 반대 운동을 조직하는 일도 어렵게 된다. 대규모 감시는 더 깊고 더 중요한 곳에서도 반대 의견을 잠재운다. 그곳은 다름 아닌 정신이다. 사람들은 단지 정부가 요구하고 기대하는 바에 따라 생각하도록 훈련된다.

집단적인 강압과 통제가 국가 감시의 핵심이자 효과적인 수단이라는 사실은 역사가 분명하게 보여준다. 할리우드 극작가인 월터 번스타인은 매카시즘이 활개치던 시절 블랙리스트에 올라 감시를 받았고, 계속 가명으로 일해야 했다. 번스타인은 감시당한다는 생각에 따른 억압적인 자기 검열의 힘을 이렇게 묘사했다.

> 모두가 조심했다. 위험을 무릅쓸 때가 아니었다. … 블랙리스트에 오르지 않고 행동한 작가들이 있다. "엄청 앞서 나가는 것"이라고

> 할 수 있을지 모르겠지만 정치적인 내용은 아니었다. 정치와 거리를 두었다. … "무모하게 목을 내밀지 말라"는 식의 분위기가 조성된 것 같다.
>
> 창의성을 발휘하도록 돕거나 자유롭게 생각할 분위기가 아니었다. 항상 자기 검열을 하고, "아냐, 하지 않을 거야. 되지도 않을 거고, 정부와 멀어지게 할 거야" 같은 말을 할 위험이 있었다.

번스타인의 생각은 2013년 11월 펜아메리카PEN America가 공개한 「오싹한 효과 : NSA의 감시는 미국 작가들이 자기 검열을 하게 몰아간다」라는 이름의 보고서와 으스스할 정도로 맥을 같이한다. 이 조직은 NSA 폭로 사태가 회원들에게 미친 효과를 확인하기 위한 설문 조사를 했다. 여러 작가가 현재 "자신의 통신이 감시당하고 있다고 생각"하고, "표현의 자유를 축소하고 정보의 자유로운 흐름을 제한"하는 식으로 행동을 바꾸었다는 사실이 드러났다. 특히 "응답자 중 24퍼센트는 의도적으로 전화나 이메일 대화에서 특정 주제를 피했다."

전방위적인 감시의 파멸적인 통제력과 그로 인한 자기 검열은 다양한 사회 과학 실험으로 확인되고, 정치적 행동주의를 훨씬 뛰어넘어 확대된다. 많은 연구 결과가 개인적이고 심리적으로 아주 깊은 수준에서 이런 힘이 어떻게 작용하는지 보여준다.

연구 결과를 『진화심리학Evolutionary Psychology』이라는 책으로 펴낸 한 연구 팀이 실험을 했다. 이들은 길에서 주운 지갑에서 발견한 상당 금액의 돈을 자신이 갖거나, 친구가 자신의 이력서에 잘못된 정보를 추가한 사실을 아는 것처럼 도덕적으로 의심스러운 행동이 담긴 사진을 실험 대상자에게 보여주었다. 대상자들은 나쁜 행동의 정도를 평가해달라는 요청을 받았다. 이 연구는 여러 사람이 지켜보는 것처럼 감시를 암시하는 상황이 묘사된 이미지를 본 대상자들은 그렇지 않은 이미지를 본 대상자들보다 해당 행동이 더 "비난받아 마땅한"것으로 평가했다는 사실에 주목했다. 연구자들은 사람들이 "적극적으로 자신에 대한 평판을 관리"하려고 시도하기 때문에 감시가 감시당하는 사람들로 하여금 "지배적인 사회 규범의 승인에 동의하게" 한다고 결론 내렸다.

1975년 스탠포드 대학의 심리학자인 필립 짐바르도와 그레고리 화이트가 「감시의 오싹한 효과The Chilling Effects of Surveillance」라는 이름으로 실시한 포괄적인 실험은, 감시당하는 것이 논란이 많은 정치적 의견의 표현에 영향을 미치는지를 평가하려 했다. 이 연구는 정부의 감시에 관한 미국인의 우려 때문에 시행되었다.

> 워터게이트 스캔들, 백악관의 도청 사실 폭로, CIA의 국내 감시에 대한 의회 조사는 "빅브러더가 지켜볼지도 모른다!"는, 미국인들 사이에서 증가하는 편집증 문제를 두드러지게 한다. 국가자료은행 건립 제안, 경찰의 감시 헬기 사용, 은행과 슈퍼마켓의 감시 카메라, 공항에서 실시되는 인원과 소지품에 대한 보안 검사는 우리의 사생활이 차츰 더 큰 감시 아래 있다는 신호의 일부일 뿐이다.

실험 참가자들은 여러 수준의 감시 아래 놓인 다음 마리화나의 합법화에 대한 의견을 말하도록 요청받는다. 진술 내용이 "훈련 목적상" 경찰과 공유된다는 "위협을 받은" 참가자들은 마리화나 사용을 비난하고, 말을 할 때 "당신", "그", "사람들" 같은 2인칭과 3인칭 대명사를 쓰는 경우가 많았다. 감시를 받은 참가자 가운데 44퍼센트만 마리화나 합법화를 지지한 반면, "위협을 받지 않은" 참가자의 77퍼센트가 합법화를 지지했다. 감시를 받은 참가자의 31퍼센트는 답변을 하는 동시에 연구자의 승인을 구한(예컨대 "괜찮죠?"라고 물은) 반면, 그렇지 않는 참석자들은 7퍼센트만 그런 행동을 했다. 또한 "위협을 받은" 참가자들 중에는 불안감과 억압감을 느낀 사람이 많았다.

짐바르도와 화이트는 결론에서 "위협이나 정부의 실제 감시는 심리적으로 언론 자유를 억누를 수 있다"고 지적했다. 두 학자는 "연구 설계가 '집회를 회피'할 가능성을 허용"하지 않은 반면, "감시 위협이 조성한 불안감 때문에 많은 사람이 (자신이 감시당할 수 있는) 상황을 전적으로 회피하도록 했을 것"으로 예상한다고 덧붙였다. 또한 "그런 가정은 사람들의 생각에만 한정되고, 정부의 적발과 기관의 프라이버시 침해에 의해 일상적으로 장려된다. 피해망상과 타당한 원인 사이의 경계는 사실상 희박해진다."

때로는 감시가 어떤 바람직하다고 여겨질지도 모르는 행동을 장려할 수 있는 것도 사실이다. 한 연구 결과는 감시 카메라를 도입한 이후 난폭 행위(스웨덴에서 축구 경기장에 물병과 담배, 라이터를 던지는 행위)가 65퍼센트 감소한 사실을 밝혔다. 손씻기에 관한 여러 보건 자료는 누군가를 곁에 두는 것이 사람들이 손을 씻을 가능성을 높인다는 사실을 거듭 입증했다.

감시의 압도적인 효과는 개인의 선택을 심각하게 강요한다는 사실이다. 가장 친숙한 환경에서, 예컨대 가족 내에서도 감시는 단지 관찰된다는 이유로 중요하지 않은 행동을 중요하게 보이도록 한다. 영국에서 실시된 한 실험에서 연구자들은 실험 대상자들에게 가족의 움직임을 파악할 수 있는 추적 장치를 제공했다. 언제든 모든 가족의 정확한 위치를 확인할 수 있었다. 위치 추적을 당한 사람은 그런 사실을 메시지로 받았다. 위치 추적을 확인하는 사람에게는 매번 왜 그렇게 했고, 추적한 정보가 예상과 일치했는지 묻는 질문지가 돌아왔다.

실험 뒤에 실시한 브리핑에서 참가자들은 때때로 이런 상황이 편하지만 자신들이 예상치 못한 장소에 있을 때 가족이 자신의 행동을 "넘겨짚을"까 봐 불안하다고 했다. 위치 공유 체계를 차단한다고 해서 불안감은 해소되지 않았다. 다수의 참가자는 감시를 피하는 행위와 그런 행동 자체가 의심을 불러일으킨다고 말했다. 연구자는 다음과 같은 결론을 내렸다.

> 우리의 일상에는 설명할 수 없고 전적으로 중요하지 않을 수 있는 자취가 있다. 하지만 추적 장치를 통해 드러나는 경우 … 이런 자취는 중요해지고, 이례적일 만큼의 책임이 따르는 것처럼 보인다. 이런 상황은 불안감을 조성한다. 특히 친밀한 관계 내에서, 단순히 해명할 수 없는 문제에 대해 해명하라는 더 큰 압박을 느낄 수도 있다.

핀란드에서는 매우 극단적인 감시 시뮬레이션을 실행했다. 실험 대상자의 집에 침실과 화장실을 제외하고 여러 대의 카메라를 설치했고, 대상자의 모든 통신 활동을 추적했다. 연구 사실이 소셜미디어를 통해 입소문이 났는데도 연구자들은 10개 가정을 참가시키는 데 애를 먹었다.

이 프로젝트에 참가한 사람들의 불만은 일상에서의 평범한 부분에 대한 침해에 집중되었다. 어떤 사람은 집에서 벌거벗고 있는 것이 불편했고, 어떤 사람은 샤워 후에 머리를 정리하는 동안 카메라를 의식했으며, 또 어떤 사람은 주사약을 놓는 동안 감시를 의식했다. 사소한 행동도 감시당할 때는 다층적인 중요성을 갖게 되었다.

참가자들은 처음에 감시가 성가시다고 했지만 곧 적응했다. 심한 사생활 침해로 시작된 감시가 정상적인 상황이 되고, 평소와 같아져서 더 이상 신경 쓰지 않게 된 것이다.

이 실험들이 보여주듯이, 설령 어떤 잘못된 일이 아니더라도 사람들이 비밀로 간직하고 싶은 여러 종류의 일이 있다. 프라이버시는 인간의 다양한 활동에 꼭 필요하다. 누군가가 자살상담소에 전화하거나, 낙태시술소를 방문하거나, 혹은 인터넷 포르노 사이트를 자주 찾거나, 내부고발자가 기자에게 전화를 하는 경우 이런 행동을 비밀로 할 이유는 많다.

요컨대 모든 사람에게는 감출 것이 있다. 바튼 겔먼 기자는 이렇게 주장했다.

> 프라이버시는 관계다. 프라이버시는 상대방에게 달려 있다. 일자리를 옮기려는 회사원은 그런 사실을 고용주에게 알리기를 원하지 않는다. 성생활에 대해 일일이 부모나 자식에게 말하지 않는다. 라이벌 회사에 기업 비밀을 말하지 않는다. 우리는 우리 자신을 무차별적으로 노출하지 않고, 당연하게도 거짓에 노출되는 것에 대해 충분히 신경 쓴다. 솔직한 시민, 연구자 사이에서는 거짓말이 "일상적이고 사회적인 상호작용"이라는 사실이 일관되게 발견된다(대학생 사이에서는 하루에 두 번, 실생활에서는 하루에 한 번). … 광범위한 투명성은 악몽이다. … 모든 사람에게는 감출 것이 있다.

감시가 공익을 위한 것이라는 식의 정당화는 국민을 좋은 사람과 나쁜 사람으로 구분하는 세계관이 반영된 것이다. 이런 시각에서 보면 당국은 감시 능력을 "어떤 나쁜 짓을 저지르는" 나쁜 사람을 상대로 사용하고, 이런 나쁜 사람만이 프라이버시 침해를 두려워할 무언가를 갖고 있다. 이것은 오래된 전술이다. 1969년 미국 정부의 감시 능력을 둘러싼 미국인들의 점증하는 우려에 대한 〈타임〉지 기사에서 리처드 닉슨 정부의 존 미첼 법무부 장관은 "불법 활동에 관여하지 않은 미국 시민은 어쨌든 두려워할 것이 없다"고 장담했다.

2005년 부시 대통령의 불법 도청 프로그램을 둘러싼 논쟁이 벌어졌을 때 백악관 대변인의 입에서도 똑같은 주장이 나왔다.

> 이 프로그램은 청소년의 야구 훈련 일정을 잡거나, 회식 자리에 갖고 갈 음식에 대한 통화를 감시하기 위한 것이 아닙니다. 아주 나쁜 악당끼리 이루어지는 통화를 감시하기 위한 것입니다.

2013년 8월에 〈투나이트쇼〉에 출연해서 제이 레노에게 NSA 폭로에 대해 질문을 받은 오바마 대통령은 이렇게 말했다.

> 우리 정부는 국내 감시 프로그램을 시행하지 않습니다. 정부가 보유한 것은 테러 공격과 관련된 전화번호나 이메일 주소를 추적할 수 있는 몇 가지 체계입니다.

이런 주장은 효과가 있다. "잘못을 저질러서" 감시를 받아 마땅한 일부 집단에만 감시가 한정된다는 인식은 여러 사람이 권력 남용을 묵인하거나 심지어 부추기게 한다.

이런 시각은 정부의 모든 기관이 추구하는 목표를 근본적으로 오해한 것이다. 정부 기관의 눈에 "어떤 잘못을 저지르는 것"은 불법 행동, 폭력적인 행위, 테러 음모를 훨씬 뛰어넘어서 중요한 이의 제기와 어떤 순수한 문제 제기까지 포함한다. 반대 의견을 범죄와 동일시하거나 적어도 위협으로 보는 태도는 권위체의 본성이다.

의견을 달리하고 적극적인 행동을 보인다는 이유로 개인과 단체가 정부의 감시 목표가 되는 역사적 사례는 많다. 마틴 루서 킹, 민권 단체, 반전 운동가, 환경주의자가 여기에 해당된다. 정부와 에드거 후버가 이끈 FBI의 눈에, 이들 모두는 “어떤 잘못을 저지르고” 있었다. 지배적인 질서를 위협하는 정치적 활동을 한 것이다.

후버는 어느 누구보다 정치적 반대자를 억누르기 위한 감시의 힘을 잘 이해했다. 소수 의견을 드러낸다는 이유만으로 사람들을 체포할 수 없게 되었을 때, 후버는 수정헌법 제1조에 따른 언론과 집회의 자유를 행사하는 행위를 어떻게 막을 것인가 하는 문제에 직면했다. 1960년대에는 언론 자유의 엄격한 보호가 자리 잡게 했던 여러 가지 대법원 판례가 나오기 시작했고, 그 정점에 1969년 브랜든버그 v. 오하이오 재판에 대한 만장일치 판결이 있었다. 그 당시 대법원은 연설에서 정치인들을 상대로 폭력을 행사하겠다고 위협한 KKK 지도자의 유죄 판결을 번복했다. 그러면서 수정헌법 제1조가 아주 엄격해서 언론의 자유를 보장하고, “무력 사용을 옹호하는 행위를 국가가 금지하는 것을 허용하지 않는다”라고 했다.

이런 판결을 감안해서 후버는 애초부터 반대 의견이 만들어지는 상황을 막기 위한 체계를 도입했다. FBI의 국내 방첩 프로그램인 코인텔프로의 존재는 반전 운동가들에 의해 처음으로 드러났다. 이들은 반전 단체에 스파이가 잠입했고, 감시를 당하고 있으며, 단체가 모든 종류의 비열한 계략의 목표가 되었다고 확신했다. 문서 증거가 부족해서 언론이 이런 사실을 보도하도록 설득하지 못한 반전 운동가들은 1971년 펜실베이니아에 있는 FBI 지국 사무실에 침입해서 수천 건의 문서를 확보했다.

코인텔프로와 관련된 파일은 전미유색인종지위향상협회, 공산주의 조직, 반전 시위대, 여러 우익 단체를 포함해서 FBI가 자신들이 체제전복적이고 위험하다고 여기는 정치 단체와 개인을 어떻게 목표로 삼았는지 보여주었다. FBI는 이 단체들에 요원을 침투시켰고, 해당 요원이 한 행동 가운데에는 단체의 회원이 범죄 행위를 저지르도록 유도한 다음 FBI가 체포해서 기소하도록 하는 것도 있었다.

FBI는 〈뉴욕타임스〉의 보도를 막고, 심지어 문서를 반환하게 하는 데 성공했다. 하지만 〈워싱턴포스트〉는 시리즈 기사를 냈다. 그에 따라 조직된 상원 처치 위원회는 다음과 같은 결론을 내렸다.

> (지난 15년간) FBI는 위험한 단체의 성장과 위험한 생각의 전파를 막는 것이 국가 안보를 지키고 폭력을 저지한다는 논리로 수정헌법 제1조 언론과 집회의 자유를 정면으로 겨냥해 정교한 자경단 작전을 실시했다.
>
> 모든 목표 대상이 폭력 행위에 관여했더라도, FBI가 동원한 여러 기법은 민주주의 사회에서 용납될 수 없는 것이다. 하지만 코인텔프로는 더 나아갔다. 이 프로그램의 암묵적인 주요 전제는 법 집행기관이 현존하는 정치 사회 질서에 대해 인지된 위협을 방지하기 위해서 필요한 모든 행동을 할 의무가 있다는 것이다.

한 주요 코인텔프로 문서는 반전 운동가들로 하여금 "모든 우편함의 배후에 FBI 요원"이 있다고 믿게 해서 반전 운동가들 사이에 "과대망상"을 심을 수 있다고 설명했다. FBI는 이런 식으로 반정부 인사들이 감시받고 있다고 확신하고 공포에 질려 적극적인 행동을 자제하게 했다.

당연히 이런 전술은 효과가 있었다. 2013년 〈1971〉이라는 다큐멘터리에서, 여러 활동가는 후버의 FBI가 어떻게 모임에 침투했고, 모임의 내용을 보고한 잠입 감시 요원을 통해 어떻게 민권 운동에 "올인"했는지 설명했다. FBI의 이런 감시 활동은 단체가 조직되고 성장할 능력을 저지했다.

이 당시, 워싱턴에 있는 가장 보수적인 기관조차 정부가 감시한다는 사실만으로 어떤 식으로 이루어지는지 상관없이, 반대할 힘이 억압당한다는 사실을 이해했다. 1975년 3월 〈워싱턴포스트〉는 이 사건에 관한 사설에서 이런 억압적인 힘에 대해 명확하게 경고했다.

> FBI는 감시, 특히 정체불명의 밀고자에게 의존한 감시가 민주적 절차와 언론 자유의 관례에 미치는 악영향에 대해 크게 민감함을 내비친 적이 없었다. 위장을 한 상태에서 빅브러더가 사람들의 대화를 엿듣고 그 내용을 보고한다는 사실이 알려지면 정부 정책과 프로그램에 관한 논의와 논쟁이 억제되기 마련이라는 사실은 자명하다.

처치 위원회가 발견한 감시 남용은 코인텔프로만이 아니었다. 위원회의 최종 보고서는 "NSA는 1947년에서 1975년까지 미국의 세 개 전신 회사와의 비밀 협약하에 미국에서 송수신되거나 미국을 통과한 수백만 건의 개인 정보를 입수했다"고 분명하게 말했다. 게다가

CIA가 1967년에서 1973년까지 실행한 카오스 작전 기간에는 "약 30만 명의 개인 명단이 CIA 컴퓨터 시스템에 색인되고, 약 7,200명의 미국인과 100곳 이상의 국내 단체에 관한 별도의 파일이 작성되었다."

또한 "미국인 약 10만 명이 1960년대와 1971년 사이에 작성된 육군 정보 파일의 대상"이었을 뿐만 아니라, 국세청은 "세금이 아니라 정치적인 기준을 근거로" 약 1만 1,000명의 개인과 단체를 조사했다. 당국은 문란한 성생활 같은 약점을 캐내기 위해 도청을 한 다음 획득한 정보로 목표를 "무력화"했다.

이런 사건은 이 시절에만 예외적으로 벌어진 일이 아니었다. 예컨대, 미국시민자유연맹이 확보한 부시 대통령 시절의 문서는, 이 단체가 2006년에 말했듯이 "퀘이커교도와 학생 단체를 포함해서 이라크 전쟁에 반대하는 미국인을 상대로 한 펜타곤의 감시 현황에 대한 새롭고 세부적인 내용"을 밝혀주었다. 펜타곤은 "비폭력 시위대를 대상으로 수집한 정보를 군 대테러 데이터베이스에 보관함으로써 이들을 예의 주시"했다. 미국시민자유연맹은 "'잠재적 테러 행위'라는 이름이 붙은 한 문서는 오하이오 주 애크런에서 열린 '당장 전쟁을 멈춰라!'와 같은 집회 행사를 나열"했다고 지적했다.

이런 사례는 감시가 "어떤 잘못을 저지른" 사람만을 대상으로 한다는 확신이 위안이 되지 않는다는 점을 보여준다. 국가가 권력에 대한 모든 도전을 무조건 잘못으로 볼 것이기 때문이다.

권력자가 정적을 "국가 안보의 위협"이나 심지어 "테러리스트"로 규정하는 상황을 막을 수 없다는 사실은 거듭 입증되었다. 지난 10년간 정부는 후버의 FBI를 떠올리게 하듯, 환경 운동가와 다양한 반정부 우익 단체, 반전 운동가, 팔레스타인인의 권리를 둘러싸고 조직된 협회를 공공연하게 그렇게 규정했다. 이런 넓은 범위 안에 일부 개인은 그런 말을 들을 만했지만, 대부분은 그렇지 않은 것이 확실했다. 단지 정치적 견해를 달리한 죄밖에 없었다. 그럼에도 이런 단체는 일상적으로 NSA와 NSA의 협력 기관의 감시 대상이 된다.

실제로 영국 당국은 테러방지법에 따라 내 파트너인 데이비드 미란다를 히스로 공항에서 억류한 뒤에 감시와 관련된 나의 보도를 테러 행위와 명백하게 동일시했다. 스노든 문서의 폭로가 "정부에 영향을 미치고, 정치적이고 사상적인 명분을 홍보할 목적으로" 이루어졌으며, "따라서 테러리즘의 개념에 속한다"는 이유에서였다.

이 모든 사실은 테러리즘을 구실로 감시의 공포가 심하게 만연해 있는 미국의 이슬람 공동체에는 전혀 놀랍지 않고, 여기에는 그럴만한 이유가 있다. 2012년 AP통신의 애덤 골드먼과 맷 아푸조는 CIA와 뉴욕 경찰국이 합동으로 범죄 의혹이 전혀 없는, 미국에 있는 이슬람 공동체 전체를 물리적이고 전자적인 감시 아래 두려는 계획을 폭로했다. 미국의 이슬람교도는 감시가 일상적으로 미치는 영향에 대해 이렇게 설명했다.

이슬람 사원에 처음 나타난 사람은 FBI의 끄나풀이 아닌가 의심한다. 감시당한다는 두려움과, 미국에 적대적이라고 여겨지는 어떠한 의견 개진도 조사나 심지어 기소의 구실이 될 수 있다는 사실을 알기 때문에 가족과 친구들끼리도 말을 삼간다.

스노든 파일 가운데 2012년 10월 3일자 문서는 이런 사실을 오싹하게 역설한다. 이 문서는 NSA가 "과격한" 생각을 표현하고 다른 사람을 "급진주의자로 만드는" 사람들의 인터넷 활동을 감시해왔다는 사실을 보여주었다. 해당 문서는 "표본"일 뿐이라고 강조하면서 특별히 이슬람교도 여섯 명에 대해 이야기했다.

NSA는 해당 인원이 전부 테러 조직의 일원은 아니고, 어떤 테러 음모에도 관여하지 않았다는 사실을 분명하게 밝힌다. 그 대신, 이들이 저지른 죄는 이들이 드러냈던 시각이다. NSA는 이들의 시각을 "급진적"이라고 보았는데, 이 말은 전방위적인 감시와 "약점을 이용"할 파괴적인 작전을 정당화해주는 것이었다.

수집한 정보 중에는, 적어도 "미국인" 한 명의 온라인 성생활과 인터넷상에서의 "방탕한 행위", 예컨대 포르노 사이트 방문과 배우자가 아닌 여성과의 은밀한 채팅 섹스에 관한 세부 내용이 있었다. NSA는 목표 대상의 명성과 신뢰성을 훼손하기 위해 이런 정보를 이용하는 방법에 대해 논의한다.[74]

미국시민자유연맹의 자멜 재퍼가 말했듯이, NSA 데이터베이스는 "사람들의 정치적 견해, 의료 기록, 가까운 인맥, 온라인 활동에 관한 정보를 저장한다." NSA는 이런 개인 정보를 남용하지 않는다고 주장하지만, "이런 문서는 NSA가 '남용'이란 말을 아주 좁게 규정한다는 사실을 보여준다." NSA는 역사적으로 대통령의 요구에 따라 "감시의 결과물을 정적, 언론인, 또는 인권 운동가들의 신뢰를 떨어트리는 데 이용했다." 재퍼는 NSA가 "조직의 힘을 이런 식으로 사용"하지 않는다고 보는 것은 "순진한" 생각일 것이라고 했다.

또 다른 문서는 정부가 위키리크스와 위키리크스의 창립자인 줄리언 어산지뿐만 아니라, NSA가 "위키리크스를 뒷받침하는 인적 네트워크"라고 말하는 대상에 대해서도 초점을 맞춘다고 설명한다. 2010년 8월, 오바마 정부는 위키리크스가 아프간 전쟁 일지를 공개한 사실을 두고 어산지를 형사범으로 고발할 것을 여러 동맹국에 촉구했다. 다른 국가에 어산지를 기소하도록 압박하는 문제에 관한 논의는 NSA가 "범인 수색 타임라인"이라고 이름 붙인 파일에 나온다. 여기에서는 미국과 동맹국이 테러혐의자, 마약밀매상, 팔레스타인 지도자를 비롯한 다양한 사람들을 추적, 기소, 체포, 암살하기 위한 활동이 나라별로 자세히 설명되어 있다. 이런 타임라인은 2008년에서 2012년 사이에 매년 존재한다.[75]

또 다른 문서는 2011년 7월에 위키리스크뿐만 아니라 파일 공유 사이트인 파이어럿베이를 "목표로 삼기 위해 악의적인 외국 행위자"로 취급할 수 있는지에 관한 대화를 담고 있다. 이런 지정은 미국인 사용자를 포함해서 해당 웹사이트에 대한 광범위한 전자 감시를 허용하게 된다. 이 논의는 NSA 요원이 제기한 질문에 대해 NSA 감찰실

과 법무실이 답변을 제공하는 "질의/응답" 목록에 나온다.[76]

같은 자료는 NSA가 감시 규정을 위반하는 일에 무관심하다는 사실을 보여준다. 한 요원은 "일이 꼬여서" 외국인 대신 미국인을 목표로 삼았다고 말한다. 여기에 대한 NSA 감찰실과 법무실의 답변은 "걱정할 것 없음"이다.[77]

어나니머스와 핵티비스트라고 알려진 애매한 부류의 사람들에 대한 관리는 특히 문제가 많고 극단적이다. 어나니머스는 사실 체계적인 단체가 아니라 어떤 생각을 둘러싸고 느슨하게 조직된 사람들의 모임이기 때문이다. 사람들은 자신의 입장 때문에 어나니머스에 가담한다. 게다가 핵티비스트라는 범주에는 고정된 의미가 없다. 핵티비스트는 보안과 인터넷의 기능을 약화시키는 프로그래밍의 사용을 뜻할 수 있지만, 정치적 이상을 선전하기 위해 온라인 툴을 이용하는 사람을 이야기하는 것일 수도 있다. NSA가 핵티비스트처럼 폭넓은 범위의 사람을 목표로 삼는 것은, 미국을 포함해서 장소를 불문하고 정부가 위협적이라고 판단하는 모든 사람을 감시하는 것이나 다름없다.

맥길 대학교의 어나니머스 전문가인 가브리엘라 콜먼은 어나니머스가 규정된 존재가 아니라 오히려 "활동가들이 집단 행동을 하고 정치적 불만을 말하게 하는 생각"이라고 하면서 이렇게 덧붙였다. "전 세계적으로 광범위한 사회 운동으로 중앙집권화된, 또는 공식적으로 조직된 리더십 체계가 없다. 일부는 디지털 시민 불복종에 참여하기 위해 이런 이름을 중심으로 모이지만, 테러리즘과 약간이라도 유사한 점이 없다." 이런 생각을 품은 대다수는 "주로 보통의 정치적 의사 표현을 위해 행동한다. 어나니머스와 핵티비스트를 목표로 삼는 행위는 정치적 신념을 표현하는 시민을 목표로 삼는 것과 같고, 정당한 반대자들에 대한 억압으로 이어진다.".

그럼에도 GCHQ는 어나니머스를 목표로 삼아서 가장 논쟁적이고 과격한 스파이 전술을 동원했다. 여기에는 "가짜 깃발 작전(작전 주체가 정체를 위장해서 실행하는 작전 - 옮긴이)", "미인계", 바이러스 감염을 비롯한 시스템 공격, 기만 전략, "명성을 깎아내리기 위한 정보 작전"이 포함되었다.

2012년 신호개발 회의에서 GCHQ의 감시 담당자가 제시한 파워포인트 슬라이드는 두 가지 형태의 공격, 즉 "정보 작전"과 "기술적인 분열"을 설명한다. GCHQ는 이런 조치를 "온라인 비밀 공작"이라고 언급하며 그 목적이 "4D(Deny부인 / Disrupt분열 / Degrade깎아내리기 / Deceive기만)"라고 말한다.[78]

또 다른 슬라이드는 "목표 대상자의 평판을 떨어트리기" 위해 사용된 전술을 설명한다. 여기에는 "미인계 쓰기", "소셜네트워크 사이트에서 사진 바꾸기", "목표 대상자에 의한 피해자라고 주장하는 글을 블로그에 올리기", "동료, 이웃, 친구 등에게 이메일/문자 메시지 보내기"가 포함된다.[79]

"미인계"는 매력적인 여성으로 남성 목표를 유혹해서 낯 뜨겁거나 불명예스러운 상황에 빠트리는 과거 냉전 시대의 전술이다. 같은 자료에서 GCHQ는 이 방법이 디지털 시대에 맞게 개선되었다고 설명한다. 목표가 낯 뜨거운 사이트를 방문하거나 온라인 만남을 하도록 유인하는 것이다. 슬라이드에는 이런 의견이 있다. “멋진 방법임. 효과가 있는 경우 매우 성공적임.” 비슷한 방식으로, 전통적인 집단 침투 방법이 지금 온라인에서 이루어진다.[80]

또 다른 기술은 “누군가의 통신 중단”이 포함된다. 여기에는 “문자 메시지 공격”, “전화 통화 공격”, “팩스 장치 차단”이 동원된다.[81]

GCHQ는 또한 증거 수집, 기소, 재판처럼 자신들이 “전통적인 법 집행”이라고 말하는 것 대신 “분열” 기술을 동원하기 좋아한다. 「사이버 공세 기간 : 핵티비즘을 상대로 경계와 행동을 확대하기」라는 이름이 붙은 문서에서, GCHQ는 아이러니하게도 대개 해커와 관련된 전술인 “서비스 거부” 공격으로 “핵티비스트”를 목표로 삼는 문제에 대해 논의한다.[82]

“온라인 휴민트(인간정보)”와 “전략적 영향력 붕괴” 기술을 개발하기 위해 심리학자를 포함한 사회과학자 팀을 동원하는 내용도 있다. 「기만술 : 신세대를 위한 온라인 비밀 공작 훈련」이라는 이름의 문서는 이런 전술에 주력한 내용을 담고 있다. GCHQ의 HSOC 부서가 작성한 이 문서는 GCHQ의 온라인 기만술을 극대화하기 위해 사회학, 심리학, 인류학, 신경과학, 생물학 등을 활용해야 한다고 주장한다.

한 슬라이드는 “시뮬레이션-거짓을 보여주기”를 선전하면서 “은폐-사실을 감추기” 방법을 보여준다. “기만의 블록을 심리적으로 구축하기”와 페이스북, 트위터, 링크드인을 포함해서 기만을 실행하는 데 사용되는 “기술 지도”를 분석한다.

"사람들은 이성이 아니라 감성적인 이유로 결정을 내린다"고 강조한 GCHQ는 온라인 활동이 "미러링(사회적 교류를 하면서 서로를 모방)", "조절", 그리고 "흉내(전달자에 의해 다른 참가자의 구체적인 사회적 특성을 받아들임)"에 의해 주도된다고 주장한다.

그런 다음 자신들이 "분열 작전 각본"이라고 말하는 것을 제시한다. 여기에는 "침투 작전", "기만 작전", "가짜 깃발 작전", "함정 수사"가 포함된다. GCHQ는 "2013년 초까지" "150명 이상의 요원을 완벽하게 훈련시켜서 "이런 분열 프로그램에 "전면적으로 착수"할 것을 약속한다.[83]

「마술 같은 기술 및 실험」이라는 제목의 문서에는 "폭력의 정당화", "목표 대상의 머리에 이들이 받아들여야 하는 경험을 만들어서 인식하지 못하게 하기", "기만 채널 극대화" 같은 항목이 있다.

감시를 하고, 인터넷 통신에 영향을 미치며, 온라인에서 잘못된 정보를 전파하는 이런 계획은 오랫동안 사람들이 짐작해온 것들이다. 하버드 대학 법학과 교수인 캐스 선스타인은 2008년에 온라인 그룹, 채팅방, 소셜네트워크, 웹사이트뿐만 아니라 오프라인 활동가 그룹에 대한 "인지적 침투"를 위해 공작 요원과 가짜 "독립적" 지지자로 편성된 팀을 고용하자고 정부에 제안하는 논쟁적인 보고서를 작성했다(선스타인 교수는 오바마 대통령의 측근으로, 전직 백악관 정보규제관리 실장이자 백악관 NSA 활동 검토 위원 지명자이기도 하다).

이런 GCHQ 문서는 기만하고 평판을 떨어트리는 논쟁적인 기법이 제안 단계에서 실행 단계로 옮겨갔다는 사실을 처음으로 보여준다.

모든 증거가 국민에게 제시된 암묵적 흥정을 두드러지게 보여준다. 정부에 도전하지 않으면 걱정할 필요가 없다는 것이다. 신경 끄고 지지를 하거나 적어도 우리 일에 눈감아라. 그러면 괜찮을 것이다. 달리 말하면, 무고한 시민 대우를 받으려면 당국이 감시의 힘을 휘두르도록 자극하는 행동을 삼가야 한다. 이것은 소극성과 복종과 순종을 자초하는 거래다. 가장 안전한 방향은, "참견 받지 않는" 것을 보장받는 길은, 조용히 순종적인 태도를 유지하는 것이다.

많은 사람에게 이 거래는 매력적이다. 대다수 사람은 감시가 좋고 심지어 득이 된다고 받아들인다. 정부의 관심을 끌기에는 자신들이 별로 특별하지 않다고 생각한다. 나는 "NSA가 저한테 관심을 보이지는 않을 것 같습니다"라는 식의 대답을 자주 들었다. "저의 지루한 삶을 엿듣길 원한다면 얼마든지 그렇게 하라고 하세요", 또는 "NSA는 우리 할머니가 요리법에 대해 이야기하거나 아버지가 골프 칠 계획을 짜는 일에 신경 쓰지 않습니다"라는 말도 마찬가지다.

자신은 개인적으로 감시의 목표가 되지 않을 것이라고 확신하는 사람이 있다. 정부에 위협적이지 않고 순종적이니까 그런 일이 벌어져도 상관하지 않거나 드러내놓고 적극 지지한다.

NSA 사건이 터진 뒤, 나와 인터뷰를 했던 MSNBC의 로런스 오도넬은 NSA가 "크고 끔찍한 감시 괴물"이라는 개념을 비웃었다. 오도넬은 자신의 견해를 요약해서 이런 결론을 내렸다.

> 지금까지 제 느낌은 … 무섭지 않습니다. … 이처럼 거대하고 대규모로 (데이터를) 수집한다는 사실은 정부가 저를 찾기가 훨씬 더 어렵다는 것을 뜻합니다. … 찾을 이유가 전혀 없습니다. 그리고 저는, 지금 단계에서, 이런 사실에 전혀 위협을 못 느낍니다.

〈뉴요커〉의 헨드릭 허츠버그도 오도넬과 마찬가지로 감시가 위험하다는 시각을 부인하는 주장을 했다. "정보기관의 감시 남용, 과도한 비밀주의, 투명성 부족에 대해 우려할 만한 이유가 있다"라고 인정한 그는 "냉정을 유지할 이유도 있다"라면서, 특히 "시민적 자유"에 대한 위협은 "크지 않고 추상적일 뿐만 아니라, 불확실하고 불특정하다"고 덧붙였다. 〈워싱턴포스트〉의 칼럼니스트인 루스 마커스는 NSA의 힘에 대한 우려를 무시하면서 "내 메타데이터는 면밀하게 조사하지 않은 것이 거의 확실하다"는 터무니없는 발언을 했다.

한 가지 중요한 측면에서 오도넬, 허츠버그, 마커스가 한 말은 옳다. 미국 정부가 감시국가의 위협이 "추상적일뿐만 아니라, 불확실하고 불특정"하다고 생각하는 사람들을 목표로 삼을 "이유는 전혀" 없다. 미국에서 가장 힘 있는 관리이자 NSA의 최고사령관인 대통령을 존경하고 여당을 두둔하는 일에 직업적으로 헌신하는 언론인은 힘 있는 사람을 멀리할 위험을 거의 감수하지 않기 때문이다.

물론, 대통령과 대통령의 정책에 순종하고 충실하게 지지하는 사람들, 권력자로부터 부정적인 관심을 끌 일을 하지 않는 착한 국민은 감시국가를 두려워할 이유가 없다. 모든 사회가 마찬가지다. 체제에 이의를 제기하지 않는 사람들은 억압적인 수단의 목표가 될 일이 거의 없다. 이런 사람들의 관점에서 보면, 사실상 억압이 존재하지 않는다고 확신할 수 있다. 하지만 어떤 사회가 지닌 자유의 진정한 잣대는 충실한 지지자를 어떻게 다루는가가 아니라, 반대자와 사회적 약자를 어떻게 다루는가다. 세계 최악의 독재자라고 할지라도, 충실한 지지자들은 국가의 권력 남용에 피해를 입지 않는다. 무바라크의 이집트에서 체포되고 고문받고 총살당한 사람은 정권 교체를 주장하기 위해 거리시위에 나선 이들이었다. 무라바크의 지지자와 조용히 집에 있던 사람은 예외였다. 미국에서, 후버의 감시 목표가 된 사람은 사회의 부정의에 대해 침묵했던 순종적인 시민이 아니라 전미유색인종지위향상협회 지도자, 공산주의자, 민권 및 반전 운동가였다.

국가의 감시로부터 안전하다고 느끼기 위해 권력자의 충실한 지지자가 되어서는 안 된다. 감시 대상에서 면제되는 대가가 논쟁적이거나 도발적인 반대를 자제하는 것이어서는 안 된다. 순종적인 행동과 주류 언론이 말하는 사회적 통념을 흉내 내야지만 간섭받지 않을 것이라는 말이 나오는 세상에서 살기를 원해서는 안 된다.

현재 권력의 자리에 있는 특정 집단이 느끼는, 자신은 예외라는 기분은 망상이 되기 마련이다. 소속 진영에 따라 국가 감시에 대한 위기감이 어떻게 형성되는지 살펴보면 이런 사실은 분명해진다. 어제의 치어리더가 눈 깜짝할 사이에 오늘의 반대자가 될 수 있다.

2005년에 NSA의 무영장 도청 논쟁이 벌어질 당시 진보 진영과 민주당원 중 압도적인 다수가 NSA의 감시 프로그램이 위협적이라고 보았다. 물론, 이런 현상은 부분적으로 전형적인 당파적 시각이었다. 조지 W. 부시가 대통령인 상황에서 야당인 민주당은 대통령과 정부 여당을 정치적으로 공격할 기회로 보았다. 하지만 이들이 느낀 공포의 상당 부분은 진짜였다. 왜냐하면 이들은 부시를 악의적이고 위험한 인물로 여겼고, 부시 정권이 통제하는 국가 감시는 따라서 위협적이며, 특히 정권의 정적에 해당하는 자신들이 특히 위험하다고 인식했기 때문이다. 공화당은 NSA의 행위에 대해 좀 더 호의적이거나 지지하는 입장이었다. 반대로, 2013년 12월 진보 진영과 민주당은 입장을 바꿔서 NSA를 앞장서서 두둔했다.

여러 여론 조사가 이런 변화를 반영했다. 2013년 7월 말, 여론 조사기관인 퓨리서치센터는 미국인 중 대다수가 NSA가 제공하는 안보를 불신한다는 사실을 보여주는 여론 조사 결과를 공개했다. 특히, "응답자의 과반수인 56퍼센트는 정부가 테러 방지 활동의 일환으로 수집하는 전화와 인터넷 데이터에 대해 연방 법원이 적절하게 제약을 가하지 못했다고 답했다." 또한 "이보다 훨씬 많은 70퍼센트의 응답자는 정부가 이런 데이터를 테러리즘을 조사하는 것 외에 다른 목적으로 사용한다"고 믿었다. 더욱이 "응답자 중 63퍼센트는 정부가 통신 내용에 관한 정보도 수집하고 있다고 생각했다." 놀랍게도, 현재 미국인들은 테러 위협보다 감시의 위험성을 더 크게 우려하고 있었다.

종합적으로, 47퍼센트의 응답자가 일반인들의 시민적 자유를 지나치게 제약하는 정부의 테러 방지 정책을 더 크게 우려한다고 답한 반면, 35퍼센트는 국가 안보에 충분히 주력하지 않는 정책을 더 우려한다고 답했다. 안보보다 시민적 자유를 더 크게 우려한다는 결과가 나온 것은 퓨리서치센터가 2004년에 같은 여론 조사를 한 이후 처음이다.

정부의 대테러 정책에 관한 시각 변화

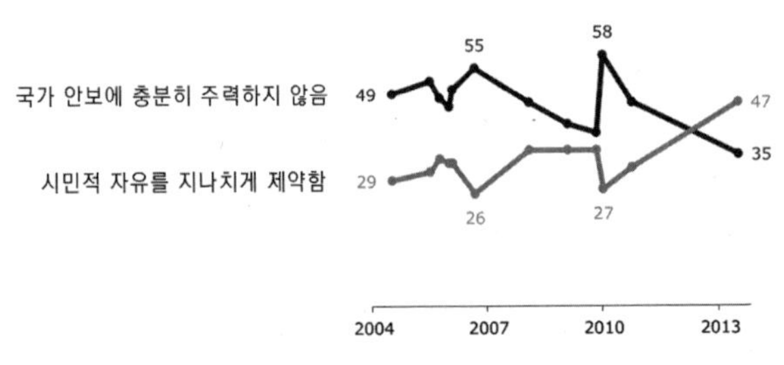

* 퓨리서치센터, 2013년 7월 17~21일

이 여론 조사 데이터는 권력의 남용과 테러 위협의 고질적인 과장을 우려한 사람에게 좋은 소식이다. 이런 결과는 완전히 뒤바뀐 상황을 잘 보여준다. NSA를 옹호하는 그룹이 부시 정권 때는 공화당이었다가 민주당 소속의 오바마 대통령이 감시 시스템을 통제하자 민주당으로 뒤바뀐 것이다. "전국적으로 정부의 데이터 수집 프로그램에 대한 지지자는 공화당원(44퍼센트)보다 민주당원(57퍼센트)이 더 많다."

〈워싱턴포스트〉가 실시한 여론 조사 결과도 진보층보다 보수층이 NSA의 감시를 더 우려한다는 사실을 보여주었다. “NSA의 개인 정보 수집과 사용에 대해 얼마나 우려하십니까?”라는 질문에 “매우 우려스럽다”라고 답한 응답자 중 진보 성향의 응답자는 26퍼센트에 불과한 반면, 보수 성향의 응답자는 48퍼센트에 달했다. 오린 커 법학 교수가 지적했듯이, 이런 결과는 근본적인 변화를 보여주었다.

> 공화당원이 집권했던 2006년에 비하면 흥미로운 반전이다. 이 당시 여론 조사 결과에 따르면 NSA의 감시에 대해 공화당원 중 75퍼센트가 지지한 반면, 민주당원 중 지지 의사를 밝힌 사람은 37퍼센트에 불과했다.

퓨리서치센터에서 만든 표는 이런 변화를 분명하게 보여준다.

지지 정당에 따른 NSA 감시 프로그램에 관한 시각 변화

	2006년 1월		2013년 6월	
	지지	반대	지지	반대
종합	51	47	56	41
공화당	75	23	52	47
민주당	37	61	64	34
무당파	44	55	53	44

* 퓨리서치센터, 2013년 6월 6~9일

감시에 대한 찬반 주장은 어느 당이 집권하는가에 따라서 노골적으로 뒤바뀐다. 한 상원의원은 2006년에 CBS 방송의 〈얼리쇼〉에서 NSA의 대량 메타데이터 수집에 대해 맹비난했다.

> 무슨 일을 하는지 알기 위해 반드시 전화 통화를 엿들을 필요는 없습니다. 통화를 한 사실을 안다면, 대화 상대를 모두 알아낼 수 있습니다. 전화를 건 사람에 관한 생활 패턴을 알 수 있고 이것은 매우, 매우 심각한 침해입니다. … 여기서 진짜 문제는 알 카에다와 아무런 상관이 없는 정보를 수집해서 뭘 할 것인가? 라는 점입니다. … 미국 대통령과 부통령이 옳은 일을 하고 있다고 믿을 겁니까? 저는 그렇다고 장담 못합니다.

메타데이터 수집에 대해 이렇게 강하게 공격한 상원의원은 다름 아닌 조 바이든이다. 바이든은 나중에 자신이 한때 비웃던 주장과 똑같은 주장을 한 민주당 정부의 부통령이 되었다.

이 사례와 관련된 핵심적인 사실은 당에 충실한 여러 사람이 권력 추구밖에 모르는, 제대로 된 신념이나 원칙이 없는 위선자라는 사실만이 아니다. 물론 그것도 틀림없는 사실이지만, 더 중요한 점은 그런 발언이 국가 감시에 대해 사람들이 지닌 인식의 본질을 보여준다는 것이다. 많은 불의와 마찬가지로, 사람들은 권력의 자리에 오른 사람이 자신에게 호의적이고 믿을 만하다고 생각할 때 정부의 감시 남용에 대한 두려움을 기꺼이 거둔다. 자신이 이로 인해 위협받는다고 인식할 때만 감시가 위험하거나 신경 쓸 가치가 있다고 생각한다.

권력의 급격한 팽창은 흔히 이런 식으로 시작된다. 특정한, 별도의 집단에만 영향을 미친다고 사람들을 설득하는 것이다. 정부는 옳든 그르든 특정한 소수의 사람만 목표로 삼는다고 믿게 함으로써 국민들이 오랫동안 억압적인 행위에 눈감게 했다. 나머지 사람은 자신에게도 적용되리라는 두려움 없이 정부의 억압을 묵인하거나 심지어 지지할 수 있다. 이런 입장이 지닌 확실한 도덕적 결함(우리는 인종주의가 소수를 대상으로 한다고 해서 이 문제를 무시하지 않고, 또는 우리가 풍부한 음식을 공급받는다는 이유로 굶주림을 대수롭지 않게 취급하지 않는다)은 제쳐두더라도 실용적인 이유에서도 거의 항상 잘못 이해한 것이다.

자신은 예외라고 생각하는 사람들의 무관심과 지지는 힘의 악용이 애초의 적용 범위를 넘어서서 통제가 불가능하게 될 때까지, 항상 그렇게 되기 마련인데, 불가피하게 확산되도록 한다. 그런 사례는 셀 수 없을 정도로 많지만, 가장 최근의, 그리고 강력한 사례는 애국법의 부당한 이용이다. 9·11 테러 뒤에 의회는 감시와 감금의 대규모 확대를 거의 만장일치로 승인했다. 그렇게 하는 것이 앞으로 있을 테러 공격을 파악하는 데 도움이 된다는 주장이 받아들여진 것이다.

여기에는 테러와 관련된 이슬람교도를 대상으로 정부의 힘이 주로 사용될 것이라는 가정이 내포되어 있었다. 특정 행위와 관련된 특정 집단에 한정한다는 전형적인 힘의 확대였다. 이런 조치가 압도적인 지지를 받은 이유 중 하나도 여기에 있었다. 하지만 실상은 매우 달랐다. 애국법은 표면적인 목적을 훨씬 뛰어넘어 적용되었다. 사실, 애국법은 제정된 이래 테러나 국가 안보와 전혀 상관이 없는 사건에 적용된 경우가 압도적으로 많았다. 주간지 〈뉴욕〉에 따르면 2006년에서 2009년까지 애국법의 "비밀 수색(대상자에게 즉각 알리지 않고 수색 영장을 집행하도록 하는 권한)" 조항이 적용된 경우는 마약 관련 사건이 1,618건, 사기 관련 사건이 122건인데 비해, 테러 관련 사건은 15건에 불과했다.

일단 자신에게는 영향을 미치지 않는다고 믿으면서 새로운 힘에 대해 묵인하는 경우, 이런 힘은 제도화되고 합법화되면서 이의 제기가 불가능해진다. 실제로 1975년에 프랭크 처치가 한 발언에서 배운 중요한 교훈은 대규모 감시로 인한 위협의 확대다. 〈미트더프레스〉와의 인터뷰에서 프랭크 처치는 이렇게 말했다.

> 그런 능력은 언제라도 국민을 겨냥할 수 있고, 모든 국민이 프라이버시를 완전히 상실할 겁니다. 전화 통화든 전보든 상관없이 무차별 감시 능력이란 그런 것입니다. 숨을 곳이 없게 될 겁니다. 이 정부가 언제든 독재 정부가 된다면 … 정보기관이 정부에 부여한 기술력은 완전한 폭정을 가능하게 할 수 있고, 반격을 할 방법이 없어질 겁니다. 왜냐하면 힘을 합쳐 저항하려는 매우 조심스러운 활동이 … 정부의 감시 범위 안에 있기 때문입니다. 이것이 이 기술의 가능성입니다.

제임스 뱀포드는 2005년 〈뉴욕타임스〉에 쓴 글에서 국가 감시의 위협은 1970년대보다 지금이 더 무시무시하다고 말했다.

> 사람들이 이메일에 가장 깊숙한 속마음을 표현하고, 인터넷에 자신의 의료 및 금융 기록을 노출하며, 휴대폰으로 지속적으로 대화를 나누는 상황에서, 정보기관은 사람들의 머릿속에 들어갈 힘을 갖고 있는 것이나 다름없다.

모든 감시 능력이 "미국인을 향할 수" 있다는 프랭크 처치의 우려는 9·11 테러 뒤에 정확하게 NSA가 한 조치를 예언한 것이기도 하다. 해외정보감시법에 따라 시행되는데도, 애초부터 국내 감시를 금지하고 있음에도, 현재 감시 활동 중 다수는 미국 시민과 미국 영토에 초점을 맞추고 있다.

남용을 하지 않더라도, 개인적으로 목표가 되지 않더라도, 모든 것을 수집하는 감시국가는 사회와 정치적 자유에 전반적으로 해를 끼친다. 미국을 비롯한 여러 국가의 진보는 권력과 관행에 도전하고, 새로운 방식의 생각과 생활을 주도하는 힘을 통해 이루어졌다. 감시당한다는 두려움 때문에 자유가 억압되는 경우 모든 사람, 심지어 정부에 반대하거나 정치적 활동에 관여하지 않는 사람마저 고통받는다. NSA 프로그램에 대한 우려를 얕본 헨드릭 허츠버그는, 그럼에도 불구하고 이렇게 인정했다.

피해가 있었다. 시민의 피해다. 집단의 피해다. 열린 사회와 민주적 정치 형태를 뒷받침하는 신뢰와 책임의 구조가 피해를 입었다.

감시를 적극적으로 지지하는 사람들은 근본적으로 대규모 감시를 두둔하는 단 하나의 논거를 제시한다. 테러를 막고 사람들을 안전하게 보호하기 위해 시행한다는 점이다. 실제로, 외부의 위협에 호소하는 것은 대중을 정부 권력에 순종하게 만들기 위해 과거부터 쓰던 전술이다. 미국 정부는 10년 이상 감금과 고문에서부터 암살과 이라크 침공까지 여러 극단적인 행동을 정당화하기 위해 테러의 위험을 예고했다. 9·11 테러 이후, 미국 관리는 "테러리즘"이라는 말을 입에 달고 다녔다. 이 말은 행동에 대한 실제적인 논거나 설득력 있는 정당화라기보다는 슬로건이나 계략에 훨씬 더 가깝다. 감시의 경우, 압도적으로 많은 증거가 여기에 대한 정당화가 얼마나 의심스러운지 보여준다.

우선 NSA가 수집한 데이터 중 다수는 테러나 국가 안보와 명백한 관련이 없다. 브라질의 거대 석유 회사인 페트로브라스의 통신을 수집하거나 경제 정상 회담에서 협상 내용을 감시하는 행위, 또는 민주적으로 선출된 동맹국의 지도자를 목표로 삼거나 미국인 전체의 통신 기록을 수집하는 행위는 테러리즘과 관련이 없다. NSA가 실제로 시행하는 감시 활동을 감안하면, 테러 방지는 변명이 확실하다.

게다가, 오바마 대통령과 여러 국가 안보 관리가 말한 대규모 감시가 테러 음모를 막았다는 주장은 거짓임이 드러났다. 〈워싱턴포스트〉가 "정부의 NSA 전화 프로그램 옹호 주장은 설 자리를 잃을 수 있어"라는 제목의 2013년 12월 기사에서 지적했듯이, 연방 재판관은 전화 메타데이터 수집 프로그램이 "거의 확실하게" 위헌이라고 선언했고, 그 과정에서 "NSA가 대량으로 메타데이터를 수집해서 분석한 활동이 실제로 임박한 테러 공격을 막은 사례를 단 한 건도" 법무부가 제시하지 못했다고 했다.

같은 달, 오바마가 직접 뽑은 자문단(전직 CIA 부국장과 전직 백안관 보좌관이 포함되었고, 기밀 정보 접근권을 통해 NSA 프로그램에 대해 조사하기 위해 모였다)은 메타데이터 프로그램이 "테러를 막는 데 필수적이지 않고, 기존의 (법원) 명령을 이용해서 적시에 쉽게 확보할 수 있었다"라고 결론 내렸다.

〈워싱턴포스트〉의 기사를 다시 인용하면, "의회 증언에서 알렉산더 국장은 해당 프로그램이 국내외에서 수십 건의 테러 음모를 탐지하는 데 기여했다고 말했다." 하지만 자문단이 작성한 보고서는 "이런 주장의 신뢰성을 크게 떨어트렸다."

또한, 민주당 상원의원이자 정보위원회 위원인 론 와이든, 마크 유달, 마틴 하인리히가 〈뉴욕타임스〉에서 대담하게 밝혔듯이 전화 기록의 대량 수집은 테러 위협으로부터 미국인의 안전을 강화해주지도 않았다.

대량 수집 프로그램의 유용성은 심하게 과장되었다. 해당 프로그램이 국가 안보를 보장하는 데 실질적이고 특별한 기여를 한다는 어떤 증거도 아직 발견하지 못했다. 우리의 거듭된 요청에도 불구하고, NSA는 일반적인 법원 명령이나 긴급 승인을 통해 확보할 수 없는 전화 기록을 검토하기 위해 이 프로그램을 이용한 어떤 사례 증거도 제공하지 않았다.

중도파에 해당하는 뉴아메리카재단의 연구도 대량 메타데이터 수집에 대한 정부의 정당화가 사실인지 여부를 확인하고는, 해당 프로그램이 "테러 방지와 관련해서 눈에 띄는 영향이 없다"라는 동일한 의견을 제시했다. 그 대신, 〈워싱턴포스트〉가 지적했듯이, 음모가 중단된 대부분의 사례에서 "전통적인 법 집행과 조사 방법이 사건에 착수할 정보나 증거를 제공"했던 점을 발견했다.

실제로 NSA 프로그램의 실적은 매우 저조하다. 전부 수집한다는 시스템이 2012년 보스턴 마라톤 테러를 막기는커녕 알아채는 일에 아무런 기여를 하지 않았다. 크리스마스에 디트로이트 상공에 있던 민항기에 대한 폭탄 테러 시도나 타임스퀘어 폭파 계획, 혹은 뉴욕시 지하철 시스템 공격 음모도 탐지하지 못했다. 이 모든 테러 시도는 동작 빠른 주변 사람이나 전통적인 경찰력을 통해 중단되었다. 오로라에서 뉴타운에 이르기까지, 일련의 대규모 총격 사건을 막는 데 아무런 역할을 하지 않은 것도 확실하다. 런던에서부터 뭄바이와 마드리드에 이르기까지, 대규모 국제 테러는 최소한 수십 명의 요원이 관여했음에도 불구하고 발각되지 않은 채 실행되었다.

NSA의 아전인수격 주장에도 불구하고, 대규모 감시는 정보기관에 9·11 테러를 막기 위한 더 나은 수단을 제공하지 않았다. 키스 알렉산더 국장은 하원 정보위원회에서 "오늘 이 자리에서 어떻게 우리가 또 다른 9·11 테러를 막는 데 실패했는지 설명하려고 하기보다는 차라리 (프로그램에 대해) 논의하고 싶습니다"라고 말했다(알렉산더 국장의 발언과 동일한 주장은 NSA가 요원들에게 준 질문 회피용 답변 자료에 나와 있다).

이런 주장은 순전히 공포를 조장하고 극히 기만적이다. CNN의 안보 분석가인 피터 버겐이 말했듯이, CIA는 알카에다에 관한 다수 보고서와 "두 명의 항공기 납치범과 이들이 미국에 있다는 여러 정보"를 갖고 있었지만, "정부의 다른 기관과 정보를 공유했을 때는 이미 여기에 대해 어떤 조치를 하기에는 너무 늦었다."

〈뉴요커〉의 알 카에다 전문가인 로런스 라이트도 메타데이터 수집이 9·11 테러를 막을 수 있었다는 NSA의 주장을 반박했다. CIA가 "미국에서 벌어지는 테러와 외국에 거주하는 미국인에 대한 공격을 조사할 궁극적인 권한을 갖고 있는 FBI와 중요한 정보를 공유하지 않았다"는 설명이었다. 라이트는 FBI가 9·11 테러를 막을 수 있었다고 주장했다.

> FBI는 미국 내에서 알 카에다와 연관된 모든 사람에 대한 감시를 할 수 있는 영장이 있었다. 용의자를 추적하고, 전화를 감청하고, 컴퓨

터를 복사하고, 이메일을 확인하고, 의료·은행·신용카드 기록을 제출하게 할 수 있었다. 전화 회사에 용의자가 건 통화 기록을 요구할 권한이 있었다. 메타데이터 수집 프로그램은 필요가 없었다. 진짜 필요한 것은 다른 연방 기관과의 협조였지만, 사소하고 불명확한 이유로 정보기관들은 테러를 막을 가능성이 가장 높았던 수사관에게 결정적 단서를 숨겼다.

정부는 필요한 정보를 갖고 있었지만, 그것이 의미하는 바를 이해하지 못했거나 조치를 취하지 않았다. 그 뒤로 이들이 착수한 "대량으로 전부 수집한다"는 해법은 이런 실패를 바로잡기 위해 아무것도 하지 않았다. 거듭해서, 곳곳에서, 감시를 정당화하기 위해 테러 위협을 끌어들인 것은 거짓임이 드러났다.

사실, 대량 감시에는 아주 다른 효과가 있다. 즉, 테러를 감지하고 막는 일을 더 어렵게 만든다. 의회 내 몇 안 되는 과학자이자 물리학자인 러시 홀트 민주당 의원은 모든 사람의 모든 통신을 수집하는 것은 실제 테러리스트가 논의하는 실제 음모를 이해하기 어렵게만 한다고 주장했다. 무차별 감시보다는 목표를 정한 수집이 더 구체적이고 유용한 정보를 만들어낸다. 지금의 접근 방식은 지나치게 많은 데이터가 넘쳐나게 해서 정보를 효과적으로 검토하는 것이 도저히 불가능하게 만든다.

지나치게 많은 정보를 제공하는 것 외에도, NSA 감시 계획은 결과적으로 미국의 취약성을 높인다. 인터넷 뱅킹, 의료 기록 확인, 상거래 같은 일반적인 인터넷 업무를 보호하기 위한 암호화 수단을 무력화시키려는 NSA의 활동은 이런 시스템을 해커와 그 밖의 적대적 존재에 의한 침투에 노출시켰다.

2014년 1월, 보안 전문가인 브루스 슈나이어는 〈애틀랜틱〉에서 다음과 같이 지적했다.

> 전방위적인 감시는 비효율적일 뿐만 아니라 비용이 엄청나게 소요된다. … 다름 아닌 인터넷의 통신 규약이 신뢰를 잃게 되어 기술 시스템을 망가트린다. … 우리가 걱정해야 하는 것은 미국 내 감시 남용만이 아니다. 나머지 세계도 마찬가지다. 인터넷을 비롯한 통신 기술에 대한 도청을 더 많이 하면 할수록 우리가 도청당할 가능성도 그만큼 커진다. NSA가 도청할 수 있는 디지털 세상과, NSA가 도청으로부터 자유로운 디지털 세상 가운데 하나를 선택하는 것이 아니다. 모든 공격자에 취약한 디지털 세상과, 모든 사용자를 위해 안전한 디지털 세상 가운데 하나를 선택해야 한다.

테러 위험을 무한정 악용하는 것에 관한 가장 놀라운 사실은, 아마도 그런 주장이 명백히 과장되었다는 점이다. 미국인이 테러리스트의 공격으로 죽을 위험성은 극히 낮아서, 벼락에 맞을 가능성보다 더 낮다. 테러 위협과 테러와의 전쟁에 쓴 지출 사이의 균형에 대해 광범위한 글을 쓴 오하이오 주립대학의 존 뮬러 교수는 2011년에 이렇게 설명했다.

> 전 세계적으로 이슬람 테러리스트와 알 카에다를 동경하는 자들이 전장 바깥에서 저지른 살인의 희생자는 아마 수백 명 정도다. 이 정도 수치는 매년 욕조에 빠져 죽는 사람 수와 기본적으로 동일하다.

〈맥클라치〉는 "의심할 여지없이" 더 많은 미국인이 "테러보다는 교통사고나 장 질환"으로 사망했다고 보도했다.

이런 위협 요소 때문에 전방위적인 감시국가를 세우기 위해 우리 정치 시스템의 핵심적인 보호 장치를 해체해야 한다는 생각은 극히 불합리하다. 하지만 위협을 과장하는 행동은 계속 반복된다. 2012년 런던 올림픽이 개최되기 직전, 이른바 보안이 허술한 문제를 둘러싸고 논쟁이 벌어졌다. 보안 서비스를 제공하기로 한 업체가 계약에 따른 경비 인원수를 확보하지 못했고, 따라서 전 세계에서 올림픽 게임이 테러 공격에 취약하다는 비난의 목소리가 나왔다.

올림픽이 아무 문제없이 끝난 뒤, 스티븐 월트 하버드대 교수는 〈포린폴리시〉에 늘 그렇듯 위협에 대한 심한 과장이 이런 항의를 주도했다고 지적하면서 존 뮬러와 마크 G. 스튜어트가 〈국제안보〉에 기고한 글을 인용했다. 이 글은 미국을 상대로 한 "이슬람 테러리스트의 음모"라고 알려진 50건의 사례를 분석한 뒤, "거의 모든 범인은 엉뚱하고, 갈팡질팡하고, 미숙하고, 멍청하고, 현실 감각이 없고, 저능아 같고, 비합리적이며, 바보 같다"라고 결론 내렸다. 뮬러와 스튜어트는 국가안보 전문가인 글렌 칼의 "지하디스트를 작고, 치명적이고, 종잡을 수 없으며 끔찍한 상대로 봐야 한다"는 말을 인용하고는, 알 카에다의 "능력은 조직이 희망하는 것에 비해 훨씬 떨어진다"라고 지적했다.

그럼에도 불구하고 문제는 테러리즘의 공포에 이권이 걸린 힘 있는 집단이 많다는 사실이다. 자신들의 행동을 정당화하려는 정부, 공금이 넘쳐나는 방위산업체, 실질적인 도전 없이 우선순위를 정하는 데 몰두하는 워싱턴의 영구적인 권력 파벌들이 여기에 해당된다. 월트 교수는 이런 주장을 했다.

> 뮬러와 스튜어트는 국내에서 테러 공격으로 인한 사망자가 매년 350만 명당 1명 정도에 불과하지만, 국토 안보(이라크 전쟁이나 아프가니스탄 전쟁은 제외)에 대한 지출이 9·11 테러 이후 1조 달러 이상 증가했다고 추산한다. 이들은 보수적인 가정과 전통적인 위기 평가 방법을 동원해서, "매년 예산을 투자하지 않았더라면 성공했을 333건의 매우 큰 규모의 공격을 방지, 방해, 저지하거나 막았어야" 이런 지출이 비용 대비 효율적이라고 평가한다. 결국 이들은 이런 과장된 위기감이 지금은 "내면화"되었다고 우려한다. 정치인과 "테러 전문가"가 과대 선전을 하지 않을 때조차 대중은 여전히 위협이 크고 임박하다고 본다.

테러의 공포가 조작되면서, 국가에 대량 비밀 감시 시스템을 허용하는 데에 따른 입증된 위험은 심각하게 과소평가되었다.

설령 테러 위협이 정부가 주장하는 수준이더라도 NSA의 감시 프로그램은 여전히 정당화될 수 없다. 물리적 안전 외에 다른 가치는 어쨌든 덜 중요하게 보인다. 이런 인식이 건국 초기부터 미국 정치 문화에 심어져 있었고, 다른 나라도 미국 못지 않다.

국가와 개인은 물리적 안전과 같은 다른 목적에 앞서서 프라이버시, 그리고 은연중에 자유에 더 큰 가치를 두는 선택을 끊임없이 한다. 실제로 미국 수정헌법 제4조의 목적은 다름 아닌 특정한 치안 활동이 범죄를 줄일 수 있더라도 이를 금지하는 것이다. 경찰이 영장 없이 아무 집이나 난입할 수 있다면 살인자, 강간범, 납치범을 좀 더 쉽게 체포할 수 있을지도 모른다. 국가가 가정에 모니터를 설치할 수 있다면, 범죄가 눈에 띄게 감소할 수도 있다(가정 절도범의 경우 틀림없이 이런 결과가 나온다. 그럼에도 대부분의 사람들은 그럴 가능성에 대해 섬뜩해하면서 움츠러들 것이다). FBI가 사람들의 대화를 엿듣고 통신을 포착하는 것을 허락받으면, 각종 범죄가 아무래도 예방되거나 해결될 수 있다.

하지만 국가의 이런 무차별적인 침해를 막기 위해 헌법이 제정되었다. 그런 행위에 선을 그음으로써, 우리는 의도적으로 더 큰 범죄의 가능성을 허용한다. 어쨌든 선을 그어서 우리 자신을 더 큰 위험에 노출시키는 것이다. 완벽한 물리적 안전을 추구하는 것이 사회 활동의 최우선 순위였던 적이 없었기 때문이다.

물리적인 안녕을 넘어, 핵심 가치는 국가가 사적 영역, 즉 수정헌법 제4조에 나와 있듯이 우리의 “신체, 주거, 문서 및 재산”에 간섭하지 않게 하는 것이다. 우리는 정확히 그렇게 한다. 이런 영역은 삶의 질과 대체적으로 관련이 있는 여러 가지 속성, 예컨대 창의성과 탐구와 친밀성이 녹아든 도가니다.

절대적인 안전을 추구하기 위해 프라이버시를 포기하는 것은 건강한 정치 문화만큼이나 건강한 정신과 개인의 삶에도 유해하다. 개인이 안전을 가장 우선시하는 것은 마비되고 두려운 삶을 의미한다. 자동차나 항공기를 타지 못하고, 위험이 뒤따르는 활동에 절대 관여하지 못할 뿐만 아니라, 삶의 질보다는 수명을 중요시하고 위험을 피하기 위해 어떤 대가라도 치른다.

공포를 퍼트리는 것은 권위체가 선호하는 전술이다. 공포는 힘의 확장과 권리의 축소를 아주 설득력 있게 합리화하기 때문이다. 테러와의 전쟁이 시작된 이래, 미국인들은 재앙을 피하기 위해서라면 핵심적인 정치적 권리를 포기해야 한다는 말을 자주 들어왔다. 예컨대, 상원 정보위원장인 팻 로버츠는 이런 말을 했다.

> 나는 수정헌법 제1조와 제4조, 그리고 시민적 자유를 신봉한다. 하지만 죽으면 시민적 자유가 없다.

텍사스 주에서 재선에 나선 공화당 상원의원인 존 코닌도 카우보이 모자를 쓴 터프가이로 등장하는 동영상에서 권리를 포기하는 데 따른 이점에 대해 다음과 같은 비겁한 말을 했다.

> 죽고 난 뒤에는 시민적 자유는 별로 중요하지 않습니다.

토크쇼 진행자인 러시 림보는 많은 청중에게 다음과 같은 질문을 해서 역사적 무지를 드러냈다.

> 대통령이 시민적 자유를 지켜야 한다는 이유로 전쟁을 선포한다는 말을 들은 게 언젭니까? 전 하나도 생각나지 않아요. … 죽으면 시민적 자유는 쓸모없어요! 죽어서 땅에 묻히면, 눈에 흙이 들어가면, 시민적 자유가 뭘 의미하는지 압니까? 영입니다. 제로입니다. 무입니다.

다른 모든 가치에 앞서 물리적 안전을 중요시하는 국가와 국민은 얼마만큼 실체가 없는지는 상관없이 총체적인 안보를 약속하는 대가로 궁극적으로 자유를 포기하고 당국이 거머쥔 모든 권력을 허락한다. 하지만, 절대적인 안전은 그 자체가 비현실적이어서 추구하더라도 이룰 수는 없다. 그런 목표는 관계된 사람뿐만 아니라 이로 인해 규정되는 모든 국가를 타락시킨다.

대량 비밀 감시 시스템을 운영하는 국가가 지닌 위험성은 역사상 어느 시점보다 지금 훨씬 더 섬뜩하다. 국가는 감시를 통해 자국민의 행동을 점점 더 많이 아는 반면, 국민은 비밀이라는 벽에 둘러싸인 정부가 하는 일을 점점 더 모르게 된다.

이런 상황이 건강한 사회를 규정하는 힘을 얼마나 급격하게 전환하는지, 또는 국가에 대한 힘의 균형을 얼마나 근본적으로 변화시키는지 과장해서 말하기는 힘들다. 권위체가 도전받지 않는 권력을 쥐도록 설계한 제러미 벤담의 파놉티콘은 정확하게 이런 전환을 바탕으로 했다. 벤담은 "파놉티콘의 핵심"이 "자신은 노출시키지 않은 채 감시를 하는 매우 효과적인 장치"와 더불어 "감시자의 상황이 지닌 중심성"에 있다고 말했다.

건강한 민주 국가는 이와는 반대다. 민주 국가는 책임과 국민의 동의가 필요하다. 그렇게 하기 위해서는 국민이 자신의 이름으로 어떤 일이 이루어지는지 알아야 한다. 이런 사회는 드물게 예외가 있지만 국민이 정부 관리가 하는 일을 모두 알고, 그렇기 때문에 이들을 공공 부문에서, 공직에서, 공공 기관에서 일하는 공무원이라고 부른다는 것을 근거로 한다. 거꾸로 말하면, 드물게 예외가 있지만 정부는 법을 지키는 국민이 무슨 일을 하는지 전혀 모른다는 것을 근거로 한다. 우리가 개인의 능력 안에서 기능을 하는 사적 개인이라고 불리는 이유가 여기에 있다. 투명성은 공무를 처리하고 공권력을 행사하는 사람에게 필요하다. 나머지 사람들에게는 프라이버시가 필요하다.

제5장

제4계급

원칙적으로 국가 권력의 남용을 감시하고 견제하는 주요 기구 중 하나는 언론이다. 국민에 대한 은밀한 감시는 확실히 가장 과격한 권력 남용의 사례다. '제4계급' 이론은 언론이 정부의 투명성을 보장하고 힘의 남용을 견제한다는 것이다. 하지만 이런 견제는 저널리스트가 권력을 휘두르는 자들에 대해 비판적으로 행동할 경우에만 효과적이다. 미국 미디어는 대개 이런 역할을 포기했다. 정부의 이해관계에 영합하거나 심지어 확대한다. 정부의 메시지를 철저하게 조사하기보다는 정부가 하기 힘든 일을 대신해준다.

이런 맥락에서, 스노든의 폭로에 관한 나의 보도에 대해 미디어가 적대감을 표출하는 것은 불가피했다. 2013년 6월 6일 〈가디언〉에 NSA 관련 기사가 처음 나가고 하루가 지난 뒤, 〈뉴욕타임스〉는 범죄 수사 가능성을 언급했다. 나를 주제로 한 인물 기사에서 그런 주장을 한 것이다.

> 정부의 감시와 저널리스트 기소에 관해 수년간 열심히, 심지어 집요할 정도로 기사를 쓴 뒤, 글렌 그린월드는 이런 두 이슈의 교차점, 그리고 아마 연방 검사의 목표가 될 지점에 느닷없이 직접 뛰어들었다.

내가 쓴 NSA 보도에 대해서는 "비밀누설자를 적극적으로 추적해 온 법무부가 조사에 나설 가능성이 있다"라고 덧붙였다. 해당 기사는 허드슨 연구소의 네오콘인 게이브리얼 숀펠드의 말을 인용했다. 오래전부터 비밀 정보를 보도한 저널리스트의 기소를 지지한 숀펠드는 내가 "어떤 극단적인 반미주의조차 매우 전문적으로 옹호하는 인물"이라고 했다.

〈뉴욕타임스〉의 의도를 가장 잘 드러내는 증거는 앤드류 설리번의 입에서 나왔다. 같은 기사에서 인용된 설리번의 발언은 다음과 같다.

> 그린월드와 일단 논쟁을 시작하면 끝이 나질 않는다. 그린월드는 국가를 운영하거나 전쟁을 치르는 것이 실제로 어떤 의미인지 잘 이해하지 못하는 듯하다.

설리번은 자신의 발언이 전후 맥락을 무시하고 이용된 것이 거슬린 나머지, 〈뉴욕타임스〉의 레슬리 카우프먼 기자와 나눈 전체 대화 내용을 내게 보내주었다. 여기에는 눈에 띌 정도로 고의로 누락시킨, 내가 한 일에 대한 호평도 포함되어 있었다. 하지만 더 눈에 띄는 사실은 카우프먼 기자가 설리번에게 애초에 보낸 질문지였다.

- 그린월드는 확실히 자기주장이 강한데, 저널리스트로서는 어떻습니까? 믿을 만합니까? 정직한가요? 작가님이 하신 말씀을 정확하게 인용합니까? 작가님의 입장을 정확하게 기술합니까? 저널리스트라기보다는 변호사에 더 가깝지 않나요?
- 그린월드는 작가님을 친구라고 했습니다. 맞습니까? 그린월드가 다소 혼자 있기를 좋아하고 자기주장을 굽힐 줄 몰라서 친구를 사귀기 힘든 사람이라는 느낌이 드는데, 틀릴 수도 있습니다.

내가 다소 혼자 있기를 좋아해서 친구를 사귀기 힘든 사람이라는 두 번째 질문은 어떤 면에서 첫 번째 질문보다 훨씬 더 중요하다. 어떤 메시지를 불신하도록 만들기 위해 메시지 전달자를 사회부적응자로 모는 것은 내부고발자 문제에 오래전부터 있던 계략이고, 대개는 효과가 있다. 인신공격으로 신뢰성을 떨어트리려는 활동은 내가 〈뉴욕데일리뉴스〉의 기자로부터 이메일을 받았을 때 더 확실하게 이해되었다. 그 기자는 조세 채무를 비롯한 빚, 그리고 8년 전 내가 지분을 갖고 있던 회사가 성인 비디오 배급 회사와 제휴한 일 등 나의 과거에 대한 여러 측면을 조사하고 있다고 했다. 나는 〈뉴욕데일리뉴스〉가 개인 비리를 자주 싣는 타블로이드 신문이기 때문에 질문에 대답을 해서 긁어 부스럼을 만들 이유가 없다고 생각했다.

같은 날 〈뉴욕타임스〉의 마이클 슈미츠로부터도 이메일을 받았다.

슈미츠 기자도 나의 과거 조세 채무에 관한 기사를 쓰는 데 관심을 갖고 있었다. 어떻게 두 신문사가 동시에 잘 알려지지 않은 구체적 사실을 파악했는지는 미스터리였다. 〈뉴욕타임스〉는 왜 그런지 이유는 설명하지 않고 이런 나의 과거 채무가 뉴스거리가 된다고 확신했다.

이런 이슈는 분명히 사소한 것으로, 나를 깎아내리려는 의도에 따른 것이다. 결국 〈뉴욕타임스〉는 이 이야기를 내보내지 않은 반면, 〈뉴욕데일리뉴스〉는 10년 전 내 애완견이 아파트 규정이 허용하는 체중을 초과한다는 주장을 둘러싼 갈등의 시시콜콜한 이야기까지 포함해서 기사를 내보냈다.

언론이 나를 깎아내리려고 할 것이라는 예상은 했다. 하지만 저널리스트로서의 내 신분을 인정하지 않을 줄은 꿈에도 생각지 못했고, 이런 행동은 잠재적으로 큰 영향을 미쳤다. 이번에도 〈뉴욕타임스〉였고, 이 내용도 6월 6일 기사에 포함되었다. '감시 문제에 주력한 블로거, 논쟁의 중심에 서다'라는 제목에서 신문은 나에게 저널리스트가 아닌 타이틀을 붙이려고 비상한 노력을 했다. '감시 반대 운동가, 새로운 폭로의 중심에 서다'라는 인터넷판 신문의 제목도 여기에 못지않았다.

〈뉴욕타임스〉의 퍼블릭 에디터(2003년 〈뉴욕타임스〉가 보도의 투명성을 높이기 위해 신설한 직책으로, 신문의 저널리즘 윤리 이행을 감독하는 역할을 한다 - 옮긴이) 마가렛 설리번은 기사가 나를 "무시"했다고 비판하면서 이렇게 말했다.

> 물론 블로거라고 해서 문제 될 것은 없다. 나도 블로거다. 하지만 주류 언론이 이 용어를 쓸 때는 어쩐지 '넌 우리와는 달라'라고 말하는 것처럼 보인다.

해당 기사는 반복해서 나를 '저널리스트'나 '기자'가 아닌 인물로 언급했다. 기사에 따르면 나는 "변호사이자 장기간 활동한 블로거"였다(당시 나는 변호사 활동을 하지 않은 지 6년째였고, 주요 뉴스 현장에서 장기간 칼럼니스트로 일했다. 게다가 책도 네 권 냈다). 또한 기사는 "저널리스트로서" 그때까지 활동한 점에서 내 경험이 "독특"하다고 했는데, 그 이유는 "의견이 분명"하기 때문이 아니라 "편집인에게 좀처럼 보고하지 않았기" 때문이었다.

내가 '저널리스트'인지 여부를 두고 모든 미디어가 논쟁에 뛰어들었다. 가장 일반적으로 제시된 대안은 '운동가'였다. 미디어가, 특히 누군가를 악당으로 만들고자 할 때 흔히 그렇듯 누구도 나서서 이런 용어를 규정하지 않았고, 그 대신 잘못 정의된 상투어를 썼다. 그 후로 이런 공허하고 김빠진 꼬리표가 항상 따라붙었다.

명칭은 여러 면에서 정말 중요했다. 그중 하나로, '저널리스트'라는 꼬리표를 떼는 것은 보도의 적법성을 떨어트린다. 게다가 나를 '운동가'로 바꿔놓으면 법적, 즉 형사상의 결과를 초래할 수도 있었다. 저널리스트는 일반인에게는 가능하지 않는 공식적이고 관례적이기도 한 법적 보호를 받을 수 있다. 예컨대, 저널리스트의 정부 비밀 공개는 일반적으로 합법이지만, 다른 신분으로 같은 행동을 하는 것은 그렇지 않다.

서방 세계에서 가장 오래되고 가장 규모가 큰 신문에 글을 쓴 사실에도 불구하고, 의도적이든 아니든 내가 저널리스트가 아니라는 생각을 강요하는 것은 정부가 나의 보도 행위를 범죄로 만들기 더 쉽게 했다. 〈뉴욕타임스〉가 나를 두고 '운동가'라고 선언한 뒤로 마가렛 설리번은 이렇게 인정했다.

> 지금의 분위기에서 이 문제는 심각하게 받아들여지고, 그린월드에게 매우 중요할 수 있다.

"지금의 분위기"란 정부의 저널리스트에 대한 취급에 관해서 워싱턴을 휩쓴 두 가지 주요 논란을 짧게 언급한 말이었다. 첫 번째는 법무부가 어떤 기사의 제보자를 찾기 위해 AP 통신사 기자와 편집인의 이메일과 전화 기록을 은밀하게 확보한 사건이었다. 두 번째는 법무부가 비밀 정보를 누설한 또 다른 제보자를 확인하려는 활동과 관련된 더 극단적인 사건이었다. 법무부는 폭스뉴스의 워싱턴 지국장인 제임스 로즌의 이메일을 확인하기 위해 연방 법원에 영장 청구용 진술서를 제출했다.

영장 신청에서 정부 측은 기밀 자료를 확보했다는 이유로 제임스 로즌을 비밀누설자의 중죄와 연루된 "공모자"로 낙인찍었다. 〈뉴욕타임스〉의 다음 기사처럼 진술서의 내용은 충격적이었다.

미국 저널리스트가 기밀 정보를 확보하고 보도했다는 이유로 기소된 적이 없었다. 따라서 진술서의 내용은 오바마 정부의 비밀 누설 단속이 새로운 차원에 접어들었다는 전망을 낳았다.

법무부가 "공모자"라는 딱지를 붙이기 위해 언급한 로즌의 행동에는 문서 확보를 위해 제보자와 협력하고, 노출되지 않고 대화하기 위해 "비밀 소통 방안"을 마련했을 뿐만 아니라, 제보자가 폭로하도록 설득하기 위해 "제보자를 추켜세우면서 중요하고 특별한 사람이라고 느끼게" 했다는 내용이 포함되었는데, 이 모든 것은 탐사 저널리스트가 일상적으로 하는 행동이었다.

워싱턴의 베테랑 기자인 올리비에 녹스의 말처럼 법무부는 "자체적으로 작성한 진술서에 기술했듯이 전통적인 뉴스 보도의 범위와 잘 맞아 떨어지는 로즌의 행동이 보안법을 위반했다는 이유로 기소했다." 즉, 로즌의 행동을 중죄로 보는 것은 저널리즘 자체를 범죄로 만드는 것이었다.

내부고발자와 제보자에 대한 오바마 행정부의 공격을 더 큰 맥락에서 고려하면 이런 조치는 약과인지도 모른다. 2011년 〈뉴욕타임스〉는 법무부가 짐 라이즌이 쓴 기사의 제보자를 찾기 위한 시도로 "라이즌의 전화 통화와 재무 및 여행 내역에 관한 광범위한 기록을 확보"했고, 여기에는 "신용카드, 은행 기록, 특정한 항공 여행, 그리고 금융 계좌가 나열된 신용 평가 보고서 세 개"가 포함되었다.

법무부는 또한 거부할 경우 구속 가능성이 있다면서 라이즌이 제보자의 신원을 밝히도록 압박하려 했다. 라이즌에 대한 정부의 태도는 미국 전역에서 저널리스트들을 떨게 만들었다. 가장 성공하고 제도적으로 보호받는 탐사 기자 가운데 한 명이 이런 적대적 공격에 놓인다면 다른 저널리스트도 마찬가지일 수 있다는 두려움이었다.

언론계 다수가 놀란 반응을 보였다. 〈USA투데이〉의 한 기사는 "오바마 대통령의 행정부가 사실상 저널리스트와의 전쟁을 시작했다는 비난에 직면했다"면서 〈LA타임스〉의 전직 안보 문제 전문 기자였던 조시 메이어의 다음과 같은 말을 인용했다.

> 오바마 행정부는 어떤 정부도 넘지 않은 레드라인을 완전히 넘고 끊어버렸다.

〈뉴요커〉의 존경받는 탐사 기자인 제인 메이어는 〈뉴리퍼블릭〉에서 오바마의 법무부가 내부고발자를 목표로 삼는 행동은 저널리즘 자체에 대한 공격으로 작용하고 있다고 경고했다.

> 보도에 대한 거대한 장애물이고, 오싹하다는 말로도 충분하지 않을 정도다. 전체 과정을 꽁꽁 얼려서 중단시키는 것에 가깝다.

국가의 언론 자유에 대한 공격을 감시하는 국제기관인 언론인 보호 위원회는 이런 상황을 두고 볼 수 없어서 미국에 관한 일찍이 없었던 보고서를 발행했다. 〈워싱턴포스트〉의 전 편집장인 레오나드

다우니 2세가 작성한 이 보고서는 2013년 10월에 발행되었고, 다음과 같이 결론 내렸다.

> 정부의 비밀 누설과의 전쟁과, 정보를 통제하기 위한 그 밖의 활동은 닉슨 행정부 이래 가장 공격적이다. … 이 보고서를 위해 인터뷰한 워싱턴의 여러 뉴스 기관에 소속된 베테랑 저널리스트 30명은 유사 사례를 기억하지 못했다.

한 신문사 지국장이 말했듯이 정부의 힘이 국가 안보를 넘어서 "정부 기관에 대한 책임 있는 보도를 좌절시키려는" 활동까지 포함되도록 확대되었다.

수년간 버락 오바마에 현혹된 미국 저널리스트들은 이제 오바마 대통령을 두고 언론 자유에 어떤 중대한 위협이 되는 인물이며, 이 점에 관한 한 리처드 닉슨 이후 가장 억압적인 지도자라고 했다. "미국 역사상 가장 투명한 정부"를 약속하며 권력을 잡은 정치인치고는 깜짝 놀랄만한 변신이었다.

오바마는 스캔들이 확대되는 것을 막기 위해 에릭 홀더 법무부 장관에게 미디어 대표들을 만나 법무부의 언론 대응에 관한 규칙을 재검토하라고 지시했다. 오바마는 "비밀 누설 조사가 정부에 책임을 묻는 탐사 저널리즘을 위축시킬 가능성을 우려"한다고 주장했는데, 마치 자신이 지난 5년간 취재 과정에 대해 다름 아닌 그런 형태의 공격을 주도하지 않은 듯한 태도였다.

〈가디언〉이 NSA 관련 기사를 최초로 보도한 다음 날인 2013년 6월 6일, 홀더 법무부 장관은 상원 청문회에서 법무부가 "직분에 맞는 일을 하는 기자"는 절대 기소하지 않겠다고 맹세했다. 또한 법무부의 목표는 "언론 종사자들을 겨냥하거나 이들이 주요 업무를 수행하지 못하게 막는 것이 아니라", 그저 "국가 안보를 위험에 빠트리는 정부 관리를 찾아내서 기소하는 것"이라고 덧붙였다.

어느 정도 환영할 만한 진전이었다. 정부가 적어도 언론 자유에 대해 고심하는 모양새를 보일 정도로 반발을 확실히 느낀 것이다. 하지만 홀더 장관의 약속에는 거대하게 갈라진 틈새가 있었다. 폭스뉴스 워싱턴 지국장인 로즌의 사례에서 법무부는 기밀 정보를 "훔치기"위해 제보자와 협력하는 행동은 "기자의 직분" 범위를 벗어난다고 판단했다. 따라서 홀더 장관의 맹세는 저널리즘에 관한 법무부의 시각에 달려 있고, 합법적인 보도의 경계를 초월하는 것이다.

이런 맥락에서, 내가 하는 일이 보도가 아니라 "(정치적 목적을 위한) 행동주의적인 행위"이고, 따라서 범죄라고 주장하기 위해 나를 '저널리즘'의 영역에서 제외시키는 일부 언론인의 활동은 잠재적으로 위험했다.

맨 처음 노골적으로 나를 기소해야 한다고 요구한 사람은 공화당 뉴욕 주 하원의원인 피터 킹이었다. 테러리즘에 관한 하원 소위원회 의장인 킹 의원은 미국 내 이슬람 공동체에 의한 "안으로부터"의 테러 위험에 대한 매카시적인 청문회를 소집한 적이 있었다(아이러니하게도 킹은 오랫동안 아일랜드 공화국군IRA 지지자였다). 킹 의원은 NSA

관련 보도에 관여한 기자들이 "문서가 기밀 정보란 사실을 의식적으로 알았다면 … 특히 이 정도 규모인 줄 알았다면" 기소되어야 한다고 CNN 방송의 앤더슨 쿠퍼에게 말했다. 또한 "제가 생각하기에, 국가 안보를 심각하게 위태롭게 할 어떤 사실을 폭로하는 기자에게는 도덕적인 동시에 법적인 책임이 있습니다"라고 덧붙였다. 킹은 나중에 폭스뉴스에 출연해 나를 꼬집어 말하는 것이라는 점을 분명히 밝혔다.

> 그린월드를 두고 하는 말입니다. … 그린월드는 비밀 정보를 폭로했을 뿐만 아니라, 자신이 전 세계 CIA 요원의 이름과 자산을 알고 있다면서 이를 폭로하겠다고 위협하고 있습니다. 미국에서 마지막으로 그런 일이 있었을 때, CIA 지국장이 그리스에서 살해되는 것을 보았습니다. … 저는 (저널리스트의 기소가) 대상을 신중하게 한정하고, 신중하게 선택하며, 아주 드문 예외가 되어야 한다고 생각합니다. 하지만 이번 사례에서 비밀 정보를 폭로하고 추가로 폭로하겠다고 위협하는 사람이 있다면, 그런 사람은 법적 조치를 당해야 합니다.

내가 CIA 요원의 이름과 자산을 폭로한다고 위협했다는 주장은 킹 의원이 꾸며낸 새빨간 거짓말이었다. 그럼에도 불구하고 킹의 발언으로 관련 논평이 봇물 터지듯 쏟아졌다. 부시 대통령의 연설 담당 비서관 출신으로 미국의 고문 프로그램을 정당화하는 책을 낸 〈워싱턴포스트〉의 마크 시슨은 "그렇다, NSA 비밀을 공개하는 행위는 범죄다"라는 기사 제목으로 킹 의원을 두둔했다. 그는 내가 "정부 암호 또는 통신정보를 포함한 기밀 정보 보도를 범죄 행위로 규정한 미국 법전 제18편 798항을 위반했다"고 비난하고는 이렇게 덧붙였다.

> "그린월드가 해당 법을 확실히 위반했다(이 점에 있어서는 〈워싱턴포스트〉가 NSA의 프리즘 프로그램에 관한 세부 기밀을 공개했을 때도 마찬가지였다)."

앨런 더쇼위츠는 CNN 방송에 출연해 "제가 보기에 그린월드는 확실히 중죄를 저질렀습니다" 라고 말했다. 더쇼위츠는 널리 알려진 민권 및 언론 자유의 옹호자임에도 불구하고 나의 보도가 "범죄에 가까운 행위가 아니라 범죄 그 자체"라고 말했다(나중에 더쇼위츠는 '국가 감시는 국민을 더 안전하게 보호하는가'라는 주제로 공개 석상에서 그린월드와 토론을 했고 이 내용은 국내에 『감시국가』라는 이름으로 출간되었다 - 옮긴이).

조지 부시 정권에서 NSA 국장과 CIA 국장을 차례로 역임하면서 무영장 불법 감청 프로그램을 실행했던 마이클 헤이든 장군도 점점 커지는 합창에 목소리를 보탰다. 헤이든은 CNN.com에 기고한 글에서 "에드워드 스노든은 공화국 역사상 미국에 가장 큰 피해를 준 비밀누설자가 될 것 같다"면서 이렇게 덧붙였다.

글렌 그린월드는 법무부가 폭스뉴스의 제임스 로즌에 대해 규정한 공모자라는 표현보다 훨씬 더 심한 말을 들어도 싸다.

애초에 기소 문제는 저널리즘을 범죄라고 볼 것으로 예상된 우파 인물에 주로 한정해서 제기되었고, 이런 목소리는 내가 〈미트더프레스〉라는 방송 프로그램에 출연하는 동안 더 커졌다. 이 방송에서 진행자인 그레고리가 내게 던진 질문은 악명이 높다.

백악관은 〈미트더프레스〉가 워싱턴의 정치인을 비롯한 엘리트들이 자신의 메시지를 큰 문제 없이 전달하기에 편한 매체라고 호평했다. 딕 체니 전 부통령의 공보 담당 수석 비서였던 캐서린 마틴도 NBC 방송의 주간 프로그램인 〈미트더프레스〉를 두고 "가장 좋은 포맷"이라고 인정했다. 딕 체니가 "메시지를 통제"할 수 있다는 이유에서였다. 캐서린 마틴은 부통령을 〈미트더프레스〉에 출연시키는 것이 "우리가 자주 이용한 전술"이라고 했다. 실제로 프로그램 진행자인 데이비드 그레고리가 백악관 출입 기자 만찬 자리에서 랩을 하는 칼 로브('부시의 책사'로 알려진 공화당의 대표적 전략가 - 옮긴이 주) 뒤에서 어색하지만 열심히 춤을 추는 모습을 담은 동영상은 프로그램의 성격을 생생하게 보여주었다는 입소문이 났다. 즉, 〈미트더프레스〉는 정치권력이 증폭되고 자만해지는, 가장 안정되고 일반적인 통념만 이야기되는, 아주 좁은 범위의 견해만 허용되는 프로그램이다.

나는 이 프로그램에 급하게 초청된 적이 있었는데, 그것은 부득이한 상황이었다. 이날 몇 시간 전에 스노든이 홍콩을 떠나 모스크바행 비행기에 탔다는 뉴스가 전해졌다. 당연히 뉴스 보도 사이클을 장악할 극적인 상황 전환이었다. 〈미트더프레스〉는 이 뉴스를 머리기사로 다룰 수밖에 없었고, 스노든과 연락이 닿는 몇 안 되는 사람 가운데 한 명으로서 내가 주요 게스트로 초청되었다.

나는 프로그램 진행자인 그레고리를 몇 년에 걸쳐 맹비난한 적이 있기 때문에 인터뷰가 호의적이지 않으리라고 예상했다. 그럼에도 불구하고 그레고리가 이런 질문을 할 줄은 몰랐다.

> 그린월드 씨는 스노든을 돕고 부추긴 측면이 있습니다. 지금 상황에서도 말입니다. 그런데 왜 그린월드 씨는 기소되지 않습니까?

이 질문에는 틀린 사실이 너무 많아서 나는 그레고리가 실제로 그런 질문을 했는지 이해하는 데 잠시 시간이 필요했다.

가장 두드러진 문제는 질문에 근거 없는 가정이 많이 담겨 있다는 점이었다. 내가 "스노든을 돕고 부추긴 측면"이 있고, "지금 상황에서도" 그렇다는 발언은 "그레고리 씨가 이웃을 살해한 측면이 있다"라는 식으로 말하는 것이나 다름없었다. 이 말은 "언제 아내에 대한 구타를 멈췄습니까?"라는 식의 질문과 같았다.

잘못된 표현을 쓴 것 외에, 방송을 진행하는 저널리스트가 다른 저널리스트를 두고 저널리즘에 걸맞은 일을 했다는 이유로 기소될 수 있고, 기소되어야 한다는 개념을 주장한 것은 이례적이었다. 그레고리의 질문은 제보자와 협력해서 기밀 정보를 입수한 미국 내 탐사 기자가 범죄자라는 뜻을 담고 있었다. 탐사 보도를 매우 위태롭게 만든 것은 바로 이런 논리와 분위기였다.

예상대로 그레고리는 나를 '저널리스트'가 아닌 다른 누군가로 표현했다. 그는 "그린월드 씨는 논객이고, 관점을 갖고 있는, 칼럼리스트입니다"라는 말과 함께 문제 제기를 시작했다.

> 어떤 사람이 저널리스트인가라는 문제는 그린월드 씨의 직업이 무엇인지와 관련해서 논란이 있을 수 있습니다.

이런 주장을 하는 사람은 그레고리만이 아니었다. 내가 그레고리와 나눈 대화에 대해 〈미트더프레스〉에 출연한 패널 중 누구도 제보자와 협력했다는 이유로 저널리스트가 기소될 수 있다는 개념에 반대하지 않았다. NBC의 척 토드는 자신이 "그 음모"에서 나의 "역할"이라고 한 것에 대해 심상치 않은 "문제"를 제기함으로써 이 같은 논리를 강화했다.

> 글렌 그린월드가 … 그 음모에 얼마나 관여했냐고요? … 단순히 이 정보를 획득하는 것을 넘어서는 역할을 했냐구요? 그린월드가 이 질문에 대해 답해야 하냐고요? 여기에, 여기에 법률적 논점이 있습니다.

CNN의 〈릴라이어블소시스〉는 화면에 "글렌 그린월드는 기소되어야 하나?"라는 자막을 내보내면서 이 문제를 두고 토론을 했다.

1960년대 CIA를 위해 해외의 미국 학생들을 감시했던 〈워싱턴포스트〉의 월터 핀커스는 로라와 나, 스노든 모두 위키리크스를 창설한 줄리언 어산지가 은밀하게 주도하는 음모의 일환으로 활동했다고 주장하는 칼럼을 썼다. 이 칼럼은 사실이 아닌 내용이 너무 많아서 〈워싱턴포스트〉는 이례적으로 여러 오류를 인정하는, 200단어로 쓴 3개 단락의 정정 기사를 내보내야 했다.

〈뉴욕타임스〉의 경제 칼럼리스트인 앤드류 로스 소킨은 자신이 진행하는 CNBC 프로그램에서 이런 말을 했다.

> 우리가 이번 사건을 엉망으로 처리해서 심지어 (스노든이) 러시아에 가도록 방치했고, 중국은 확실히 우리를 싫어해서 스노든이 홍콩을 떠나도록 내버려둔 것이라고 생각합니다. … 스노든을 체포해야 하고, 지금으로써는 스노든이 에콰도르로 가도록 도우려는 것처럼 보이는 저널리스트, 글렌 그린월드도 체포해야 할 것입니다.

펜타곤 페이퍼를 공개하기 위해 미국 연방 대법원까지 가서 투쟁했던 〈뉴욕타임스〉의 기자가 나의 체포를 옹호하는 것은, 많은 주류 저널리스트가 정부 편에 설 것이라는 신호였다. 결국 탐사 저널리즘을 범죄로 만드는 행위는 신문과 신문사에서 일하는 사람들에게 심각한 영향을 주게 된다. 나중에 소킨은 내게 사과했지만, 그의 발언은 이런 주장이 얼마나 빠르고 손쉽게 탄력을 얻는지 보여주었다.

다행히 미국 기자단에는 이렇게 생각하지 않는 기자도 많았다. 사실 나를 처벌하려는 분위기는 여러 저널리스트로 하여금 한목소리로 내 일을 지지하도록 만들었다. 여러 주류 텔레비전 프로그램의 진행자도 사건에 관계한 사람들을 악당으로 몰기보다는, 폭로의 실체에 더 큰 관심을 두었다. 인터뷰 방송이 나간 다음 주, 그레고리의 질문에 대한 많은 비난이 쏟아져 나왔다. 〈허핑턴포스트〉는 "데이비드 그레고리가 글렌 그린월드에게 지금 당장 그런 질문을 던졌다는 사실이 아직도 좀처럼 믿기지 않는다"고 했다. 영국 〈선데이타임스〉의 워싱턴 지국장인 토비 한든은 이런 내용을 트위터에 올렸다.

> 나는 무가베 대통령이 통치하는 짐바브웨에서 '저널리스트로 일한다'는 이유로 감옥에 갔다. 데이비드 그레고리는 오바마의 미국도 똑같이 행동해야 한다고 말하는 것인가?

〈뉴욕타임스〉와 〈워싱턴포스트〉를 비롯한 다른 언론의 기자와 칼럼니스트 다수도 공식적인 자리와 사석 모두에서 나를 두둔했다. 하지만 아무리 많은 지지가 있더라도 기자들이 법적 처벌 가능성을 스스로 인정했다는 사실은 반박할 수 없었다.

변호사들을 비롯한 많은 사람이 내가 미국으로 돌아가면 실제로 체포될 가능성이 있다고 충고했다. 믿을 만한 사람 가운데 그런 위험은 존재하지 않는다고, 법무부가 나를 기소하는 것은 상상도 못 할 일이라고 말해줄 인물은 찾으려 해도 찾지 못했다. 대개는 법무부가 저널리스트를 쫓아다니는 모양새를 피할 생각에 내 보도를 노골적으로 손을 보지는 않을 거라는 것이 일반적인 견해였다. 오히려 우려되는 점은 정부가 내가 저지른 소위 범죄가 저널리즘의 범위 밖에 있다는 논리를 만드는 상황이었다. 〈워싱턴포스트〉의 바튼 겔먼과 달리, 나는 사건 보도 전에 스노든을 만나기 위해 홍콩에 갔다. 스노든이 일단 러시아에 도착한 뒤에는 스노든과 정기적으로 연락했고, 프리랜서로서 NSA에 관한 이야기를 전 세계 신문에 보도했다. 법무부는 내가 스노든의 폭로를 "돕고 부추겼다"거나, "도망자"가 법망을 피해 달아나게 도왔다거나, 외국 신문사와 협력한 것이 일종의 스파이 행위가 될 수 있다는 주장을 할 수 있었다.

더욱이 NSA와 미국 정부에 관한 나의 논평은 의도적으로 공격적이고 도전적이었다. 당연히 정부는 정보기관의 분노를 누그러트리고, 적어도 다른 저널리스트를 제지하는 것이 아니라면, 이른바 미국 역사상 가장 큰 피해를 가져온 비밀 누설이라는 사태에 대해 누군가를 처벌하는 것이 절실했다. 정부가 못 붙잡아서 안달이 난 인물이 모스크바에서 정치적 망명이라는 보호막 아래 안전하게 있는 상황이어서, 나와 로라가 적당한 차선의 목표가 된 것이다.

수개월 간, 여러 변호사가 법무부 고위층과의 접촉을 통해 내가 기소되지 않을 것이라는 비공식적인 확답을 얻으려 했다. 최초 보도가 나가고 5개월이 지난 10월, 앨런 그레이슨 민주당 의원이 홀더 법무부 장관에게 편지를 썼다. 저명한 정치인들이 나의 체포를 요구한 상태였고, 기소 가능성에 대한 우려 때문에 NSA 문제에 대해 의회 앞에서 증언하라는 초청을 내가 거부해야 했다는 내용이었다. 그레이슨 의원의 편지는 이렇게 끝맺었다.

> 이 점을 유감스럽게 생각합니다. 왜냐하면 (1) 저널리스트로서 일한 사실은 범죄가 아니라, (2) 오히려 수정헌법 제1조에 의해 명시적으로 보호받기 때문입니다. (3) 사실 이 문제에 관한 그린월드 씨의 보도는 정부 기관이 저지른 법과 헌법적 권리에 대한 심각하고 만연된 위반에 대해 나를 비롯한 의원들과 일반 대중에게 알려주었습니다.

편지는 법무부가 나를 기소하려는지와 내가 미국에 입국하려 할 때 "법무부, 국토안보부, 또는 연방 정부의 다른 부서가 억류, 심문, 체포 또는 기소하려는지"를 물었다. 하지만 그레이슨 의원이 살고 있는 지역 신문인 〈올란도센티넬〉이 12월에 보도했듯이 법무부는 묵묵부답이었다.

2013년 말과 2014년 초, 정부 관리들이 나를 범죄자로 만들기 위해 조정된 것이 분명한 공격을 계속하면서 기소 위협이 오히려 증가했다. 10월 말, 키스 알렉산더 NSA 국장은 내가 프리랜서로서 전 세계에 보도한 내용에 관해서 "신문 기자들이 5만 건에 달하는 이 모든 문서를 가지고서 팔고 있다"고 불평했고, "우리" 즉 정부가 "이런 행동을 저지할 방법을 생각해내도록" 오싹하게 요구했다. 하원 정보위원회 위원장인 마이크 로저스는 1월에 열린 청문회에서 일부 저널리스트가 "훔친 자산을 판매"함으로써 "장물아비"나 "절도범"과 같은 행동을 한다고 제임스 코미 FBI 국장에게 반복해서 말하고는, 나를 두고 하는 말임을 분명히 밝혔다. 내가 CBC에 대한 캐나다의 첩보행위에 대해 보도하기 시작했을 때, 스티븐 하퍼가 이끄는 캐나다 우익 정부의 대변인 역할을 한 로저스 의원은 나를 "포르노 스파이"라고 비난했고, 내가 훔친 문서를 매수했다는 이유로 CBC를 고발했다. 또한 제임스 클래퍼 정보국장은 NSA 관련 보도를 하는 저널리스트를 언급하기 위해 범죄 용어인 "공범"이라는 표현을 쓰기 시작했다.

나는 미국에 귀국하자마자 체포될 가능성이 50퍼센트 미만이라고 생각했다. 정부가 그렇게 할 이유는 체면을 살리고 국제적인 논쟁을 불러일으키는 것밖에 없었다. 내가 판단하기에, 저널리스트로서 일했다는 이유로 저널리스트를 기소한 첫 번째 대통령으로 기록되는 것은 오바마 대통령에게도 충분히 당혹스러운 일이다. 하지만 최근의 사례가 시사하는 바가 있다면, 그것은 미국 정부가 국가 안보라는 외피 아래 세계 다른 국가들이 미국을 어떻게 생각하든지 상관없이 온갖 비난받을 짓을 기꺼이 했다는 사실이었다. 예상을 잘못한 결과가 수갑을 차고, 보안법에 의거해 기소되며, 이런 문제에 있어서 뻔뻔스럽게도 정부 편에 선 것으로 드러난 연방 판사에 의해 재판을 받는 것이라는 점을 감안하면 그냥 무시하기에는 너무 중요했다.

변호사와 의원들은 진짜 위기는 언론 자유를 침해하는 이례적이고 강력한 조치라고 여겼다. 저널리스트들이 나의 보도를 중죄로 처리해야 한다는 요구에 동참한 사실은 정부 권력을 위한 선전의 쾌거였다. 정부는 숙련된 전문가들이 정부를 위해 일하고, 비판적인 탐사 저널리즘을 범죄와 동일시하는 조치에 의존할 수 있었다.

물론 스노든에 대한 공격은 훨씬 더 악의적이었다. 이런 공격은 또한 희한하게도 나에 대한 공격과 똑같은 형태로 이루어졌다. 스노든에 대해 전혀 몰랐던 주요 평론가들은 곧바로 스노든을 비하하기 위해 동일한 상투어를 썼다. 이름이 밝혀지고 몇 시간 내에, 이들은 스노든의 성격과 동기를 비방하기 위해 한목소리를 냈다. 스노든이 어떤 사실상의 신념이 아니라 "명성을 얻기 위한 나르시시즘"에 따라 행동했다고 말한 것이다.

CBS 뉴스의 진행자인 밥 시퍼는 스노든을 "자신이 나머지 다른 사람들보다 똑똑하다"고 생각하는 "자아도취적인 젊은이"라고 비판했다. 〈뉴요커〉의 제프리 투빈은 스노든을 "구속되어 마땅하고 거드름 피우는 나르시시스트"라고 진단했다. 〈워싱턴포스트〉의 리처드 코헨은 스노든이 천장에 달린 카메라를 통해 암호가 누설되는 것을 막기 위해 이불을 덮었다는 보도를 언급하면서 스노든이 "편집증 환자가 아니라 그저 자아도취적일 뿐"이라고 했다. 또한 기묘하게도 스노든이 "복장도착증에 걸린 빨간 모자로 기록될 것"이고, 스노든이 추구하려 했던 명성에 대한 욕심은 좌절될 것이라고 덧붙였다.

스노든에 대한 이런 성격 규정은 확실히 터무니없었다. 스노든은 자신의 말처럼 사람들의 눈에 띄지 않고 인터뷰도 하지 않기로 마음먹었다. 스노든은 미디어가 모든 이야기를 개인적인 것으로 만들기를 좋아한다는 점을 이해했고, 자신이 아니라 NSA의 감시에 초점을 맞추기를 원했다. 자신의 발언에 충실하게도 스노든은 모든 미디어의 초청을 거부했다. 나는 수개월간 매일 거의 모든 미국 텔레비전 방송, 뉴스 진행자, 유명 저널리스트로부터 스노든과 대화할 기회를 달라고 요청하는 전화와 이메일을 받았다. 〈투데이〉의 진행자인 매트 라우어는 스노든을 설득하기 위해 여러 차례 전화했고, CBS 방송의 〈60분〉은 너무 앞뒤 가리지 않고 요구해서 전화가 와도 받지 않았다. NBC 뉴스의 앵커인 브라이언 윌리엄스는 자신의 뜻을 전하기 위해 매번 다른 사람을 여러 차례 보냈다. 스노든은 자신이 원하기만 하면 전 세계가 지켜보는 가운데 가장 영향력 있는 텔레비전 프로그램에 밤낮없이 출연할 수 있었다.

하지만 스노든은 꿈쩍하지 않았다. 방송국의 요청을 전달해도 거절했다. 대중의 주의가 폭로 내용에서 분산되는 것을 막기 위해서였다. 명성을 추구하는 나르시시스트치고는 특이한 행동이었다.

스노든의 성격에 관한 다른 맹비난이 뒤를 이었다. 〈뉴욕타임스〉 칼럼니스트인 데이비드 브룩스는 "커뮤니티칼리지를 마치지 못했다"는 이유로 스노든을 조롱했다. 브룩스는 스노든이 "근본적으로 꽉 막힌 인물"이자 "엄청난 불신, 냉소적인 사고의 거센 확산, 사회 구조의 충돌, 세계관이 지나치게 개인주의적이어서 다른 사람과 함께 어울리거나 공익에 신경 쓰는 방법을 제대로 이해하지 못하는 사람의 증가"를 상징한다고 선언했다.

〈폴리티코〉의 로저 사이먼에게 스노든은 "고등학교를 중퇴"했다는 이유로 "낙오자"였다. 민주당 전국 위원회의 위원장이기도 한 데비 와서먼 슐츠 의원은 NSA 폭로를 위해 자신의 평범한 삶을 내던진 스노든을 "겁쟁이"라고 비난했다.

애국심에 대한 의문도 제기되었다. 스노든이 홍콩으로 갔기 때문에 그가 중국 정부의 스파이로 일할 가능성이 있다는 주장이 나왔다. 공화당의 베테랑 선거 컨설턴트인 마크 매코위악은 "스노든은 중국의 이중 첩자고, 얼마 안 가 망명하리라고 예상하는 것이 어렵지 않다"라고 말했다.

스노든이 러시아를 경유해 라틴아메리카로 가기 위해 홍콩을 떠났을 때 중국 스파이라는 비난은 자연스럽게 러시아 스파이라는 비난으로 바뀌었다. 마이크 로저스 의원 같은 사람은 아무런 증거 없이 이런 비난을 했다. 미국 정부가 스노든의 여권을 말소시킨 뒤, 쿠바 같은 나라에 대한 안전 통행권을 취소하겠다고 협박했기 때문에 러시아에서 발이 묶였다는 명백한 사실에도 불구하고 말이다. 더욱이 어떤 러시아 스파이가 수중에 든 비밀을 모스크바에 있는 윗선에 넘기기는커녕 홍콩에 가거나 저널리스트와 협력하고 신분을 공개할까? 터무니없고 약간의 사실에도 근거하지 않은 주장이지만, 퍼져나가는 것을 막을 수 없었다.

스노든에 대한 가장 무분별하고 근거 없는 빈정거림은 〈뉴욕타임스〉에서 나왔다. 〈뉴욕타임스〉는 스노든이 홍콩 당국이 아니라 중국 정부에 의해 홍콩 출국을 허락받았다고 주장하고는, 아주 공격적이고 악영향을 끼칠 추측을 덧붙였다. “주요 정부 첩보 기관에서 일한 서방 정보 전문가 두 명은 스노든 씨가 홍콩에 갖고 갔다고 말한 네 대의 노트북에 담긴 내용을 중국 정부가 빼갔다고 믿는다고 말했다.”

〈뉴욕타임스〉는 중국 정부가 스노든의 NSA 자료를 획득할 수 있었다는 주장에 대한 증거를 전혀 갖고 있지 않았다. 그저 그런 일이 있었을 것이라고 “믿는” 익명의 두 “전문가”의 말을 근거로 독자들이 그런 일이 있었다고 결론 내리게 한 것이다.

해당 기사가 나갔을 때, 스노든은 모스크바에 발이 묶여서 인터넷을 확인할 수 없었다. 스노든은 다시 모습을 드러내자마자 내가 〈가디언〉에 기고한 글을 통해 중국이나 러시아에 어떤 자료도 넘기지 않았다고 강하게 반박했다.

> 저는 두 정부 모두에 어떤 정보도 주지 않았고, 두 정부는 내 노트북에서 어떤 자료도 갖고 가지 않았습니다.

스노든의 반박 기사가 나가고 하루 뒤, 마가렛 설리번은 〈뉴욕타임스〉의 기사를 비난했다. 설리번은 〈뉴욕타임스〉의 외신 편집자인 조셉 칸과 인터뷰했는데, 칸은 이렇게 말했다.

> 기사에서 해당 문장이 무슨 의미인지 아는 것이 중요합니다. 그것은 직접적인 지식을 갖고 있지 않다고 주장하는 전문가의 말에 근

> 거해서 일어났을지도 모르는 일에 대한 탐사입니다.

설리번은 이렇게 논평했다.

> 〈뉴욕타임스〉의 기사 중간에 제시된 민감한 주제에 관한 두 문장은, 비록 중점에서 벗어날지 몰라도, 논의에 영향을 미치거나 명성을 깎아내릴 힘이 있다.

그러고는 다음과 같은 말로 기사에 대한 불만을 표시한 한 독자에게 공감을 표시하면서 결론을 내렸다.

> 저는 진실을 알기 위해 〈뉴욕타임스〉를 읽습니다. 추측성 기사는 다른 곳에서 얼마든지 읽을 수 있습니다.

〈뉴욕타임스〉의 질 에이브럼슨 편집국장은 〈가디언〉에 특정한 NSA 기사에 관한 협조를 당부하는 자리에서 자닌을 통해 다음과 같은 메시지를 내게 보내왔다.

> 글렌 그린월드에게 직접 전해주세요. 스노든의 노트북에서 중국이 정보를 '빼내 갔다'는 기사는 내보내지 말아야 했다는 점에 대해 전적으로 동의한다고 말입니다. 무책임한 기사였습니다.

자닌은 내가 기뻐할 것으로 기대한 것처럼 보였다. 하지만 나는 이렇게 생각했다. 신문사의 편집장이 누군가에게 피해를 주는 것이 확실한 기사가 무책임했고 내보내지 말았어야 했다고 결론 내리고는, 어떻게 기사를 철회하거나 적어도 정정 보도를 내보내지 않을 수가 있나?

근거가 부족한 것 외에도, 노트북에 든 자료가 유출되었다는 주장은 그 자체로 말이 되지 않았다. 최근 몇 년간 사람들은 용량이 큰 자료를 옮기는 데 노트북을 사용하지 않았다. 노트북이 대중화되기 전에도 다량의 문서는 디스크에 저장했고, 지금은 USB 메모리에 저장한다. 스노든이 홍콩에서 노트북 네 대를 휴대하고 있었고, 각 노트북은 각기 다른 보안 목적용인 것이 사실이지만, 이 점은 그가 휴대한 문서의 양과는 무관했다. 자료는 USB 메모리에 들어 있었고, 정교한 암호 체계로 보호되어 있었다. NSA 해커 출신인 스노든은 중국이나 러시아 정보기관은 물론이고, NSA도 자신이 갖고 있는 자료의 암호를 풀 수 없다는 사실을 알았다.

스노든이 소지한 노트북 대수를 내세우는 것은 "스노든이 아주 많은 문서를 갖고 있어서 전부 저장하기 위해 노트북 네 대가 필요했어!"라고 말하는 것처럼 사람들의 무지와 우려를 바탕으로 사실을 크게 호도하는 것이었다. 어떻게든 중국이 자료를 빼냈다고 해도 아무런 쓸모가 없었을 것이다.

같은 이유로 스노든이 감시에 관한 비밀을 내줘서 신변 안전을 보장받으려 했다는 주장도 말이 되지 않는다. 스노든은 자신이 막아야 한다고 마음먹은 비밀 감시 체계를 세상에 알리기 위해 정상적인 삶을 내던지고 감옥에 가는 것도 감수했다. 중국이나 러시아의 감시 능력 향상을 돕고, 감옥에 가는 것을 피하기 위해 자신의 주장을 번복하는 것은 미친 짓이다.

터무니없는 주장이었을지라도, 불가피하게 이로 인한 피해는 컸다. NSA에 관한 모든 TV 토론에서는 늘 누군가가 중국이 현재 스노든을 통해 미국의 가장 민감한 비밀을 갖고 있다는 주장을 아무런 반박을 받지 않으면서 했다. 〈뉴요커〉는 '왜 중국은 스노든을 놓아주었나'라는 제목으로 이런 글을 내보냈다.

> 스노든의 효용은 거의 바닥났다. 〈뉴욕타임스〉가 인용한 정보 분야의 전문가들은 중국 정부가 '스노든 씨가 홍콩에 갖고 갔다고 말한 네 대의 노트북에 담긴 내용을 빼내 갔다'고 믿었다.

정치권력에 도전하는 사람의 인격을 끌어내리는 짓은 미디어를 비롯해 워싱턴의 오래된 전략이었다. 크게 눈에 띄는 사례 중 하나는 펜타곤 페이퍼의 내부고발자인 대니얼 엘즈버그에 대한 닉슨 행정부의 조치일 것이다. 그 당시 정부는 엘즈버그를 진료한 정신과 의사의 사무실에 침입해서 진료 기록을 훔치고, 엘즈버그의 성적 병력sexual history을 들춰냈다. 왜 당혹스러운 개인 정보를 폭로하는 것이 정부의 기만을 반박하는 증거가 될까? 정부의 전술은 터무니없어 보였지만, 엘즈버그는 사람들이 의심받거나 공개적으로 굴욕을 당한 사람과 엮이기를 원치 않는다는 사실을 분명하게 이해했다.

스웨덴 여성 두 명이 줄리언 어산지가 성범죄를 저질렀다고 고소하기 한참 전, 어산지의 명성에 먹칠을 하기 위해 같은 전략이 이미 사용되었다. 확실히, 어산지와 협력했고, 어산지와 위키리크스를 통해 이루어진 체시 매닝의 폭로로 재미를 본 신문들이 어산지를 공격했다.

〈뉴욕타임스〉는 미군과 미군의 이라크 동맹군이 전쟁 당시 저지른 잔학 행위와 학대 행위를 자세하게 담은 수천 건의 비밀문서인 이른바 「이라크 전쟁 일지」를 공개했다. 이때 신문은 존 번스 기자의 기사를 폭로 자체만큼이나 눈에 띄도록 1면에 실었는데, 이라크 전쟁에 찬성한 존 번스는 어산지를 기묘하고 편집증이 있는, 현실에 대한 이해가 없는 인물로 묘사하려고만 했다.

해당 기사는 어산지가 어떻게 "가짜 이름으로 호텔에 투숙하고, 머리를 염색할 뿐만 아니라, 소파와 바닥에서 자고, 신용카드 대신 주로 친구에게 빌린 현금을 사용"하는지 설명했다. 또한 존 번스는 자신이 어산지의 "변덕스럽고 오만한 행동"과 "망상적 위엄"이라고 한 것에 주목했고, 비판자들은 "어산지가 미국에 대한 피의 복수를 하려 한다는 이유로 고발했다"고 말했다. 그러고는 위키리크스에 불만을 품은 자원 활동가의 다음과 같은 심리적 진단을 덧붙였다.

> 어산지는 제정신이 아닙니다.

어산지를 정신병자나 망상가로 치부하는 것은 미국 내 정치적 담론의 단골 메뉴가 되었고, 구체적으로는 〈뉴욕타임스〉의 전술이었다.

어떤 기사에서 빌 켈러는 어산지를 "지저분하고 밝은색의 스포티한 상의, 건빵 바지, 더러운 흰색 셔츠, 낡은 스니커즈와 발목 주변에 흘러내린 불결한 흰 양말 차림으로 길에서 벗어나서 걷는 여자 노숙자처럼 단정치 못하다. 며칠 동안 씻지 않은 것처럼 냄새를 풍긴다"라고 묘사한 〈뉴욕타임스〉 기자의 말을 인용했다.

〈뉴욕타임스〉는 또한 첼시(당시는 브래들리) 매닝이 대규모 내부고발자가 된 것은 신념이나 양심 때문이 아니라 성격 장애와 심리적 불안 때문이라고 주장하면서 관련 보도에 앞장섰다. 아무런 근거 없이 젠더 투쟁에서부터 군대에서의 동성애자에 대한 괴롭힘, 아버지와의 불화가 그처럼 중요한 문서를 폭로하기로 결정한 주요 동기라는 추측성 기사가 수없이 나왔다.

반대 의견을 성격 장애 탓으로 돌리는 행위는 미국인이 만들어낸 것이 결코 아니다. 소련의 반체제 인사는 일상적으로 정신 병원에 수용되었고, 중국의 반체제 인사는 아직도 종종 강제로 정신병 치료를 받는다. 현상을 비판하는 사람들을 인신공격하는 이유는 분명하다. 앞서 언급했듯이, 그 가운데 하나는 비판의 효과를 떨어트리는 것이다. 미치광이나 기인과 엮이기를 바라는 사람은 거의 없다. 또 다른 이유는 억제다. 반대자가 사회적으로 매장당하고 정서적으로 불안한 인물로 몰리면, 다른 사람은 그런 사람이 되지 않겠다는 동기를 크게 갖게 된다.

하지만 주요 동기는 논리적 필요성이다. 현상수호자들에게 있어서, 이들이 정당하다고 보는 지배적 질서와 지배 기관에는 진짜로,

또는 근본적으로 잘못된 점이 없다. 따라서 다른 목소리를 내는 사람은 누구나, 특히 그런 믿음에 따라 과격한 행동에 나설 정도로 충분히 동기 부여가 이루어진 사람은, 당연하게도 정서적으로 불안하고 심리적인 장애가 있는 것이 틀림없다.

바꿔서 말해 넓게 보면 두 가지 선택이 있다. 첫 번째가 제도적 권력에 대한 복종이고, 두 번째가 제도적 권력에 대한 과격한 반대다. 두 번째 선택이 비정상적이고 불법적일 경우에만 첫 번째 선택이 정상적이고 타당하다. 현상옹호자가 보기에, 지배적인 통설에 대한 과격한 반대를 정신병과 연관 짓는 것만으로는 부족하다. 과격한 반대는 심각한 성격 장애의 단서고, 더 나아가 증거이기도 하다.

이런 공식의 중심에는 제도적 권력에 대한 반대에 도덕적 또는 사상적 선택이 뒤따른다는 본질적인 기만이 있다. 이런 잘못된 전제에 따라 사회는 행동을 확실히 숨기거나, 다른 방법을 동원해서 반대자의 동기에 크게 관심을 갖는다. 하지만 제도에 복종하는 사람들에게는 주목하지 않는다. 권위에 대한 복종은 은연중에 자연적인 상태로 간주된다.

규정 준수와 위반 모두 도덕적 선택을 수반하고, 두 행동 모두 관련된 개인에 관한 중요한 무언가를 드러낸다. 과격한 반대가 성격 장애를 드러낸다는 일반적인 전제와는 달리, 반대 전제가 진실일 수도 있다. 즉, 심각한 부정을 반대하지 않는 것이야말로 성격 결함을 나타내거나 부도덕하다는 신호다.

철학 교수인 피터 러들럼은 "미군과 사설 및 정부의 정보기관을 성가시게 하는 비밀 누설, 내부고발, 그리고 핵티비즘", 이를테면 스노든과 매닝처럼 러들럼 교수가 "W세대"라고 부르는 집단과 관련된 활동에 대해 〈뉴욕타임스〉에 쓴 글에서 이 점을 명확하게 주장한다.

> W세대 구성원의 정신을 분석하려는 미디어의 욕망은 아주 자연스럽다. 이들은 왜 이런 사람들이 기업 미디어의 구성원이 하지 않을 방식으로 행동하는지 알고 싶어 한다. 하지만 암거위용 소스는 수거위용으로도 쓸 수 있다. 즉 내부 고발, 비밀 누설, 핵티비즘에 대한 심리적 동기가 있다면, 마찬가지로 체계 내 권력 구조와 결속을 강화하는 행위에도 심리적 동기가 존재한다. 이 경우 기업 미디어가 속한 체계가 중요한 역할을 한다.
>
> 이와 같이 조직 내 행위자들이 조직의 에티켓에 따라 행동하고 내부의 신뢰성 있는 유대를 존중하더라도 체계 자체가 병든 것일 수 있다.

이 논의는 제도적 권력이 가장 피하고 싶어 하는 주제다. 내부고발자를 무조건 악당으로 모는 것은 미국의 주류 미디어가 권력을 휘두르는 자들의 이익을 보호하는 방법 중 하나다. 이런 영합은 아주 심각해서 많은 저널리즘 규칙이 정부의 메시지를 홍보하기 위해 공들여 만들어지거나 적어도 적용된다.

예컨대 비밀 정보를 누설하는 행위가 일종의 악의적 또는 범죄 행위라는 개념이 그렇다. 스노든이나 내게 이런 잣대를 들이대는 워싱턴의 저널리스트들은 비밀 정보의 폭로 자체를 비판하는 것이 아니라, 정부를 불쾌하게 만들거나 정부의 권위를 떨어트리는 폭로만 비판한다.

현실적으로 워싱턴은 항상 비밀 누설에 허덕이고 있다. 밥 우드워드처럼 워싱턴에서 매우 유명하고 존경받는 기자는 고위층에 있는 소식통으로부터 비밀 정보를 수시로 받아서 공개함으로써 자리를 지켰다. 오바마 행정부의 관료들은 툭하면 〈뉴욕타임스〉에 찾아가 드론 살인과 오사마 빈 라덴 암살에 관련된 비밀 정보를 건넸다. 리오 파네타 전 국방부 장관과 CIA 간부들은 오바마의 가장 큰 정치적 승리를 홍보할 수 있도록 영화 〈제로다크서티〉의 감독에게 비밀 정보를 제공했다(그러면서 법무부는 연방 법원에 국가 안보상의 이유로 빈 라덴 급습에 관한 정보를 공개할 수 없다고 밝혔다).

어떤 주류 저널리스트도 이런 비밀 누설에 책임이 있는 관료나 비밀을 확보해서 보도한 기자들을 기소해야 한다고 제안하지 않는다. 수년간 일급비밀을 누설한 밥 우드워드와, 우드워드에게 비밀을 넘긴 정부 고위층 소식통을 범죄자라고 말하면 비웃음을 받을 것이다.

그 이유는 이런 비밀 누설이 워싱턴의 승인을 받았고, 미국 정부에 득이 되며, 따라서 적절하고 받아들일 만하다고 여겨지기 때문이다. 주류 미디어는 관리들이 감추고 싶어 하는 정보를 누설한 경우에 한해 비판한다.

데이비드 그레고리가 〈미트더프레스〉에서 NSA 관련 보도를 했다는 이유로 내가 체포되어야 하지 않느냐고 질문하기 바로 전에 벌어진 일을 떠올려보자. 인터뷰를 시작할 때, 나는 2011년 해외정보감시법원이 내린 일급비밀 판결을 언급했다. 해당 판결은 NSA의 국내 감시 프로그램의 상당 부분이 위헌이고, 감시 규제에 관한 법규를 위반한 것으로 간주했다. 내가 판결에 대해 알고 있던 이유는 스노든이 준 NSA 문서를 읽었기 때문이었다. 〈미트더프레스〉에서 나는 판결 내용을 대중에게 공개할 것을 요구했다.

그레고리는 해외정보감시법원이 다른 판결을 내렸다고 주장했다.

> 특정 해외정보감시법원의 판결과 관련해서, 저와 이야기를 나눈 사람들의 말에 따르면, 정부의 요구를 바탕으로 한 해외정보감시법원의 판결은, "이건 수집할 수 있지만 저건 수집할 수 없다. 그건 사실상 허용 범위를 넘어선다"는 것이 아닌가요? 이 말은 요구가 바뀌었거나 거부되었음을 의미하고, 정부가 한 모든 주장이, 실제로 법률적인 심사가 있었으니 감시 남용은 아니라는 말입니다.

여기서 핵심은 해외정보감시법원의 구체적인 판결 내용이 아니다(물론 8주 뒤 판결 내용이 공개되었을 때 실제로 NSA가 불법적으로 행동했다고 결론 내린 것이 확실해졌다). 더 중요한 것은 소식통을 통해 그레고리가 판결에 대해 알고 있다고 주장했고, 그런 정보를 방송을 통해 세상에 알렸다는 점이다.

따라서 나를 체포하는 문제를 제기하기 전에 그레고리 스스로 정부 소식통으로부터 들은, 자신이 일급비밀 정보라고 생각한 사실을 누설했다. 하지만 누구도 그레고리의 행동을 범죄로 봐야 한다고 말하지 않는다. 동일한 근거를 〈미트더프레스〉의 진행자와 진행자의 소식통에게 적용하는 것은 바보 같은 행동으로 여겨진다.

사실, 그레고리는 자신의 폭로와 나의 폭로가 유사하다는 사실을 이해 못 할 가능성이 있다. 그레고리는 자신들의 행위를 두둔하고 정당화하려 한 정부의 지침에 따른 반면, 나는 관료들의 희망을 거슬러서 비판적으로 행동했기 때문이다.

이것은, 물론, 언론 자유가 달성해야 할 결과와는 정반대다. '제4계급'의 개념은, 가장 힘센 권력을 행사하는 집단이 반대자의 저항과 투명성 요구에 의해 도전받을 필요가 있는 것이다. 즉, 언론의 본분은 권력이 자기 보호를 위해 반드시 퍼트리는 거짓을 논박하는 데 있다. 이런 형태의 저널리즘이 없다면 권력 남용이 불가피하다. 미국 헌법은 저널리스트가 정치 지도자의 친구가 되고 힘을 보태며 떠받들라고 언론 자유를 보장하는 것이 아니다. 그와 반대되는 행동을 할 수 있도록 하기 위해 언론 자유가 필요하다.

비밀 정보 공개에 적용된 이중 잣대는 "저널리즘의 객관성"에 대한 암묵적인 요구에 있어서 훨씬 더 두드러진다. 나를 "저널리스트"가 아니라 "운동가"로 취급하는 것은 소위 이런 규칙의 위반에 해당된다. 흔히 이야기하듯이, 저널리스트는 의견을 드러내지 않고 사실만 보도한다.

이것은 분명한 기만이자 직업적 허상이다. 인간의 인식과 견해는 본질적으로 주관적이다. 모든 뉴스 기사는 온갖 종류의 문화, 국가,

정치에 관한 매우 주관적인 가정이다. 그리고 모든 저널리즘은 어느 한 당파에 이익이 된다.

의견을 가진 저널리스트와, 의견이 없는 저널리스트로 구별하는 것은 적절하지 않다. 그런 분류는 존재하지 않는다. 자기 의견을 솔직하게 드러내는 저널리스트와, 의견이 없는 척하면서 숨기는 저널리스트가 있을 뿐이다.

기자가 자기 의견을 갖지 않아야 한다는 생각은 어떤 전통적인 직업적 요구사항과는 거리가 멀다. 사실 이것은 의도적이지는 않더라도 저널리즘을 거세하는 효과가 있는 비교적 새로운 조작이다.

이런 최근의 시각은 로이터 통신의 미디어 칼럼니스트인 잭 세이퍼가 말했듯이 "고통스러운, 역사적 이해의 부족"일 뿐만 아니라, "저널리즘이 어때야 하는지에 관한 협동조합주의자의 이상에 대한 슬픈 헌신"을 반영한다. 미국의 건국 당시부터 최고의, 그리고 가장 중요한 저널리즘에는 흔히 적극적인 행동에 나서는 기자, 불의와의 싸움에 대한 지지와 헌신이 포함되었다. 의견이 없고, 색깔이 없으며, 영혼도 없는 기업 저널리즘의 형태는 가장 가치 있는 저널리즘의 속성이 실행되지 않게 함으로써 주류 미디어를 중요하지 않은 존재로 만들었다.

하지만 객관적 보도라는 본질적인 궤변과 별도로, 이 규칙은 이를 믿어야 한다고 주장하는 사람에게는 거의 절대 일관되지 않게 적용된다. 주류 저널리스트는 자신의 직업적 지위가 부정되는 일 없이 전 영역에 걸친 논쟁적 이슈에 대해 끊임없이 의견을 드러낸다. 이들이 제시한 의견은 워싱턴에 있는 관리의 허락을 받으면, 그에 따라 합법적이라고 인식된다.

NSA를 둘러싼 논쟁 내내, 〈페이스더네이션〉의 진행자인 밥 시퍼는 스노든을 비난하고 NSA의 감시를 두둔했다. 〈뉴요커〉와 CNN의 법률 전문 기자인 제프리 투빈과 마찬가지로 이라크 전쟁을 취재한 〈뉴욕타임스〉의 존 번스는 나중에 자신이 침공을 지지한 사실을 인정했고, 심지어 미군을 "나의 해방자"와 "구원의 천사"로 표현하기까지 했다. CNN의 크리스티안 아만푸어는 2013년 여름 내내 시리아에 대한 미국의 군사력 동원을 지지했다. 하지만 이런 입장은 '행동주의'라는 비난을 받지 않는다. 객관성에 대한 온갖 숭배에도 불구하고 저널리스트가 견해를 갖는 데에는 사실상 제한이 없기 때문이다.

소위 비밀 누설에 반대하는 규칙과 마찬가지로, 객관성이라는 '규칙'은 규칙이 아니라 오히려 지배적인 정치 계급의 이익을 촉진하는 수단이다. 따라서 "NSA의 감시는 합법적이고 필요하다" 또는 "이라크 전쟁은 옳다" 또는 "미국이 침공해야 한다"라는 말은 저널리스트가 드러내도 되는 의견이고, 실제로 늘 그렇게 한다.

'객관성'은 편견을 반영하고 견고한 워싱턴의 이익에 부합하는 것에 지나지 않음을 뜻한다. 워싱턴의 통념이 받아들일 수 있는 범위에서 벗어날 때만 의견을 갖는 것이 문제시된다.

스노든에 대한 적대감을 설명하기는 어렵지 않다. 나를 포함해서 관련 내용을 보도한 기자들에 대한 적대감은 좀 더 복잡할지도 모른다. 한편으로는 경쟁 심리고, 다른 한편으로는 내가 수년간 미국 미디어 스타에 대해 전문적인 비판을 한 것에 대한 앙갚음이었다. 또한 내가 보기에 대립 관계에 있는 저널리즘이 폭로한 진실에 대한 분노와 수치심도 있었다. 정부가 드러내는 분노를 알리는 것은 많은 주류 저널리스트의 진정한 역할이고, 그 목적은 힘의 증폭이다.

하지만 단연코 나를 미워하는 가장 중요한 이유는, 국가 안보 문제에 있어서 주류 언론이 정부 관리의 충실한 대변자 역할을 받아들였기 때문이었다. 그래서, 정부 관리와 마찬가지로 이런 저널리스트는 워싱턴의 권력 중심에 도전하거나 토대를 허무는 사람을 경멸한다.

과거에 추앙받은 기자는 가장 확실한 아웃사이더였다. 여기에 포함된 다수는 권력을 돕기보다는 반기를 드는 경향이 있었다. 이데올로기 때문이 아니라 성격과 성향 때문이었다. 저널리즘을 직업으로 선택하는 것은 사실상 아웃사이더가 되는 것을 보장했다. 기자들은 수당이 적고 제도적 위상이 높지 않았으며 대체로 애매했다.

지금은 바뀌었다. 세계 최대 기업이 미디어 기업을 합병함으로써, 대부분의 미디어 스타는 대기업의 나머지 직원과 다를 바 없는 고수입 고용인이다. 은행 서비스나 금융 상품을 파는 대신, 이들은 소속 기업을 위해 미디어 상품을 대중에게 퍼뜨린다. 이들의 출세 여부는 이런 환경에서 성공에 이르는 공식, 즉 얼마만큼 회사의 윗사람들을 기쁘게 하고 회사의 이익에 기여하는가에 따라 결정된다.

대기업 체계 내에서 잘 나가는 사람들은 제도적 권력을 끌어내리기보다는 기쁘게 하는 데 능숙한 경향이 있다. 당연하게도 기업 저널리즘에서 성공하는 사람은 권력에 협조하는 일이 어렵지 않다. 이들은 자신을 제도적 권력과 동일시하고, 싸움을 하기보다 돕는 데 더 뛰어나다.

그런 증거는 많다. 2004년 〈뉴욕타임스〉는 백악관의 지시에 따라 제임스 라이즌의 NSA 불법 도청 기사의 보도를 적극적으로 막았다. 그 당시 신문의 퍼블릭 에디터는 은폐에 대한 신문사의 변명이 "비통할 정도로 부적절하다"고 했다. 유사 사례로 2006년 〈LA타임스〉의 딘 배킷은 내부고발자인 마크 클레인이 제공한 정보를 바탕으로 쓴, AT&T와 NSA 사이에 이루어진 은밀한 협력에 관한 기사를 내보내지 않았다. 당시 마크 클레인은 NSA가 고객의 전화와 인터넷 트래픽을 NSA의 자료실로 전송하기 위한 분배기를 설치하기 위해 AT&T가 샌프란시스코 사무실에 밀실을 만든 사실을 보여주는 여러 문건을 제보했다.

마크 클레인이 말했듯이, 해당 문서는 NSA가 "무고한 미국인 수백만 명의 삶을 파헤쳤다"는 사실을 보여주었다. 하지만 딘 배킷은 기사가 나가는 것을 막았다. 2007년 마크 클레인은 ABC뉴스에 출연해서 그 이유가 "당시 존 니그로폰테 국가정보국장과 마이클 헤이든 NSA 국장의 요구" 때문이었다고 밝혔다. 얼마 안 가 딘 배킷은 〈뉴욕타임스〉의 워싱턴 지국장이 되었고 주필 자리에 올랐다.

〈뉴욕타임스〉가 정부의 하수인 역할을 마다하지 않은 사실은 놀라운 일이 아니다. 퍼블릭 에디터인 마가렛 설리번은 왜 첼시 매닝과 에드워드 스노든처럼 국가 안보와 관련된 이야기를 대규모로 폭로

한 제보자가 이런 정보를 〈뉴욕타임스〉에 제보하는 것을 불안해하고 그럴 마음이 생기지 않았는지 신문사 편집자들이 이해하기를 원한다면 거울을 들여다보았으면 한다고 지적했다. 〈뉴욕타임스〉가 위키리크스와 제휴해서 다량의 자료를 공개한 것은 사실이지만, 곧바로 빌 켈러 전 편집장은 위키리크스와 거리를 두려고 애를 썼다. 켈러는 위키리크스에 대한 오바마 행정부의 분노와, 〈뉴욕타임스〉의 "책임 있는" 보도에 대한 정부의 공감을 공공연하게 대조했다.

빌 켈러는 다른 기회에도 워싱턴과의 관계를 자랑스럽게 떠벌렸다. 2010년 위키리크스가 확보한 전보문을 주제로 한 BBC 방송 토론에서, 켈러는 〈뉴욕타임스〉가 미국 정부로부터 보도해야 할 기사와 보도하지 말아야 할 기사에 대한 지침을 받는다고 설명했다. BBC 진행자는 믿기 어렵다는 듯이 이렇게 물었다.

> 지금 보도 전에 정부 관리에게 가서 '이건 어떻고 저건 어떻고, 이걸 해도 되고 저걸 해도 되는지' 묻는다는 말씀이신가요?

또 다른 게스트인 칸 로스 전 영국 대사는 켈러의 발언을 듣고 보니 〈뉴욕타임스〉에는 전보문을 들고 가지 말아야 할 것 같다면서 이렇게 덧붙였다.

> 〈뉴욕타임스〉가 이 문제에 대해 뭘 이야기할지 정부의 허가를 받는다는 것은 놀라운 일입니다.

하지만 이 같은 미디어와 정부의 협력은 놀라운 일이 아니다. 예컨대 기자들은 외국과의 분쟁에서 미국 정부의 입장을 받아들이고, 정부가 규정한 대로 "미국의 이익"을 가장 잘 촉진하는 바에 근거해서 편집 결정을 내리는 것이 일반적이다. 부시 정권의 법무부에서 일한 잭 골드스미스는 소위 "제대로 평가되지 않은 현상 : 미국 언론의 애국심"을 아주 훌륭한 것인 양 묘사했는데, 이는 미국 내 미디어가 정부의 의제에 충실한 경향이 있다는 의미다. 골드스미스는 부시 정부에서 CIA 국장과 NSA 국장을 역임한 마이클 헤이든의 말을 인용해서 미국 저널리스트는 "기꺼이 협조할 의향"을 보여주는 반면, 외국 언론에 대해서는 "그렇게 하는 것이 매우, 매우 어렵다"라고 덧붙였다.

주류 미디어가 스스로를 정부와 동일시하는 행위는 여러 요소로 굳어졌다. 그런 요소 가운데 하나가 사회경제적인 성격을 띠는 것이다. 현재 미국에서 영향력 있는 저널리스트 중 다수는 갑부다. 이들은 표면적으로 자신들의 감시 대상인 정치인과 금융 엘리트와 한동네에 산다. 같은 행사에 참석하고, 친구와 동료도 같은 그룹에 속하며, 자녀들도 같은 사립 학교에 다닌다. 이런 배경은 저널리스트와 정부 관리가 역할을 아주 매끄럽게 바꿀 수 있는 이유 중 하나다. 회전문을 통해 미디어 관계자는 정부의 고위층으로 이동하고, 마찬가지로 정부 관리는 관직에서 나와 돈벌이가 되는 미디어와 계약을 맺는다. 〈타임지〉 출신인 제이 카니와 리처드 스텐절은 지금 정부에서 일하는 한편, 오바마의 보좌관이던 데이비드 액설로드와 로버트 깁스는 MSNBC에서 논평가로 활동한다. 이런 행태는 직업을 바꾼다기보다는 횡적인 이동이다. 역할 교체가 아주 효율적인데, 그 이유는 다름이 아니라 해당 인원이 여전히 같은 이익을 위해 일하기 때문이다.

미국 주류 저널리즘은 아웃사이더가 결코 아니다. 국가의 지배적인 정치권력에 완전히 통합되어 있다. 문화적으로, 정서적으로, 사회경제적으로 한 몸이고 같은 존재다. 부유하고 유명한 내부자인 언론은 아낌없이 보상해주는 현 체제의 전복을 원하지 않는다. 왕조 시대 신하와 마찬가지로, 자신에게 특권을 부여하는 체제를 변호하려 하고, 체제에 도전하는 사람은 누구든 경멸한다.

그것이 정부 관리들의 필요에 완전히 일체화하는 지름길이다. 따라서 투명성은 나쁘다. 비판적인 저널리즘은 사악할 뿐만 아니라, 범죄가 될 수도 있다. 정치 지도자들은 어둠 속에서 권력을 행사할 수 있어야 한다.

2013년 9월, 미라이 학살과 아부그라이브 스캔들을 폭로한 시모어 허쉬는 이런 점을 설득력 있게 주장했다. 퓰리처상 수상자이기도 한 허쉬는 〈가디언〉과의 인터뷰에서 자신이 "미국 저널리스트의 소심함, 백악관에 이의를 제기하지 못하고 평판도 좋지 않은 사실의 전달자"라고 칭한 바에 대해 성토했다. 또한 〈뉴욕타임스〉가 "오바마를 위해 허드렛일을 하는 데" 지나치게 많은 시간을 쓴다고 말했다. 그러면서 정부가 체계적으로 거짓말을 하는데도, "미국의 거대 미디어, TV 네트워크 또는 주요 신문사 가운데 어느 누구도" 이의를 제기하지 않는다고 주장했다.

"저널리즘을 바로잡기 위한" 허쉬의 제안은 "NBC와 ABC 뉴스국을 중단하고, 편집자의 90퍼센트를 해고하며, 저널리스트의 근본적인 역할로 돌아가는 조치", 즉 아웃사이더가 되자는 것이다. 허쉬는 "통제할 수 없는 편집자의 승진"을 지지했다. 그러면서 "말썽꾼은 승진하지 못한다"고 말했다. "소심한 편집자"와 저널리스트가 일을 망친다. 왜냐하면 아웃사이더가 될 엄두를 내지 않는 것이 아주 중요한 사고방식이기 때문이다.

일단 기자가 활동가로 낙인찍히면, 그 기자가 한 일은 범죄 활동이라는 고발로 인해 오명을 얻는다. 저널리스트의 보호막에서 밖으로 내몰리면 범죄자로 대우받기 쉽다. 이런 사실은 NSA 관련 보도가 나간 뒤 금방 명확해졌다.

홍콩을 방문한 뒤 리우데자네이루에 있는 집으로 돌아왔을 때였다. 얼마 안 가, 데이비드가 노트북이 사라졌다고 말했다. 데이비드는 노트북 분실이 내가 나가 있는 동안 우리가 나눈 대화와 관련 있다고 의심했다. 그러고는 내가 인터넷을 통해 전송하려 했던 대량 암호화 문서 파일에 관해 이야기하려고 스카이프로 데이비드에게 전화한 사실을 상기시켰다. 나는 일단 파일을 전송받으면 안전한 곳에 보관해야 한다고 말했다. 스노든은 내가 가진 파일이 손상, 분실, 도난될 경우에 대비해서 확실하게 믿을 수 있는 누군가가 전체 파일을 갖고 있는 것이 매우 중요하다고 생각했다.

> 저와 더 이상 연락이 닿지 않을지도 모릅니다. 기자님과 로라의 협조 관계가 어떻게 될지 모릅니다. 다른 누군가가 파일을 갖고 있어서 무슨 일이 벌어지든 기자님이 항상 파일을 확인할 수 있도록 해야 합니다.

그런 인물로는 데이비드가 적합했다. 하지만 나는 파일을 전송하지 않았다. 홍콩에 있는 동안 그럴 시간이 없었다. 데이비드가 말했다.

"그런 대화를 하고 48시간도 지나지 않아서 집에서 노트북이 사라졌어."

나는 노트북 도둑이 우리가 스카이프로 나눈 대화와 관련 있다는 생각에 동의하지 않았다. 나는 살면서 설명되지 않는 모든 사건을 CIA 탓으로 돌리는 피해망상 환자가 되지는 않을 것이라고 데이비드에게 말했다. 노트북을 그냥 분실했거나, 집에 온 누군가가 훔쳐갔거나, 또는 이 일과 무관한 절도범이 훔쳐갔을 수도 있었다.

이 무렵 몇몇 기자들은 스노든이 입수하거나 내게 건넨 자료가 구체적으로 무엇인지만이 아니라 어느 정도 분량인지조차 NSA가 전혀 모르고 있다고 지적했다. 미국 정부(또는 외국 정부)가 내가 갖고 있는 자료를 필사적으로 확인하고 싶어하는 것은 당연했다. 데이비드의 노트북을 훔쳐서 정보 누출을 막을 수 있다면 그렇게 하지 않을 이유가 없었다.

그때쯤 나는 스카이프를 통해 데이비드와 나눈 대화가 전혀 안전하지 않았고, 다른 어떤 행태의 통신만큼이나 NSA의 감시에 취약했다는 사실도 알았다. 따라서 정부는 내가 자료를 데이비드에게 보내려 했다는 대화를 도청할 능력이 있었고, 노트북을 빼돌릴 강한 동기도 있었다.

나는 〈가디언〉의 미디어 전문 변호사인 데이비드 슐츠로부터 데이비드의 의심이 믿을 만한 이유가 있다는 사실을 알았다. 슐츠는 미국 정보기관과의 접촉을 통해 리우데자네이루에서 CIA의 활동이 세계에서 가장 활발했고, 현지 CIA 지국장이 "악명 높을 정도로 공격적"이라는 사실을 알아냈다. 이를 근거로 슐츠는 내게 이런 말을 했다.

"말하는 모든 내용과 행동 하나하나, 그리고 방문하는 모든 장소가 감시되고 있다고 봐야 합니다."

나는 통신 수단이 이제 매우 제한적이라는 사실을 받아들였다. 아주 애매하거나 중요하지 않은 내용이 아니면 전화 사용을 자제했다. 이메일도 성가신 암호 체계를 통해서만 주고받았다. 로라와 스노든을 비롯한 여러 소식통과는 암호화된 인터넷 채팅 프로그램을 통해서만 대화했다. 〈가디언〉 편집자를 비롯한 다른 저널리스트와 함께 기사를 쓰는 일은, 이들을 리우데자네이루에 오게 해서 직접 얼굴을 맞댄 상황에서만 할 수 있었다. 심지어 집이나 차에서 데이비드와 대화할 때도 조심했다. 노트북 절도는 이처럼 가장 개인적인 공간도 감시당할 가능성이 있다는 사실을 상기시켜주었다.

내가 일하는 곳이 위협적인 분위기에 놓였다는 추가적인 증거는

스브리저에게 이렇게 말했다.

"그동안 재미를 보셨으니, 이제 자료를 돌려주셨으면 합니다."

〈가디언〉의 편집자들은 휴양지에 간 지 두 시간 반밖에 되지 않아서 GCHQ 측으로부터 연락을 받았다.

"회사를 지키려고 곧장 런던으로 돌아갔어요. 정말 아슬아슬했습니다."

자닌이 말했다. GCHQ 측은 〈가디언〉에 자료를 전부 넘기라고 요구했다. 〈가디언〉 측이 응했다면 영국 정부는 스노든이 넘긴 비밀을 알게 되었을 것이고, 스노든의 법적 신분은 더 위태로워졌을 것이다. 그 대신 〈가디언〉은 파기가 만족스럽게 이루어지는지 확인하기 위해 GCHQ 요원들이 지켜보는 가운데 자료가 든 하드디스크를 전부 파기하는 데 동의했다. 자닌의 말에 따르면 이날 벌어진 일은 "기만, 흥정, 은폐가 버무려진 아주 정교한 춤 뒤의 협조적인 '입증 파기'"였다.

'입증 파기'라는 표현은 GCHQ가 이날 벌어진 일을 설명하기 위해 만든 신조어였다. GCHQ 측은 편집장을 포함해서 〈가디언〉의 직원들과 함께 뉴스룸 지하로 가서 하드디스크가 산산조각나는 모습을 지켜보았다. 러스브리저에 따르면 GCHQ는 심지어 "중국 스파이가 넘겨받으면 관심을 가질 만한 것이 박살 난 부품 조각에서 확실히 발견되지 않게 하기 위해" 특정 부위를 추가로 파손하라고 요구했다. 〈가디언〉 직원이 "부서진 맥북프로를 쓸어 담는" 동안 한 보안 전문가가 이런 농담을 했다고 한다.

"헬기 출동은 취소할 수 있습니다."

정부가 신문사 소유의 컴퓨터를 파기하기 위해 정부 요원들을 보내는 장면은 그 자체로 충격적이다. 서방 사람들이 중국, 이란, 러시아 같은 곳에서만 벌어진다고 여길 만한 일이다. 존경받는 신문사가 그런 지시를 자발적으로 순순히 따른 사실은 놀라울 따름이다.

설령 정부가 신문사를 문 닫게 하겠다고 위협하더라도, 정부가 엄포를 놓고 위협한다는 사실을 공개하면 되지 않을까? 스노든이 정부의 위협에 대해 들었을 때 말했듯이, "적절하고 유일한 답은, 마음대로 해보시지. 막아보란 말이다!"라고 소리치는 것이다. 자발적이고 비밀스럽게 대응하는 경우 정부는 자신들의 진짜 성격, 즉 저널리스트가 공익에 매우 중요한 이야기를 하지 못하게 폭력배처럼 막은 사실을 세상에 숨길 수 있다.

설상가상으로 제보자가 구속될 위험과 심지어 목숨을 걸고 폭로하려 한 자료를 파기하는 행위는, 저널리즘의 목적에 철저하게 반하는 것이었다.

이런 포악한 행위를 폭로할 필요성 외에, 정부가 뉴스룸에 쳐들어가서 신문사가 갖고 있던 정보를 파기하게 한 점은 확실히 뉴스 가치가 있다. 하지만 〈가디언〉이 침묵하기로 한 듯한 사실은, 영국에서 언론 자유가 얼마나 불안정한지 설득력 있게 보여주었다.

어쨌든 자닌은 〈가디언〉 측이 뉴욕 사무실에 사본을 아직 갖고 있다고 분명하게 말했다. 그러고는 깜짝 놀랄 만한 소식도 전했다. 영국 법원이 〈가디언〉 미국 지사에 사본을 파기하게 하더라도 신문사가 자료를 열람할 수 있도록 러스브리저 편집국장이 〈뉴욕타임스〉의

질 에이브람슨 편집국장에게 또 다른 사본을 건넸다는 것이었다.

이 또한 좋지 않은 소식이었다. 〈가디언〉이 은밀하게 자체 자료를 파기하는 데 동의했을 뿐만 아니라, 스노든이나 내게 상의하거나 알리지도 않고, 스노든이 미국 정부와의 긴밀하고 굴종적인 관계 때문에 믿지 못하겠다고 제외했던 바로 그 신문사에 자료를 이미 넘긴 것이다.

〈가디언〉의 입장에서는 헌법으로 보호받지 못하고 수백 명의 직원과 창설된 지 100년이 넘는 신문사를 보호해야 한다는 점을 감안하면 영국 정부를 상대로 막 나갈 수 없었다. GCHQ에 자료를 건네기보다 컴퓨터를 파기하는 편이 나았다. 그럼에도 불구하고 정부의 요구에 응하고, 게다가 그런 사실을 보도하지 않기로 분명하게 결정했다는 사실이 거슬렸다.

하지만 〈가디언〉은 하드디스크를 파기하기 전이나 후에 일관되게, 스노든의 폭로를 보도하는 데 규모와 지명도에서 유사한 다른 어떤 신문보다 더 적극적이고 대담했다. 영국 정부의 심해지기만 했던 협박 전술에도 불구하고, 〈가디언〉 편집자들은 NSA와 GCHQ 관련 기사를 연이어 계속 내보냈고, 그렇게 한 점에 대해 평가를 받을 자격이 있다.

어쨌든 로라와 스노든은 둘 다 크게 화를 냈다. 〈가디언〉이 정부의 협박에 굴복하고, 그런 일이 있었다는 사실에 침묵했기 때문이다. 스노든은 GCHQ 관련 문서가 결국은 〈뉴욕타임스〉에 넘어간 사실에 특히 분노했다. 이런 사실이 자신과 〈가디언〉 간의 계약과 영국 저널리스트만이 영국 관련 문서를 다뤘으면 했던, 특히 〈뉴욕타임스〉에 문서가 전달되지 않았으면 했던 자신의 희망이 사라졌다고 느꼈다. 나중에 밝혀지듯, 로라의 반응은 결과적으로 극적인 결과를 낳았다.

보도 초기부터 로라와 〈가디언〉의 관계는 불편했고, 이제 갑자기 둘 사이의 갈등이 표면화되었다. 리우데자네이루에서 일주일간 함께 일하는 동안, 우리는 스노든이 홍콩에서 몸을 숨긴 날에 내게 건넨(하지만 로라에게 줄 기회가 없었던) NSA 자료 중 일부가 손상된 사실을 발견했다. 로라는 리우데자네이루에서 파일을 복구할 수 없었지만, 베를린으로 돌아간 뒤에 복구할 수 있을지도 모른다고 생각했다.

베를린으로 돌아가고 한 주 뒤, 로라는 자료를 내게 돌려줄 준비가 되었다고 알려왔다. 우리는 〈가디언〉 직원이 베를린에 가서 자료를 받아 리우데자네이루에 있는 내게 갖고 오도록 계획을 짰다. 하지만 GCHQ 사건 뒤 확실히 겁에 질린 〈가디언〉 직원은 자신이 직접 자료를 전달하는 대신, 로라가 페덱스로 내게 전달해야 한다고 말했다.

이 말에 로라는 내가 로라를 본 이후 가장 크게 흥분하고 화를 냈다. 로라가 말했다.

"〈가디언〉이 무슨 행동을 하는지 아시겠어요? 이렇게 말하고 싶어 하는 거예요. '우린 자료 전송과 무관합니다. 자료를 주고받은 건 그린월드와 로라입니다.'"

페덱스로 일급비밀 문서를 지구 반대편에 보내는 일은, 즉 베를린에 있는 로라가 리우데자네이루에 있는 내게 보내는 일은, 관심 있는 집단에게는 네온사인과도 같았고, 로라가 상상할 수 있는 가장 심각한 보안 위반이었다.

"다시는 안 믿을 거예요."

로라가 분명히 말했다. 하지만 나는 여전히 그 자료가 필요했다. 아직 공개되어야 할 다른 여러 자료뿐만 아니라, 내가 작업 중이던 이야기와 관련된 아주 중요한 문서가 포함되어 있었기 때문이다.

자닌은 자료 전송 문제에 오해가 있었다고 주장했다. 편집부원이 상부의 말을 잘못 알아들었고, 본사에 있는 일부 관리자가 지금 로라와 내가 자료를 주고받는 문제에 대해 겁을 먹었다는 것이었다. 자닌은 문제가 없다고 말했다. 〈가디언〉 직원 중 한 명이 베를린으로 날아가 자료를 찾아올 예정이었다.

하지만 너무 늦었다. 로라는 "앞으로 절대 〈가디언〉에 문서를 주지 않을 거예요. 이제는 안 믿습니다"라며 고집했다.

자료의 규모와 민감성 때문에 로라는 인터넷으로 자료를 전송할 마음이 없었다. 우리가 믿는 누군가가 직접 전달해야 했다. 그 누군가가 데이비드였다. 데이비드는 이 문제에 대해 들었을 때 당장 베를린에 가겠다고 자원했다. 우리 둘 모두에게 이 방법이 완벽한 해법이었다. 데이비드는 이야기 전체를 이해했고, 로라도 그를 알고 믿었으며, 데이비드는 어쨌든 앞으로 진행할지도 모르는 새 프로젝트에 대해 이야기하기 위해 로라에게 갈 예정이었다. 이런 생각을 기쁘게 받아들인 자닌은 〈가디언〉이 데이비드의 여행 경비를 지불하는 데 동의했다.

〈가디언〉의 출장 담당자는 영국 항공편을 예약한 다음 데이비드에게 일정을 이메일로 보냈다. 우리는 데이비드가 베를린에 다녀오는 데 어떤 문제가 있으리라고는 전혀 생각하지 못했다. 히드로 국제공항을 들락거리면서 문서를 전달한 〈가디언〉 편집부 직원뿐만 아니라, 스노든 자료에 대한 기사를 쓰는 〈가디언〉 저널리스트에게도 아무 일 없었다. 로라 자신도 불과 몇 주 전 런던에 다녀왔다. 이런 사람들보다 더 주변 인물에 불과한 데이비드가 위험에 처한다고 생각할 이유가 없었다.

2013년 8월 11일 일요일, 데이비드는 베를린으로 향했다. 로라에게서 자료를 받아 일주일 뒤에 돌아올 예정이었다. 도착 예정일 아침 일찍 나는 전화 소리에 깼다. 전화 속 목소리는 강한 영국식 억양으로 자신을 "히드로 공항 보안 요원"이라고 밝히면서 데이비드 미란다를 아느냐고 물었다. 그러고는 이렇게 덧붙였다.

"테러방지법 2000 부칙 제7조에 의거해 미란다 씨를 억류했다는 사실을 알려드리기 위해 전화했습니다."

나는 "테러리즘"이란 단어가 바로 이해되지 않았다. 무엇보다 혼란스러웠다. 내가 던진 첫 질문은 그 당시 데이비드가 얼마나 오래 잡혀 있었느냐는 것이었다. 세 시간이 흘렀다는 말을 들었을 때 일반적인 출입국 심사가 아니라는 사실을 깨달았다. 보안 요원은 영국 정부가 데이비드를 총 아홉 시간 동안 잡아둘 "법적 권한"이 있고, 그때가 되면 법원이 시간을 늘릴 수 있다고 설명했다. 아니면 데이비드를 구속할 수도 있었다.

"아직 결정된 바가 없습니다."

보안 요원이 말했다. 미국과 영국 두 나라는 "테러리즘"을 명분으로 행동했다고 주장할 때 지켜야 할 도덕적·법적·정치적 한계가 없다는 점을 분명히 했다. 이제 데이비드는 테러방지법에 따라 붙잡혔다. 데이비드는 영국에 입국하려 하지도 않았고, 단지 공항에서 환승하는 중이었다. 영국 당국은 엄밀히 말해서 영국 영토도 아닌 장소에 들어가서 데이비드를 붙잡았고, 그렇게 하기 위해 아주 오싹하고 애매한 이유를 들었다.

데이비드를 꺼내기 위해서 〈가디언〉 측 변호사와 브라질 외교관이 즉각 나섰다. 나는 데이비드가 어떻게 감금에 대처할지 걱정하지 않았다. 고아 출신으로 리우데자네이루에서 가장 열악한 빈민가에서 상상할 수 없을 정도로 어렵게 생활했던 데이비드는, 아주 강인하고 고집 세며 세상 물정에 밝았다. 나는 데이비드가 어떤 상황에 처해 있고 이유가 무엇인지 정확하게 이해할 것이라는 사실을 알았다. 적어도 자신을 힘들게 하는 만큼이나 심문하는 사람들을 힘들게 할 것이 틀림없었다. 그럼에도, 〈가디언〉 측 변호사들은 이렇게 오래 사람을 붙잡아두는 것은 매우 드문 경우라는 점을 지적했다.

나는 테러방지법을 조사하면서 천 명 중 세 명만 검문되고, 97퍼센트가 넘는 대부분의 심문은 한 시간 내로 끝난다는 사실을 알게 되었다. 0.06퍼센트만이 여섯 시간 이상 억류되었다. 일단 아홉 시간 정도가 되면 구속될 가능성이 상당히 커 보였다.

테러방지법의 명시적인 목적은 이름이 말해주듯 테러와 관련된 사람들을 심문하는 것이다. 영국 정부는 “해당 인원이 테러 행위의 실행, 준비 또는 선동에 관련되었는지를 결정하기 위해” 구속력을 사용한다고 주장했다. 나의 보도 행위를 테러리즘과 동일시하지 않았다면, 데이비드를 테러방지법에 의거해서 억류하는 행위에는 정당한 이유가 전혀 없었다.

시간이 흐르면서 상황이 점점 더 암울해졌다. 내가 알고 있던 것이라고는 〈가디언〉 측 변호사와 브라질 외교관이 공항에서 데이비드의 위치를 알아내서 만나려고 애를 쓰고 있지만, 전혀 성공하지 못했다는 사실이었다. 하지만 아홉 시간에서 2분 모자랐을 때 자닌이 내가 듣고자 했던 소식을 이메일을 통해 “석방”이라는 한 단어로 보내왔다.

데이비드의 충격적인 구속은 즉각적으로 전 세계의 비난을 불러일으켰다. 위협을 하기 위한 흉악한 시도라는 비난이었다. 로이터의 한 보도는 이런 상황을 실제로 영국 정부가 의도한 것이라고 확신했다.

> 데이비드 미란다를 억류하고 심문한 … 주목적 중 하나는 〈가디언〉을 포함해서 스노든의 자료를 받는 사람들에게 영국 정부가 비밀 누설을 막는 일을 지지한다는 메시지를 전달하기 위한 것이라고 한 미국 정보 분야 관리가 로이터에 밝혔다.

하지만 데이비드의 무사 귀환을 기다리던 내가 리우데자네이루 공항에 모인 여러 기자에게 말했듯이, 영국은 협박 전술로 나의 보도를 막지 못한다. 나는 오히려 훨씬 더 대담해졌다. 영국 당국은 힘을 극단적으로 남용하는 태도를 보였다. 내가 생각하기에 가장 적절한 대응은 더 압박을 가하면서 더 큰 투명성과 책임을 요구하는 것이다. 그것은 저널리즘의 주된 기능이다. 이 사태를 어떻게 생각하느냐는 질문을 받았을 때, 나는 영국 정부 자체가 억압적이고 폭력적으로 비칠테니 사신들의 행농을 유감스러워 할 것으로 본다고 말했다.

한 로이터 통신 기자는 포르투갈어로 한 내 발언을 잘못 해석하고 심하게 왜곡했다. 영국이 데이비드에게 한 행동에 대해서 내가 그 전에 공개하지 않기로 결정한 영국에 대한 문서를 공개하겠다고 했다는 것이다. 이런 왜곡 내용은 통신사 뉴스 꼭지로 전 세계에 신속하게 전해졌다.

다음 이틀 동안, 미디어는 내가 "보복 저널리즘"을 실행하기로 마음 먹었다고 보도했다. 터무니없는 와전이었다. 발언의 요점은 영국의 폭력적인 행동 때문에 내 일을 계속하기로 단단히 마음먹었다는 것이었다. 하지만 내가 여러 번 깨달았듯이 발언 내용이 문맥을 무시하고 보도되었다고 주장한다고 해서 미디어 기계를 멈추게 할 수는 없었다.

보도의 잘잘못을 떠나, 내가 한 발언에 대한 반응은 정부가 본심을 드러내게 만들었다. 수년간 미국과 영국은 모든 도전에 대해 위협과, 위협보다 더 심한 대응으로 깡패처럼 행동했다. 영국 당국은 얼마 전만 해도 〈가디언〉이 컴퓨터를 파기하게 만들었고, 테러방지법을 구실로 데이비드를 억류했다. 내부고발자는 기소될 것이고 저널리스트는 감옥에 보내겠다고 위협했다. 하지만 이런 공격에 대해 강력하게 대응한다는 생각조차 체제에 충실하거나 지지하는 사람들의 엄청난 분노에 부닥치게 된다. 맙소사! 복수라니! 정부의 협박에 순순히 복종하는 것이 의무로 받아들여지고, 대담한 반항은 불복종 행위로 비난받는 것이다.

일단 카메라에서 벗어나자, 데이비드와 나는 대화를 나눌 수 있었다. 데이비드는 억류된 아홉 시간 내내 고분고분하지 않게 있었다고 말했지만 겁이 났다는 사실을 인정했다.

확실히 데이비드는 표적이었다. 데이비드가 탄 항공기의 승객들은 항공기 밖에서 기다리는 요원들에게 여권을 제시하라는 지시를 받았다. 데이비드가 여권을 보여줬을 때 테러방지법에 따라 억류되었고, "처음부터 마지막까지 위협받았으며", "전적으로 협조"하지 않았다면 감옥에 갔을 것이다. 그러고는 개인 사진, 연락처, 친구와의 채팅 내용이 담긴 휴대전화를 포함해서 전자 장비를 전부 압수당했고, 체포 위협을 받으면서 암호를 해제하라는 압박을 당했다. 데이비드가 말했다.

"삶 전체가 침해당하고, 벌거벗겨진 기분이었지."

데이비드는 미국과 영국이 지난 10년간 테러와의 전쟁을 명분으로 무슨 짓을 했는지에 대해 계속 생각했다.

"사람들을 납치하고, 기소나 변호사도 없이 감옥에 감금하고, 관타나모에 보내고, 죽이기도 해. 이 두 정부로부터 '넌 테러리스트야'라는 말을 듣는 것보다 더 무서운 일은 정말 없어."

그러고는 대부분의 미국 또는 영국 시민이 떠올리지 않을 말을 했다.

"그들이 나한테 무슨 짓이든 할 수 있다는 사실을 깨닫게 돼."

데이비드의 억류에 관한 논란은 몇 주간 계속되었다. 이 사건은 며칠간 브라질에서 주요 뉴스로 다뤄졌고, 브라질 국민은 거의 한목소리로 분개했다. 영국 정치인은 테러방지법의 개정을 요구했다. 물론 사람들이 영국 정부의 행위를 사실 그대로 알게 된 것은 기쁜 일이었다. 동시에, 비록 테러방지법은 수년간 논란이 되었지만, 대부분은 이슬람교도에게 적용되었고, 따라서 신경 쓰는 사람이 거의 없었다. 권력 남용에 관심을 불러일으키기 위해 이목을 끄는 백인 서방 저널리스트의 배우자를 억류할 필요가 없었지만, 그런 일이 벌어졌다.

놀랄 것도 없이, 데이비드를 억류하기 전에 영국 정부는 미국 정부와 대화했다. 백악관 대변인은 기자 회견에서 질문을 받았을 때 이렇게 말했다. "사전 정보가 있었습니다. … 따라서 우리 정부는 이번 일이 일어날 조짐을 알고 있었습니다." 백악관은 억류에 대해 비판하는 것을 거부했고, 막거나 말리기 위한 조치도 취하지 않았다고 인정했다.

대부분의 저널리스트는 이런 조치가 얼마나 위험한지 이해했다. 화가 난 레이첼 매도우는 자신이 진행하는 MSNBC 프로그램에서 "저널리즘은 테러리즘이 아니다"라고 핵심을 찌르면서 단언했다. 반면 제프리 투빈은 데이비드의 행위를 "마약 운반책"의 행위와 동일시하면서 황금 시간대 방송에서 영국 정부를 칭찬했다. 또한 데이비드는 체포되고 기소되지 않은 것을 고마워해야 한다고 덧붙였다.

영국 정부가 공식적으로 데이비드가 휴대했던 문서에 대한 혐의 조사를 시작한다고 발표했을 때, 투빈의 발언은 조금 더 그럴듯해 보였다(데이비드는 자신을 억류한 법의 유일한 목적과 관계가 없기 때문에 자신의 억류가 불법적이라고 주장하면서 자체적으로 영국 당국을 상대로 소송을 걸었다). 아주 유명한 저널리스트가 공익을 위한 중요한 보도를 마약 매매상의 악취 나는 불법성에 비유했을 때 당국이 아주 대담해진 것은 별로 놀라운 일이 아니다.

베트남 전쟁 당시 특파원이었던 데이비드 핼버스탬은 2005년에 죽기 직전 콜롬비아 저널리즘 학교에서 학생들을 대상으로 연설을 했다. 그는 자신의 직업 생활에서 가장 자랑스러운 순간이 베트남에서 미국 장군들이 〈뉴욕타임스〉에 있는 편집국장에게 자신을 종군기자 자리에서 빼달라고 요구하겠다고 위협했을 때라고 했다. 핼버스탬은 자신이 "전쟁에 대해 비관적인 기사를 내보내서 워싱턴과 사이공을 분노하게 했습니다"라고 말했다. 장군들은 핼버스탬을 "적"으로 여겼다. 군이 마련한 기자 간담회에서 장군들이 거짓말을 한다며 방해했기 때문이었다.

핼버스탬에게는 정부를 화나게 하는 것이 자랑의 원천이자, 저널리즘의 진정한 목적과 소명이었다. 그는 저널리스트가 되는 것이 위험을 감수하고 권력 남용에 굴복하기보다는, 정면으로 부딪치는 것을 의미한다는 사실을 알았다.

오늘날 언론에 있는 많은 이에게 정부로부터 "책임 있는" 보도라는, 보도해야 할 내용과 보도하지 말아야 할 내용에 대해 지침을 받는 것이 명예 훈장이다. 이런 상황은 미국에서 정부에 대한 비판적인 저널리즘이 얼마나 깊이 추락했는지 제대로 보여준다.

| 에필로그 |

스노든은 우리가 인터넷으로 처음 대화를 나눌 때, 앞으로 일어날 일에서 두려운 것은 한 가지뿐이라고 했다. 그것은 자신의 폭로에 사람들이 무관심하고 냉담하게 반응하는 상황으로, 그렇게 되면 아무런 의미 없이 자신의 삶을 내던지고 감옥에 갈 위험을 감수한 셈이 된다. 이런 두려움이 현실화되지 않았다고 말하는 것은 이번 사태를 크게 과소평가하는 것이다.

사실, 현재진행형인 이번 사태의 효과는 사람들의 예상보다 훨씬 더 크고 더 오래가고 더 폭넓었다. 전방위적인 국가 감시와 만연한 비밀주의의 위험성에 대한 전 세계의 관심에 초점이 맞춰졌다. 디지털 시대에 개인 프라이버시의 가치에 관한 전 세계적인 논쟁에 처음으로 불을 댕겼고, 인터넷에 대한 미국의 지배적인 통제에 대한 도전도 촉발시켰다. 전 세계인이 미국 관리가 한 발언의 신뢰성을 판단하는 방식을 바꿔놓았고, 국제 관계도 탈바꿈시켰다. 정부 권력에 관한 언론의 적절한 역할에 대한 태도도 급격하게 바꿔놓았다. 또한 감시 국가의 의미 있는 개혁을 지속적으로 요구함으로써 미국 내에서 사상적으로 다양하고, 당파를 초월한 연합을 만들어냈다.

에피소드 하나가 특히 스노든의 폭로가 가져온 큰 변화를 잘 보여주었다. 내가 〈가디언〉에 스노든을 바탕으로 한 기사를 보도하고 불과 몇 주 뒤, 두 명의 의원이 합동으로 NSA 프로그램의 예산 지원을 철회하는 법안을 제출했다. 놀랍게도 법안을 함께 제출한 사람은 하원에서 스무 번째 임기로 일하는 민주당 디트로이트 하원의원인 존 코니어스와 하원 재선 의원인 보수 티파티 소속의 저스틴 어매시였다. 당이 다른 두 의원이 NSA의 국내 감시에 반대해서 한목소리를 내는 것은 예상치 못한 일이었다. 그리고 이들의 제안은 빠르게 수십 명의 지지 의원을 끌어모았다. 여기에는 이념적 스펙트럼을 초월해서, 가장 진보적인 의원과 가장 보수적인 의원, 그리고 그 사이에 있는 의원들까지 포함되었는데, 이런 일은 워싱턴에서 아주 드물었다.

법안이 투표에 부쳐졌을 때, C-SPAN에서 토론 상황을 중계했고, 나는 스노든과 인터넷 채팅을 하면서 방송을 봤다. 스노든도 모스크바에서 인터넷으로 방송을 보고 있었다. 이때 우리 두 사람은 깜짝 놀랐다. 내가 보기에 이때야말로 스노든은 자신이 해낸 일의 중요성을 처음으로 제대로 이해했다. 하원의원들은 테러를 막기 위해 모든 미국인의 통신 데이터를 수집한다는 생각을 비웃으면서 NSA 프로그램을 맹비난했다.

이 일은 9·11 테러 이후 의회에서 나타난 안보 중심 국가에 대한 가장 공격적인 도전이었다. 코니어스-어매시 법안에 대한 최종 투표 결과는 정부 관리들을 충격에 빠트렸다. 찬반 비율이 205 대 217로, 간발의 차이로 법안은 통과되지 못했다. 법안에 대한 지지는 민주당 111표, 공화당 94표로 전적으로 당파를 초월한 결과가 나왔다. 의원들이 전통적인 당 노선에 따른 표결을 하지 않은 사실은, NSA의 고삐를 죄는 법안이 상당한 지지를 얻은 것만큼이나 나와 스노든에게 신나는 일이었다. 양당 구조가 서서히 무너져서 당파를 초월할 수 있다면, 실제로 국민의 이익에 바탕을 둔 정책 마련의 희망이 훨씬 더 커진다.

뒤이은 몇 개월간, 전 세계에 점점 더 많은 NSA 관련 보도가 나가면서 많은 전문가는 대중이 이 주제에 대한 관심을 잃을 것이라고 예상했다. 하지만 실제로는 국내뿐만 아니라 국제적으로도 감시 문제에 관한 관심은 계속 늘어나기만 했다. 첫 기사가 〈가디언〉에 보도되고 6개월이 지난 2013년 12월의 한 주에 벌어진 사건들은 스노든의 폭로가 얼마나 지속적인 울림이 있고, NSA의 입장이 얼마나 옹색하게 되었는지 잘 보여준다.

해당 주는 리처드 리안 연방 판사의 극적 견해 표명으로 시작되었다. 부시 정권이 임명한 리안 판사는 어떤 범위에서 "거의 전체주의적"이라고 비난하면서 NSA의 메타데이터 수집이 미국 수정헌법 제4조를 위반한 것으로 드러날 가능성이 있다는 판결을 내렸다. 또한 "NSA가 대량으로 수집한 메타데이터의 분석이 실제로 임박한 테러 공격을 막은 사례를 단 한 건도 제시하지 못했다"고 신랄하게 지적했다. 불과 이틀 뒤, NSA 스캔들이 처음 터졌을 때 오바마 대통령이 만든 자문단은 이 문제에 관한 308쪽짜리 보고서를 냈다. 이 보고서 역시 "검토 결과 (애국법) 제215조에 따른 전화 통신 메타데이터의 사용을 통한 테러리스트 조사에 도움이 되는 정보는 테러 공격을 막는 데 필수적이지 않다"면서 감시가 매우 중요하다는 NSA의 주장을 일축했다. 또한 "전화 통신 메타데이터 프로그램이 없었다면" 결과가 달라졌을 사례가 단 한 건도 없다고 했다.

그 사이에, NSA에 대한 시선은 미국 바깥에서도 더 나을 것이 없었다. 유엔 총회는 만장일치로 독일과 브라질이 제출한 결의안에 찬성했다. 이 결의안은 온라인 프라이버시가 근본적인 인권이라는 사실을 확인하는 것으로, 한 전문가는 "미국에 방향을 전환하여 NSA의 저인망 감시를 끝낼 시점이라고 말하는 강력한 메시지"라고 규정했다. 같은 날 브라질은 장기간 추진한 45억 달러 규모의 미국 보잉 사와의 전투기 구매 계약을 취소하고, 대신 스웨덴 기업인 사브에서 전투기를 구매할 것이라고 발표했다. 브라질 지도자, 기업, 국민에 대한 NSA의 감시를 둘러싼 브라질의 분노는 이런 깜짝 놀랄 만한 결정을 내리게 한 핵심적인 이유가 분명했다. 한 브라질 정부 소식통은 로이터 통신에 "NSA 프로그램이 계약을 망쳤다"고 했다.

이런 모든 사실이 전투에서 이겼다고 말해주는 것은 아니다. 감시 국가는 놀랄 만큼 강력하고, 아마 가장 고위층 선출직 공무원보다 훨씬 강할지도 모르고, 무슨 수를 써서라도 두둔할 준비가 된 여러 영향력 있는 지지자를 자랑한다. 따라서 이번 싸움에서 정부 측이 몇 차례 승리했다고 놀랄 일은 아니다. 리처드 리안 판사의 판결이 나오고 2주 뒤, 또 다른 연방 법관은 9·11 테러에 관한 기억을 악용해서 NSA 프로그램이 다른 사례에서는 합헌이라고 선언했다. 유럽 동맹국들은 흔히 그렇듯 순순히 미국에 협조하면서 처음에 내비친 분노에서 물러섰다. 미국 대중의 생각도 오락가락했다. 여론 조사에 따르면 대다수 미국인은 스노든이 폭로한 NSA 프로그램에 반대하지만, 그럼에도 불구하고 폭로 행위에 대해 스노든을 기소하길 원했다. 미국 고위 관료들은 스노든 자신뿐만 아니라 나를 포함한 스노든과 협력한 저널리스트도 기소하고 감옥에 넣어야 한다고 주장하기 시작했다.

어쨌든 NSA를 지지하는 사람들이 깜짝 놀란 것은 틀림없었고, 이들의 개혁 반대 주장은 점점 더 설득력을 잃어갔다. 이를테면, 무차별 대량 감시를 옹호하는 사람들은 주로 일부 감시는 항상 필요하다고 주장한다. 이것은 하나 마나 한 말이다. 누구도 여기에 반대하지 않는다. 대량 감시의 대안은 감시를 한꺼번에 완전히 없애는 것이 아니다. 그 대신 대상을 한정한 감시, 대상자가 실질적인 범죄와 관련된다고 믿을 만한 증거가 상당한 경우에만 감시를 하는 것이다. 대상을 한정한 감시가 지금의 "전부 수집한다"는 식의 접근보다 테러 음모를 막을 가능성이 훨씬 더 크다. 대량 수집의 경우 엄청난 데이터의 홍수로 인해 분석관이 내용을 효과적으로 검토할 수 없다. 그리고 무차별 대량 감시와 달리 제한적 감시는 미국의 헌법적 가치와 서구 정의의 개념에 부합한다.

실제로 1970년대에 처치 위원회가 밝힌 감시 남용 스캔들의 결과가 다름 아닌 이런 원칙이었다. 정부는 감청을 하기 전에 의심되는 범죄, 또는 외국 스파이라는 일부 증거를 제시해야만 하고, 이런 원칙은 해외정보감시법원의 설립으로 이어졌다. 불행하게도 해외정보감시법원은 정부의 감시 요구에 대한 의미 있는 법적 검토를 하지 않고 단순한 거수기로 전락했다. 그럼에도 불구하고 본질적인 개념은 건전하고, 앞으로 나아갈 길도 보여준다. 지금처럼 정부만 입장을 진술할 수 있는 일방적인 행태의 해외정보감시법원이 아니라 실질적인 재판 시스템으로 바꾸는 것이 긍정적인 개혁이 될 것이다.

이런 자체적인 국내 사법적 변화는 감시 문제를 푸는 데 충분하지 않을 가능성이 있다. 감시국가는 감독 기능을 할 대상을 흔히 자기편으로 만들기 때문이다. 예컨대 우리가 봐왔듯이, 지금의 정보위원회 의원들은 철저하게 정부 편이 되었다. 그럼에도 불구하고 이런 형태의 법적 변화는 표면상으로 프라이버시가 헌법으로 보장받는 민주주의 국가에서 적어도 무차별적 대량 감시가 설 장소가 없다는 원칙을 강화할 수 있다.

온라인 프라이버시를 개선하고 국가 감시를 제한하기 위해 또 다른 조치도 취할 수 있다. 현재 독일과 브라질이 주도하고 있는, 새로운 인터넷 기반 체계를 구축해서 대부분의 네트워크 트래픽이 더 이상 미국을 통과할 필요가 없도록 하려는 국제적 노력은 인터넷에 대한 미국의 지배력을 느슨하게 하는 데 많은 도움을 줄 수 있다. 또한 개인들도 각자의 온라인 프라이버시를 개선하는 역할을 할 수 있다. NSA와 NSA의 협력 기관과 손잡은 IT 기업의 서비스를 거부하는 행동은 해당 기업이 협조를 중단하도록 압박하고, 경쟁 기업이 프라이버시 보호에 주력하도록 박차를 가하게 할 것이다. 여러 유럽 IT 기업은 자사의 이메일 및 채팅 서비스가 사용자 데이터를 NSA에 제공하지 않고 있고, 앞으로도 그렇게 하지 않을 것이라는 사실을 과시하면서 구글과 페이스북이 제공하는 서비스보다 더 나은 대안이라는 점을 이미 홍보하고 있다.

개인의 통신과 인터넷 사용에 대한 정부의 침해를 막기 위해 모든 사용자는 암호화 및 브라우징 보안 툴을 사용해야 한다. 이런 조치는 저널리스트, 변호사, 인권 운동가처럼 민간 분야에서 일하는 사람들에게 특히 중요하다. IT 커뮤니티는 더 효과적이고 사용자 친화적인 암호화 및 보안 프로그램을 계속 개발해야 한다.

이 모든 전선에서 아직 해야 할 일이 많다. 하지만 내가 홍콩에서 스노든을 만나고 적어도 1년 뒤, 스노든의 폭로가 여러 국가와 여러 영역에서 근본적이고 되돌릴 수 없는 변화를 이미 가져온 것은 확실하다. NSA의 구체적인 개혁 외에도, 스노든의 행동은 정부의 투명성과 전반적인 개혁이 필요한 이유를 가차 없이 제기했다. 스노든은 다른 사람들에게 영감을 주는 모델을 만들었고, 미래의 활동가는 스노든이 이용한 방법을 완벽하게 보완해서 스노든의 선례를 따를 것이다.

과거 정권을 통틀어서 비밀누설자를 상대로 가장 많은 기소를 한 오바마 행정부는 내부고발 시도를 억누르는 공포 분위기를 조성하려 했다. 하지만 스노든은 이런 패턴을 무너트렸다. 스노든은 미국의 손아귀에서 벗어나 어떻게든 자유인으로 남아 있다. 게다가 스노든은 숨어 있기를 거부하고 자랑스럽게 전면에 나서서 자신의 정체를 밝혔다. 결과적으로 스노든에 대한 대중의 이미지는 오렌지색 죄수복 차림으로 수갑을 찬 죄수가 아니라, 무슨 일을 왜 했는지 설명하면서 자신을 변호할 수 있는 독립적이고 할 말을 하는 인물이다. 미국 정부가 메시지를 전하는 사람을 악당으로 만들어서 메시지의 초점을 흐리게 하는 것은 더 이상 불가능하다. 여기에 미래의 내부고발자를 위한 강력한 교훈이 있다. 즉 진실을 말하더라도 자신의 삶이 망가지지는 않는다는 사실이다.

나머지 사람들에 대해 스노든이 끼친 정신적 영향은 적지 않다. 아주 간단하게, 스노든은 어떤 사람이라도 세상을 바꿀 수 있는 비상한 능력이 있다는 점을 상기시켜주었다. 특별한 재력이나 권력이 없는 부모 밑에서 자란, 고등학교 졸업장조차 없고 거대 기업의 이름 없는 직원으로 일한, 모든 외적인 면에서 평범한 한 사람이 한 번의 양심에 따른 행동을 통해 말 그대로 역사의 방향을 바꿔놓았다.

가장 헌신적인 활동가조차 패배주의에 굴복하고 싶은 충동을 자주 느낀다. 힘 있는 기관은 도전하기에 매우 강력해 보인다. 근절시키기에는 관행이 너무 뿌리 깊이 박혔다는 느낌이 든다. 현상 유지에 기득권이 걸린 집단은 항상 많다. 하지만 우리가 어떤 세상에서 살기를 원하는지 결정할 수 있는 사람은 은밀하게 일하는 소수의 엘리트가 아니라 다수의 일반인이다. 사고하고 결정하는 능력을 촉진하는 것, 이것이 내부고발자가, 활동가가, 언론이 추구하는 목적이다. 에드워드 스노든의 폭로 덕분에 지금 그런 일이 벌어지고 있다.

| 감사의 말 |

최근 서방 정부가 자신들의 가장 중요한 활동을 은폐하려는 활동은 용감한 내부고발자들의 일련의 놀라운 폭로를 통해 거듭 좌절되었다. 매번, 미국과 미국의 동맹국의 정부 기관이나 군대에서 일하던 사람들은 조직의 심각한 비행을 발견했을 때 침묵할 수 없다고 생각했다. 이들은 오히려 직접 나서서 범죄 행위를 폭로했고, 때로는 그렇게 하기 위해서 의도적으로 법을 어겼으며, 자신의 직업과 인간관계와 자유라는 엄청난 개인적 희생을 항상 감수했다. 민주 국가에 사는 모든 사람, 투명성과 책임을 중요하게 여기는 모든 사람은 이들에게 큰 빚을 지고 있다.

에드워드 스노든에게는 영감을 준 선배들이 여러 명 있다. 가장 먼저 들 수 있는 인물은 펜타곤 페이퍼를 폭로한 대니얼 엘즈버그다. 엘즈버그는 내가 오랫동안 개인적인 영웅으로 여겼고, 지금은 친구이자 동료이기도 하다. 나는 매사에 엘즈버그의 사례를 따르려고 한다. 또 다른 용기 있는 내부고발자로는 첼시 매닝, 재슬린 래덱, 토머스 탬, 그리고 전직 NSA 요원인 토머스 드레이크와 빌 비니가 있다. 이들은 중요한 진실을 공개하기 위해 정부의 박해를 견뎌야 했다. 스노든이 내부고발자가 되기로 마음먹은 데는 이런 사람들이 결정적인 역할을 했다.

스노든이 미국과 미국의 동맹국이 은밀하게 구축하는 전방위적이고 무차별적인 감시 체계를 공개한 것은, 자기희생적이고 양심에 따른 행동이었다. 달리 보면 평범한 29세의 청년이 어떤 원칙을 위해 기본적인 인권을 지키려는 행동을 하면서 의도적으로 평생 감옥살이를 감수했다는 사실은 그저 놀라울 뿐이다. 스노든의 대담성과 흔들림 없는 냉정함은 옳은 일을 했다는 확신에 바탕을 두었다. 이런 태도는 나로 하여금 이 모든 이야기를 보도하게 했고, 남은 내 인생에도 큰 영향을 미칠 것이다.

비교할 수 없을 정도로 용감하고 뛰어난 로라 포이트러스가 없었다면 이 이야기가 이처럼 충격을 가져오지 못했을 것이다. 저널리스트 동료이자 친구인 로라는 자신이 만든 영화 때문에 수년간 미국 정부의 괴롭힘에 시달렸지만, 이 이야기를 적극적으로 알리는 일에 한 치의 망설임도 없었다. 로라는 개인 프라이버시를 중요하게 여기고 대중의 관심을 받는 일을 꺼리기 때문에 우리가 했던 모든 보도에서 로라가 얼마나 꼭 필요한 역할을 했는지 간혹 잘 알려지지 않았다. 하지만 로라의 전문 기술과 전략적 천재성, 판단력과 용기는 우리가 했던 모든 일의 핵심이었다. 우리는 거의 매일 이야기했고, 모든 큰 결정을 함께 내렸다. 둘 사이에는 더할 나위 없이 완벽한 파트너십과 서로에게 용기와 영감을 주는 우정이 있었다.

로라와 내가 알고 있듯이, 결국 스노든의 용기는 전염성이 있었다. 여러 저널리스트가 이 이야기를 과감하게 밀어붙였다. 〈가디언〉의 편집자인 자닌 깁슨, 스튜어트 밀러, 앨런 러스브리저, 그리고 유언 매카스킬이 주축이 된 〈가디언〉의 여러 기자가 여기에 해당된다. 폭로 뒤에도 스노든은 자유로운 상태를 유지할 수 있었고, 덕분에 자신이 촉발시키는 데 기여했던 논쟁에 참가할 수 있었다. 이것은 위키리크스와 위키리크스의 직원인 사라 해리슨이 꼭 필요한 지원을 과감하게 해주었기 때문이다. 사라는 스노든의 홍콩 출국을 도왔고, 그 뒤로 영국으로 안전하게 귀국할 수 있었음에도 불구하고 모스크바에서 스노든과 함께 있었다.

수많은 친구와 동료가 여러 힘든 상황에서 현명한 조언을 하면서 지지해주었다. 여기에는 미국시민자유연맹의 벤 위즈너와 자멜 재퍼, 평생 절친한 친구인 노먼 플라이셔, 세계 최고의 탐사 저널리스트인 제러미 스카힐, 힘 있고 재치 있는 브라질 글로보 방송의 기자 소니아 브리디, 언론자유재단의 사무총장인 트레버 팀이 포함된다. 부모님과 동생 마크와 제수씨 크리스틴은 종종 무슨 일이 벌어지지 않을까 하는 (가족만 할 수 있는) 걱정을 하면서도, 흔들림 없이 (가족만이 할 수 있는) 지지를 해주었다.

이 책은, 특히 지금 같은 상황에서 쉽게 쓸 수 있는 책이 아니었기에 메트로폴리탄북스에 진심으로 고맙게 생각한다. 코너 가이는 출판 과정을 효율적으로 관리해주었고, 그리고리 토비스는 통찰력 있게 편집에 기여하고 뛰어난 기술을 보여주었으며, 리바 하처먼은 지성과 높은 눈높이로 최고의 편집자가 되어주었다.

이 책은 사라 버시텔과 함께 연이어 낸 두 번째 책이다. 사라는 놀랄 만큼 현명하고 창의적인 사람으로, 그녀 없이 책을 쓴다는 것은 상상도 할 수 없다. 출판 에이전트인 댄 코너웨이는 다시 한 번 전 과정에서 안정되고 현명한 목소리를 냈다. 책을 종합하는 데 결정적인 도움을 준 테일러 반스에게도 깊은 감사의 뜻을 전한다.

조사 능력과 지적 에너지를 지닌 테일러는 앞으로 훌륭한 저널리스트가 될 것이 틀림없다.

늘 그렇듯, 내가 하는 모든 일의 중심에는 인생의 파트너이자 9년을 함께한 배우자이자 영혼의 반려자인 데이비드 미란다가 있다. 이번 사건의 보도 과정에서 데이비드가 겪은 시련은 분노를 자아냈지만, 덕분에 데이비드가 얼마나 뛰어난 사람인지 알려지게 되었다. 매 순간 데이비드는 내게 용기를 주고 결심을 지지해주었을 뿐만 아니라, 내가 선택을 하는 데 지침을 주고, 상황을 명확하게 보는 통찰을 제시했다. 또한 든든하게 곁에 있어 주고 조건없는 지지와 사랑을 주었다. 이런 파트너십은 두려움을 쫓고 한계를 무너뜨렸으며, 모든 것을 가능하게 해주었기 때문에 더할 나위 없이 소중했다.

| 주석 |

1.

2.

IT IS HEREBY ORDERED that, the Custodian of Records shall produce to the National Security Agency (NSA) upon service of this Order, and continue production

on an ongoing daily basis thereafter for the duration of this Order, unless otherwise ordered by the Court, an electronic copy of the following tangible things: all call detai records or "telephony metadata" created by Verizon for communications (i) between the United States and abroad; or (ii) wholly within the United States, including local

Telephony metadata includes comprehensive communications routing information, including but not limited to session identifying information (*e.g.*, originating and terminating telephone number, International Mobile Subscriber Identity (IMSI) numl International Mobile station Equipment Identity (IMEI) number, etc.), trunk identifie

3.

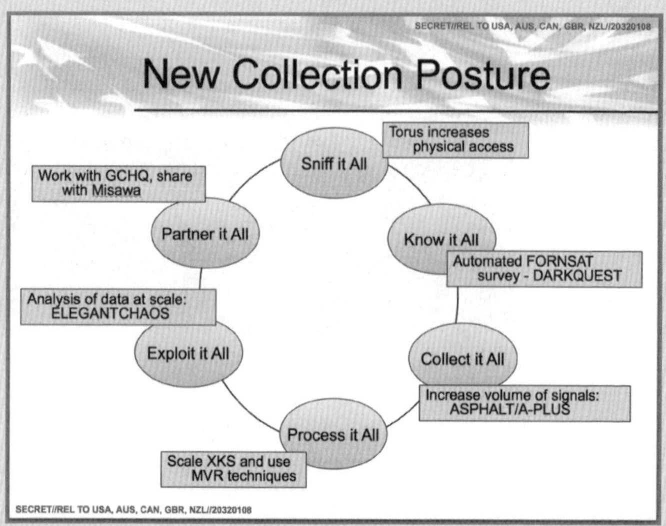

4.

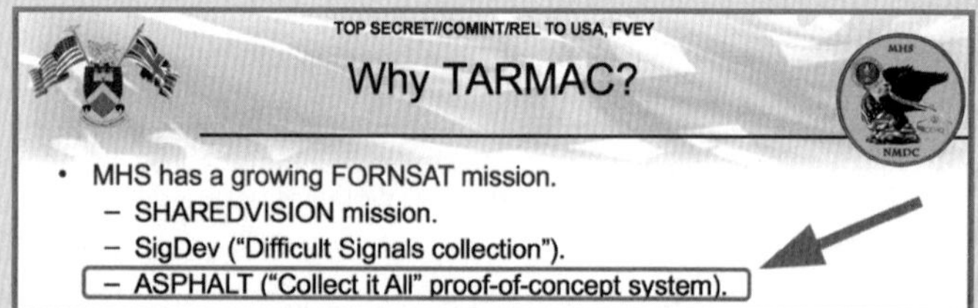

5.

Future Plans (U)

(TS//SI//REL) In the future, MSOC hopes to expand the number of WORDGOPHER platforms to enable demodulation of thousands of additional low-rate carriers.

These targets are ideally suited for software demodulation. Additionally, MSOC has developed a capability to automatically scan and demodulate signals as they activate on the satellites. There are a multitude of possibilities, bringing our enterprise one step closer to "collecting it all."

6.

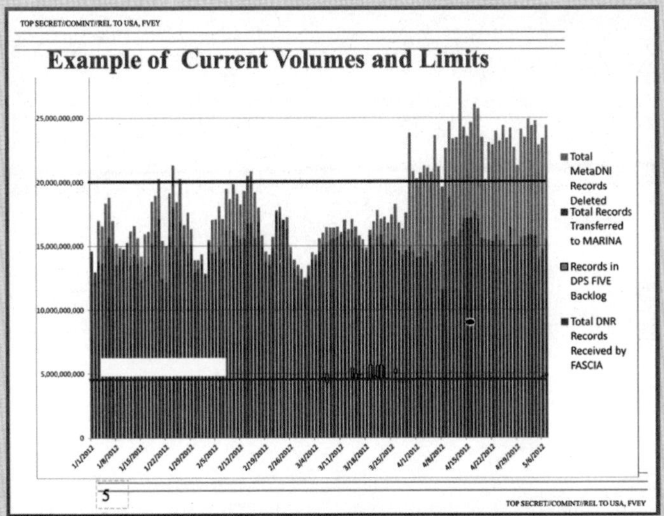
TOP SECRET//COMINT//REL TO USA, FVEY
Example of Current Volumes and Limits
25,000,000,000
20,000,000,000
15,000,000,000
10,000,000,000
5,000,000,000
0
1/1/2012
1/8/2012
1/15/2012
1/22/2012
1/29/2012
2/5/2012
2/12/2012
2/19/2012
2/26/2012
3/4/2012
3/11/2012
3/18/2012
3/25/2012
4/1/2012
4/8/2012
4/15/2012
4/22/2012
4/29/2012
5/6/2012
Total MetaDNI Records Deleted
Total Records Transferred to MARINA
Records in DPS FIVE Backlog
Total DNR Records Received by FASCIA
5
TOP SECRET//COMINT//REL TO USA, FVEY

7.

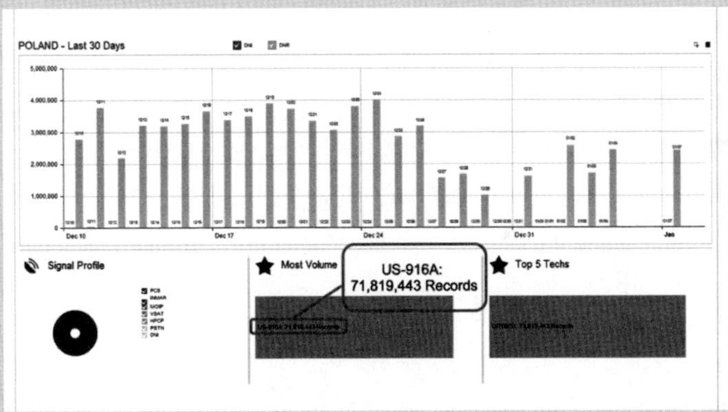
POLAND - Last 30 Days
5,000,000
4,000,000
3,000,000
2,000,000
1,000,000
0
Dec 10
Dec 17
Dec 24
Dec 31
Jan
Signal Profile
Most Volume
US-916A:
71,819,443 Records
Top 5 Techs

8.

UK TOP SECRET STRAP 1 COMINT REL TO UK/US/AUS/CAN/NZ EYES ONLY

Knowing what we have - Guiding Light

- GCHQ has massive access to international internet communications
- We receive upwards of 50 *Billion* events *per day* (...and growing)

9.

(S//SI//REL TO USA, FVEY) SHELLTRUMPET Processes it's One Trillionth Metadata Record

By NAME REDACTED on 2012-12-31 0738

(S//SI//REL TO USA, FVEY) On December 21, 2012 SHELLTRUMPET processed its One Trillionth metadata record. SHELLTRUMPET began as a near-real-time metadata analyzer on Dec 8, 2007 for a CLASSIC collection system. In its five year history, numerous other systems from across the Agency have come to use SHELLTRUMPET's processing capabilities for performance monitoring, direct E-Mail tip alerting, TRAFFICTHIEF tipping, and Real-Time Regional Gateway (RTRG) filtering and ingest. Though it took five years to get to the one trillion mark, almost half of this volume was processed in this calendar year, and half of that volume was from SSO's DANCINGOASIS. SHELLTRUMPET is currently processing Two Billion call events/day from select SSO (Ram-M, OAKSTAR, MYSTIC and NCSC enabled systems), MUSKETEER, and Second Party systems. We will be expanding its reach into other SSO systems over the course of 2013. The Trillion records processed have resulted in over 35 Million tips to TRAFFICTHIEF.

10.

TOP SECRET//COMINT//X1
NSA Strategic Partnerships
Alliances with over 80 Major Global Corporations Supporting both Missions
• Telecommunications & Network Service Providers
• Network Infrastructure
• Hardware Platforms Desktops/Servers
• Operating Systems
• Applications Software
• Security Hardware & Software
• System Integrators
AT&T
Qwest
EDS
H-P
Motorola
CISCO
Qualcomm
Oracle
IBM
Intel
Microsoft
Verizon
TOP SECRET//COMINT//X1

11.

TOP SECRET // COMINT // NOFORN//20291130
Special Source Operations
Corporate Partner Access
Briefed by: NAME REDACTED
BLARNEY
STORMBREW
FAIRVIEW
OAKSTAR
TOP SECRET // COMINT // NOFORN//20291130

12.

TOP SECRET // COMINT // NOFORN//20291130

Relationships & Authorities

• Leverage unique key corporate partnerships to gain access to high-capacity international fiber-optic cables, switches and/or routers throughout the world

13.

TOP SECRET//COMINT//NOFORN

Unique Aspects

Access to massive amounts of data

Controlled by variety of legal authorities

Most accesses are controlled by partner

TOP SECRET//COMINT//NOFORN

US-990 FAIRVIEW

(TS//SI) US-990 (PDDG-UY) – key corporate partner with access to international cables, routers, and switches.

(TS//SI) Key Targets: Global

14.

FAIRVIEW – Corp partner since 1985 with access to int. cables, routers, switches. The partner operates in the U.S., but has access to information that transits the nation and through its corporate relationships provide unique accesses to other telecoms and ISPs. Aggressively involved in shaping traffic to run signals of interest past our monitors.

15.

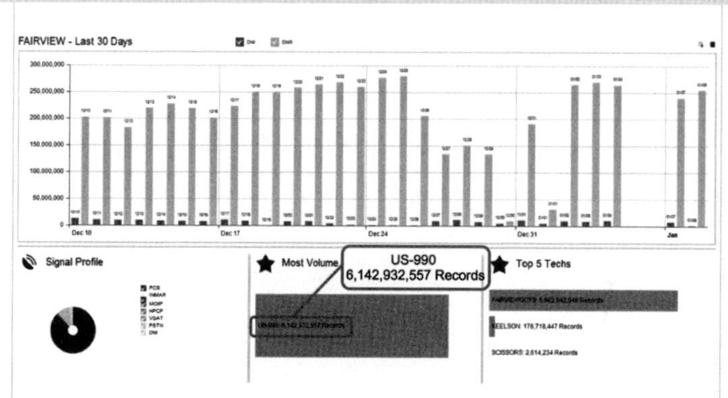

16.

(TS//SI//NF) ORANGECRUSH, part of the OAKSTAR program under SSO's corporate portfolio, began forwarding metadata from a third party partner site (Poland) to NSA repositories as of 3 March and content as of 25 March. This program is a collaborative effort between SSO, NCSC, ETC, FAD, an NSA Corporate Partner and a division of the Polish Government. ORANGECRUSH is only known to the Poles as BUFFALOGREEN. This multi-group partnership began in May 2009 and will incorporate the OAKSTAR project of ORANGEBLOSSOM and its DNR capability. The new access will provide SIGINT from commercial links managed by the NSA Corporate Partner and is anticipated to include Afghan National Army, Middle East, limited African continent, and European communications. A notification has been posted to SPRINGRAY and this collection is available to Second Parties via TICKETWINDOW.

17.

SILVERZEPHYR FAA DNI Access Initiated at NSAW (TS//SI//NF)

By NAME REDACTED on 2009-11-06 0918

(TS//SI//NF) On Thursday, 11/5/09, the SSO-OAKSTAR SILVERZEPHYR (SZ) access began forwarding FAA DNI records to NSAW via the FAA WealthyCluster2/Tellurian system installed at the partner's site. SSO coordinated with the Data Flow Office and forwarded numerous sample files to a test partition for validation, which was completely successful. SSO will continue to monitor the flow and collection to ensure a ny anomalies are identified and corrected as required. SILVERZEPHYR will continue to provide customers with authorized, transit DNR collection. SSO is working with the partner to gain access to an additional 80Gbs of DNI data on their peering network, bundled in 10 Gbs increments. The OAKSTAR team, along with support from NSAT and GNDA, just completed a 12 day SIGINT survey at site, which identified over 200 new links. During the survey, GNDA worked with the partner to test the output of their ACS system. OAKSTAR is also working with NSAT to examine snapshots taken by the partner in Brazil and Colombia, both of which may contain internal communications for those countries.

18.

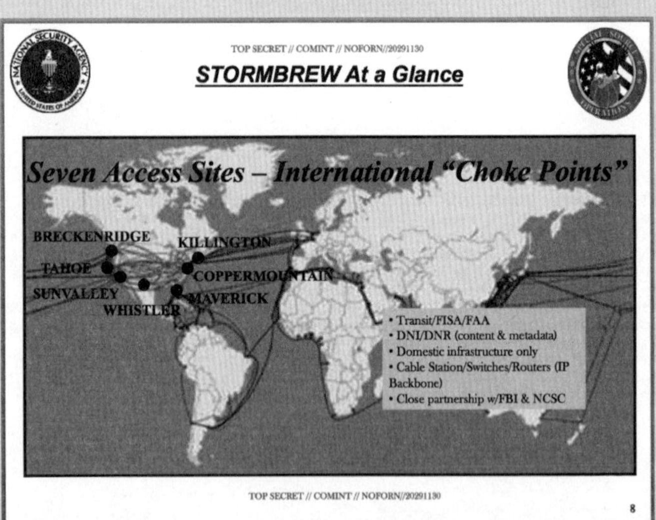

19.

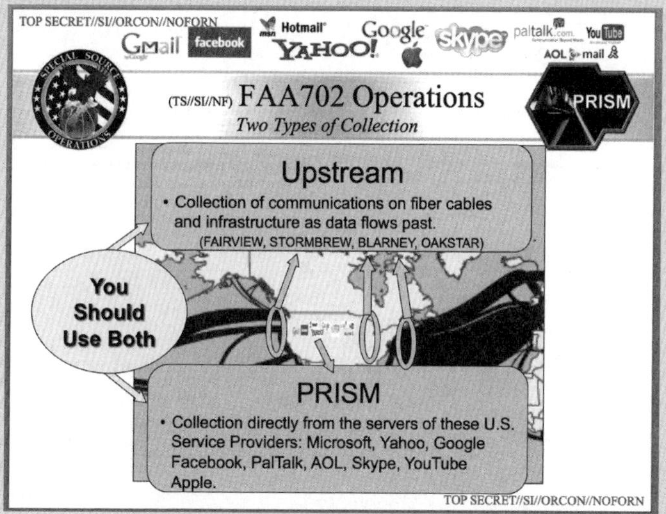

20.

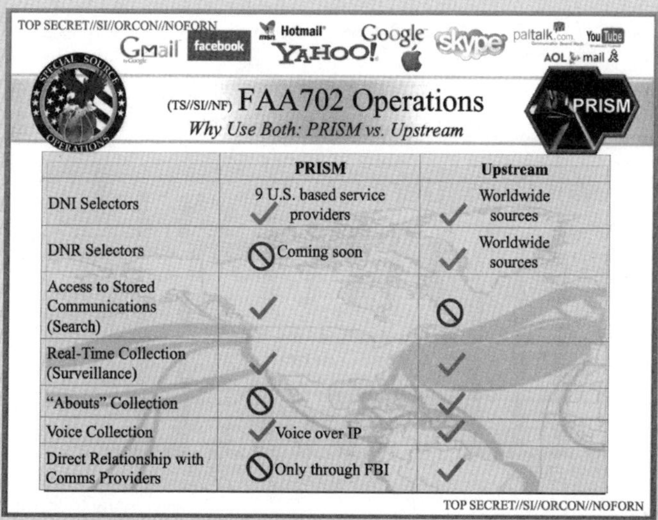

	PRISM	Upstream
DNI Selectors	✓ 9 U.S. based service providers	✓ Worldwide sources
DNR Selectors	⊘ Coming soon	✓ Worldwide sources
Access to Stored Communications (Search)	✓	⊘
Real-Time Collection (Surveillance)	✓	✓
"Abouts" Collection	⊘	✓
Voice Collection	✓ Voice over IP	✓
Direct Relationship with Comms Providers	⊘ Only through FBI	✓

21.

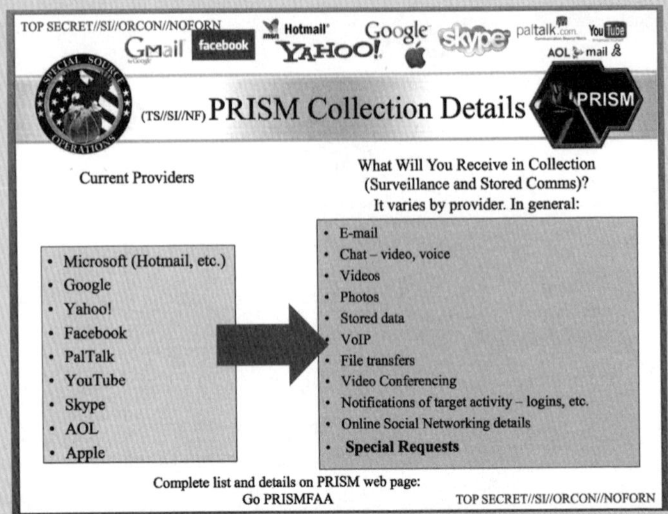
TOP SECRET//SI//ORCON//NOFORN
Hotmail
Google
paltalk.com
YouTube
GMail
facebook
YAHOO!
skype
AOL mail
PRISM
(TS//SI//NF) PRISM Collection Details
Current Providers
What Will You Receive in Collection (Surveillance and Stored Comms)?
It varies by provider. In general:
• Microsoft (Hotmail, etc.)
• Google
• Yahoo!
• Facebook
• PalTalk
• YouTube
• Skype
• AOL
• Apple
• E-mail
• Chat – video, voice
• Videos
• Photos
• Stored data
• VoIP
• File transfers
• Video Conferencing
• Notifications of target activity – logins, etc.
• Online Social Networking details
• Special Requests
Complete list and details on PRISM web page:
Go PRISMFAA
TOP SECRET//SI//ORCON//NOFORN

22.

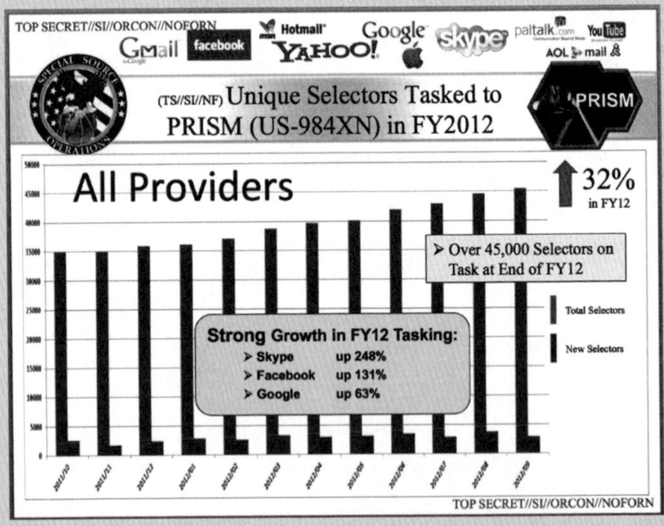
TOP SECRET//SI//ORCON//NOFORN
Hotmail
Google
paltalk.com
YouTube
GMail
facebook
YAHOO!
skype
AOL mail
PRISM
(TS//SI//NF) Unique Selectors Tasked to PRISM (US-984XN) in FY2012
All Providers
32%
in FY12
➢ Over 45,000 Selectors on Task at End of FY12
Total Selectors
New Selectors
Strong Growth in FY12 Tasking:
➢ Skype up 248%
➢ Facebook up 131%
➢ Google up 63%
TOP SECRET//SI//ORCON//NOFORN

23.

(TS//SI//NF) PRISM (US-984XN) expanded its impact on NSA's reporting mission in FY12 through increased tasking, collection and operational improvements. Here are some highlights of the FY12 PRISM program:

PRISM is the most cited collection source in NSA 1st Party end-product reporting. More NSA product reports were based on PRISM than on any other single SIGAD for all of NSA's 1st Party reporting during FY12: cited in 15.1% of all reports (up from 14% in FY11). PRISM was cited in 13.4% of all 1st, 2nd, and 3rd Party NSA reporting (up from 11.9% in FY11), and is also the top cited SIGAD overall

Number of PRISM-based end-product reports issued in FY12: 24,096, up 27% from FY11

Single-source reporting percentage in FY12 and FY11: 74%

Number of product reports derived from PRISM collection and cited as sources in articles in the President's Daily Brief in FY12: 1,477 (18% of all SIGINT reports cited as sources in PDB articles - highest single SIGAD for NSA); In FY11: 1,152 (15% of all SIGINT reports cited as sources in PDB articles - highest single SIGAD for NSA)

Number of Essential Elements of Information contributed to in FY12: 4,186 (32% of all EEIs for all Information Needs); 220 EEIs addressed solely by PRISM

Tasking: The number of tasked selectors rose 32% in FY12 to 45,406 as of Sept 2012

Great success in Skype collection and processing; unique, high value targets acquired

Expanded PRISM taskable e-mail domains from only 40, to 22,000

24.

(TS//SI//NF) SSO HIGHLIGHT – Microsoft Skydrive Collection Now Part of PRISM Standard Stored Communications Collection

By NAME REDACTED on 2013-03-08 1500

(TS//SI//NF) Beginning on 7 March 2013, PRISM now collects Microsoft Skydrive data as part of PRISM's standard Stored Communications collection package for a tasked FISA Amendments Act Section 702 (FAA702) selector. This means that analysts will no longer have to make a special request to SSO for this – a process step that many analysts may not have known about. This new capability will result in a much more complete and timely collection response from SSO for our Enterprise customers. This success is the result of the FBI working for many months with Microsoft to get this tasking and collection solution established. "SkyDrive is a cloud service that allows users to store and access their files on a variety of devices. The utility also includes free web app support for Microsoft Office programs, so the user is able to create, edit, and view Word, PowerPoint, Excel files without having MS Office actually installed on their device." (source: S314 wiki)

25.

(TS//SI//NF) New Skype Stored Comms Capability For PRISM

By NAME REDACTED on 2013-04-03 0631

(TS//SI//NF) PRISM has a new collection capability: Skype stored communications. Skype stored communications will contain unique data which is not collected via normal real-time surveillance collection. SSO expects to receive buddy lists, credit card info, call data records, user account info, and other material. On 29 March 2013, SSO forwarded approximately 2000 Skype selectors for stored communications to be adjudicated in SV41 and the Electronic Communications Surveillance Unit (ECSU) at FBI. SV41 had been working on adjudication for the highest priority selectors ahead of time and had about 100 ready for ECSU to evaluate. It could take several weeks for SV41 to work through all 2000 selectors to get them approved, and ECSU will likely take longer to grant the approvals. As of 2 April, ESCU had approved over 30 selectors to be sent to Skype for collection. PRISM Skype collection has carved out a vital niche in NSA reporting in less than two years with terrorism, Syrian opposition and regime, and exec/special series reports being the top topics. Over 2800 reports have been issued since April 2011 based on PRISM Skype collection, with 76% of them being single source.

(TS//SI//NF) SSO Expands PRISM Skype Targeting Capability

By NAME REDACTED on 2013-04-03 0629

(TS//SI//NF) On 15 March 2013, SSO's PRISM program began tasking all Microsoft PRISM selectors to Skype because Skype allows users to log in using account identifiers in addition to Skype usernames. Until now, PRISM would not collect any Skype data when a user logged in using anything other than the Skype username which resulted in missing collection; this action will mitigate that. In fact, a user can create a Skype account using any e-mail address with any domain in the world. UTT does not currently allow analysts to task these non-Microsoft e-mail addresses to PRISM, however, SSO intends to fix that this summer. In the meantime, NSA, FBI and Dept of Justice coordinated over the last six months to gain approval for PRINTAURA to send all current and future Microsoft PRISM selectors to Skype. This resulted in about 9800 selectors being sent to Skype and successful collection has been received which otherwise would have been missed.

26.

(TS//SI//NF) Microsoft releases new service, affects FAA 702 collection

By NAME REDACTED on 2012-12-26 0811

(TS//SI//NF) On 31 July, Microsoft (MS) began encrypting web-based chat with the introduction of the new outlook.com service. This new Secure Socket Layer (SSL) encryption effectively cut off collection of the new service for FAA 702 and likely 12333 (to some degree) for the Intelligence Community (IC). MS, working with the FBI, developed a surveillance capability to deal with the new SSL. These solutions were successfully tested and went live 12 Dec 2012. The SSL solution was applied to all current FISA and 702/PRISM requirements - no changes to UTT tasking procedures were required. The SSL solution does not collect server-based voice/video or file transfers. The MS legacy collection system will remain in place to collect voice/video and file transfers. As a result there will be some duplicate collection of text-based chat from the new and legacy systems which will be addressed at a later date. An increase in collection volume as a result of this solution has already been noted by CES.

27.

(TS//SI//NF) Expanding PRISM Sharing With FBI and CIA

By NAME REDACTED on 2012-08-31 0947

(TS//SI//NF) Special Source Operations (SSO) has recently expanded sharing with the Federal Bureau of Investigations (FBI) and the Central Intelligence Agency (CIA) on PRISM operations via two projects. Through these efforts, SSO has created an environment of sharing and teaming across the Intelligence Community on PRISM operations. First, SSO's PRINTAURA team solved a problem for the Signals Intelligence Directorate (SID) by writing software which would automatically gather a list of tasked PRISM selectors every two weeks to provide to the FBI and CIA. This enables our partners to see which selectors the National Security Agency (NSA) has tasked to PRISM. The FBI and CIA then can request a copy of PRISM collection from any selector, as allowed under the 2008 Foreign Intelligence Surveillance Act (FISA) Amendments Act law. Prior to PRINTAURA's work, SID had been providing the FBI and CIA with incomplete and inaccurate lists, preventing our partners from making full use of the PRISM program. PRINTAURA volunteered to gather the detailed data related to each selector from multiple locations and assemble it in a usable form. In the second project, the PRISM Mission Program Manager (MPM) recently began sending operational PRISM news and guidance to the FBI and CIA so that their analysts could task the PRISM system properly, be aware of outages and changes, and optimize their use of PRISM. The MPM coordinated an agreement from the SID Foreign Intelligence Surveillance Act Amendments Act (FAA) Team to share this information weekly, which has been well-received and appreciated. These two activities underscore the point that PRISM is a team sport!

28.

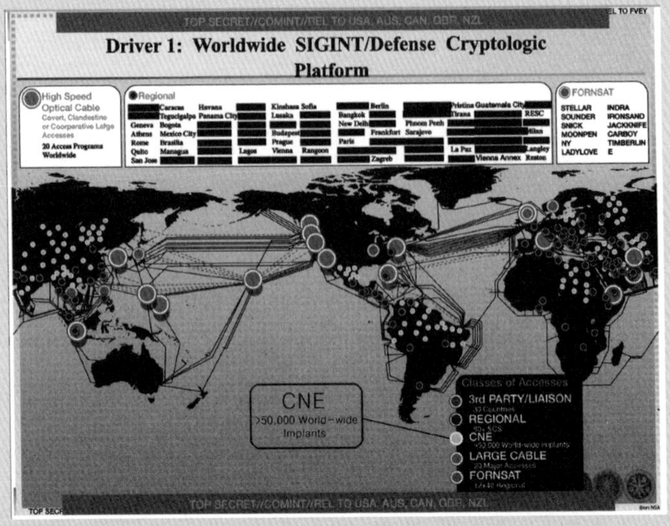
TOP SECRET//COMINT//REL TO USA, AUS, CAN, GBR, NZL
EL TO FVEY
Driver 1: Worldwide SIGINT/Defense Cryptologic Platform
High Speed Optical Cable
Covert, Clandestine or Coorperative Large Accesses
20 Access Programs Worldwide
Regional
Caracas Havana Kinshasa Sofia Berlin Pristina Guatemala City
Tegucigalpa Panama City Lusaka Bangkok Tirana RESC
Geneva Bogota New Delhi Phnom Penh
Athens Mexico City Budapest Frankfurt Sarajevo Milan
Rome Brasilia Prague Paris
Quito Managua Lagos Vienna Rangoon La Paz Langley
San Jose Zagreb Vienna Annex Reston
FORNSAT
STELLAR INDRA
SOUNDER IRONSAND
SNICK JACKKNIFE
MOONPEN CARBOY
NY TIMBERLINE
LADYLOVE
CNE
>50,000 World-wide Implants
Classes of Accesses
3rd PARTY/LIAISON
REGIONAL
CNE
LARGE CABLE
FORNSAT
TOP SECRET//COMINT//REL TO USA, AUS, CAN, GBR, NZL

29.

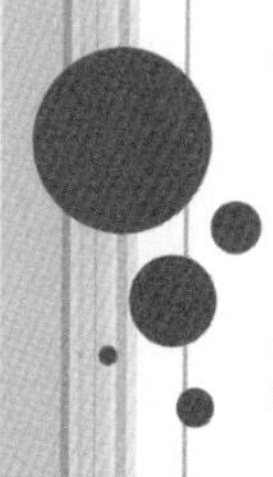

AND THEY SAID TO THE TITANS: « WATCH OUT OLYMPIANS IN THE HOUSE! »

CSEC – Advanced Network Tradecraft
SD Conference June 2012

Overall Classification: TOP SECRET//SI

OLYMPIA & THE CASE STUDY

OLYMPIA

CSEC's Network Knowledge Engine

Various data sources
Chained enrichments
Automated analysis

Brazilian Ministry of Mines and Energy (MME)

New target to develop
Limited access/target knowledge

Advanced Network Tradecraft - CSEC

TOP SECRET // SI

30.

TOP SECRET//SI//REL USA, FVEY

National Security Agency/
Central Security Service

Information Paper

3 April 2013

Subject: (U//FOUO) NSA Intelligence Relationship with Canada's Communications Security Establishment Canada (CSEC)

TOP SECRET//SI//REL TO USA, CAN

(U) What NSA provides to the partner:

(S//SI//REL TO USA, CAN) SIGINT: NSA and CSEC cooperate in targeting approximately 20 high-priority countries [redacted] NSA shares technological developments, cryptologic capabilities, software and resources for state-of-the-art collection, processing and analytic efforts, and IA capabilities. The intelligence exchange with CSEC covers worldwide national and transnational targets. No Consolidated Cryptologic Program (CCP) money is allocated to CSEC, but NSA at times pays R&D and technology costs on shared projects with CSEC.

(U) What the partner provides to NSA:

(TS//SI///REL TO USA, CAN) CSEC offers resources for advanced collection, processing and analysis, and has opened covert sites at the request of NSA. CSEC shares with NSA their unique geographic access to areas unavailable to the U.S. [redacted] and provides cryptographic products, cryptanalysis, technology, and software. CSEC has increased its investment in R&D projects of mutual interest.

31.

CONFIDENTIAL//NOFORN//20291123

TIER A **Comprehensive Cooperation**	Australia Canada New Zealand United Kingdom
TIER B **Focused Cooperation**	Austria Belgium Czech Republic Denmark Germany Greece Hungary Iceland Italy Japan Luxemberg Netherlands Norway Poland Portugal South Korea Spain Sweden Switzerland Turkey

32.

33.

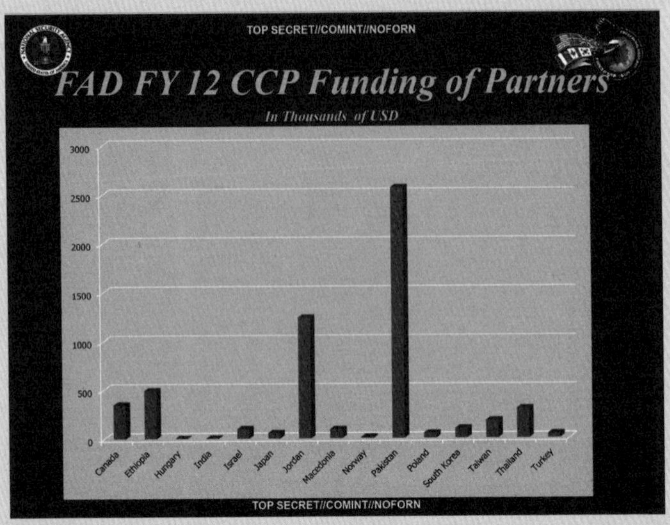

34.

(TS//SI//REL) There are also a few surprises... France targets the US DoD through technical intelligence collection, and Israel also targets us. On the one hand, the Israelis are extraordinarily good SIGINT partners for us, but on the other, they target us to learn our positions on Middle East problems. A NIE [National Intelligence Estimate] ranked them as the third most aggressive intelligence service against the US.

35.

SECRET//COMINT//NOFORN//20320108

Communications Metadata Fields in ICREACH

(S//NF) NSA populates these fields in PROTON:

- **Called & calling numbers, date, time & duration of call**

(S//SI//REL) ICREACH users will see telephony metadata* in the following fields:

DATE & TIME
DURATION – Length of Call
CALLED NUMBER
CALLING NUMBER
CALLED FAX (CSI) – Called Subscriber ID
TRANSMITTING FAX (TSI) – Transmitting Subscriber ID
IMSI – International Mobile Subscriber Identifier
TMSI – Temporary Mobile Subscriber Identifier
IMEI – International Mobile Equipment Identifier
MSISDN – Mobile Subscriber Integrated Services Digital Network
MDN – Mobile Dialed Number
CLI – Call Line Identifier (Caller ID)
DSME – Destination Short Message Entity
OSME – Originating Short Message Entity
VLR – Visitor Location Register

SECRET//COMINT//NOFORN//20320108

36.

TOP SECRET//SI//REL TO USA, FVEY

Private Networks are Important

- Many targets use private networks.

Google infrastructure	SWIFT Network
REDACTED	REDACTED
REDACTED	Gazprom
Aeroflot	REDACTED
French MFA	REDACTED
Warid Telecom	Petrobras
REDACTED	ZTE

- Evidence in Survey: 30%-40% of traffic in BLACKPEARL has at least one endpoint private.

TOP SECRET//SI//REL TO USA, FVEY

37.

SERVING OUR CUSTOMERS
Major Finished Intelligence Producers:
CIA
DIA
State/INR
NGA
National Intelligence Council
Policymakers/ Law Enforcement:
White House
Cabinet Officers
Director Central Intelligence
U.S. Ambassadors
U.S. Trade Representative
Congress
Departments of:
Agriculture
Justice
Treasury
Commerce
Energy
State
Homeland Security
Military/Tactical:
JCS
CINCs
Task Forces
Tactical Commands
All Military Services
Department of Defense
Alliances
UN Forces
NATO

38.

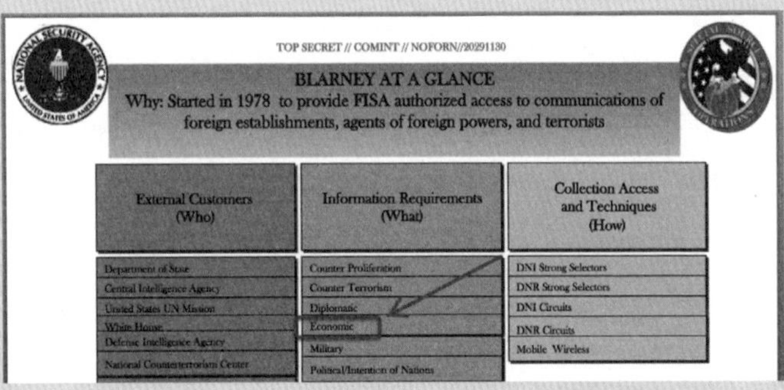
TOP SECRET // COMINT // NOFORN//20291130
BLARNEY AT A GLANCE
Why: Started in 1978 to provide FISA authorized access to communications of foreign establishments, agents of foreign powers, and terrorists
External Customers (Who)
Information Requirements (What)
Collection Access and Techniques (How)
Department of State
Central Intelligence Agency
United States UN Mission
White House
Defense Intelligence Agency
National Counterterrorism Center
Counter Proliferation
Counter Terrorism
Diplomatic
Economic
Military
Political/Intention of Nations
DNI Strong Selectors
DNR Strong Selectors
DNI Circuits
DNR Circuits
Mobile Wireless

39.

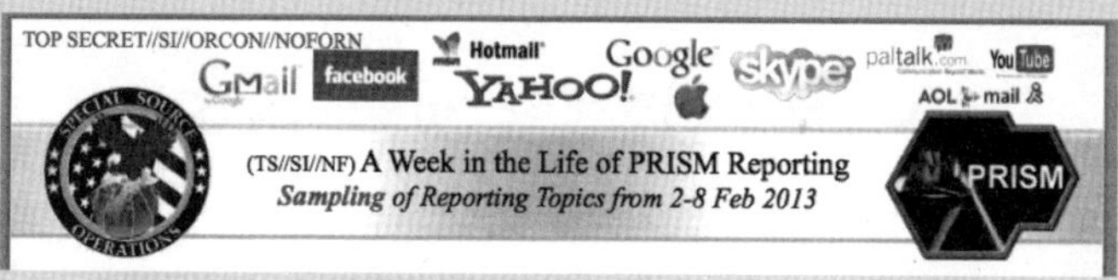

- Mexico
    - Narcotics
    - Energy
    - Internal security
    - Political Affairs

- Venezuela
    - Military procurement
    - Oil
- Japan
    - Trade
    - Israel

40.

(U) **NSA Washington Mission**

(U) **Regional**

(TS//SI) ISI is responsible for 13 individual nation states in three continents. One significant tie that binds all these countries together is their importance to U.S. economic, trade, and defense concerns. The Western Europe and Strategic Partnerships division primarily focuses on foreign policy and trade activities of Belgium, France, Germany, Italy, and Spain, as well as Brazil, Japan and Mexico.

(TS//SI) The Energy and Resource branch provides unique intelligence on worldwide energy production and development in key countries that affect the world economy. Targets of current emphasis are Iraq, Iran, Russia and the Caspian Basin, Venezuela and China. Reporting has included the monitoring of international investment in the energy sectors of target countries, electrical and Supervisory Control and Data Acquisition (SCADA) upgrades, and computer aided designs of projected energy projects.

41.

TOP SECRET//COMINT//REL TO USA, GBR, AUS, CAN, NZL

(U//FOUO) S2C42 surge effort

(U) Goal

(TS//SI//REL) An increased understanding of the communication methods and associated selectors of Brazilian President Dilma Rousseff and her key advisers.

S

TOP SECRET//COMINT//REL TO USA, GBR, AUS, CAN, NZL

TOP SECRET//COMINT//REL TO USA, GBR, AUS, CAN, NZL

(U//FOUO) S2C41 surge effort

(TS//SI//REL) NSA's Mexico Leadership Team (S2C41) conducted a two-week target development surge effort against one of Mexico's leading presidential candidates, Enrique Pena Nieto, and nine of his close associates. Nieto is considered by most political pundits to be the likely winner of the 2012 Mexican presidential elections which are to be held in July 2012. SATC leveraged graph analysis in the development surge's target development effort.

S

TOP SECRET//COMINT//REL TO USA, GBR, AUS, CAN, NZL

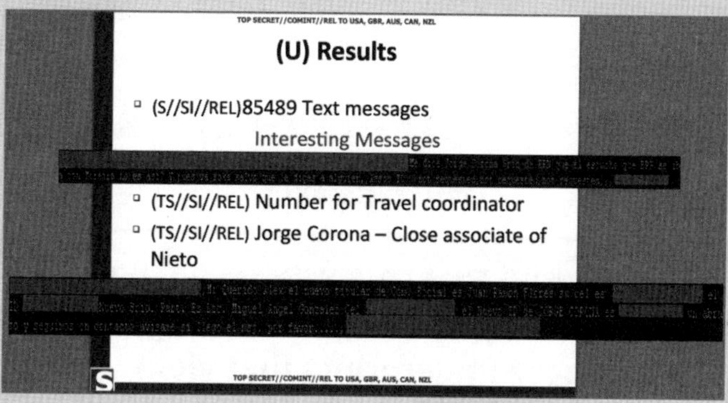
TOP SECRET//COMINT//REL TO USA, GBR, AUS, CAN, NZL
(U) Results
(S//SI//REL)85489 Text messages
Interesting Messages
(TS//SI//REL) Number for Travel coordinator
(TS//SI//REL) Jorge Corona – Close associate of Nieto
TOP SECRET//COMINT//REL TO USA, GBR, AUS, CAN, NZL

TOP SECRET//COMINT//REL TO USA, GBR, AUS, CAN, NZL

(U) Conclusion

- (S//REL) Contact graph-enhanced filtering is a simple yet effective technique, which may allow you to find previously unobtainable results and empower analytic discovery
- (TS//SI//REL) Teaming with S2C, SATC was able to successfully apply this technique against high-profile, OPSEC-savvy Brazilian and Mexican targets.

S

TOP SECRET//COMINT//REL TO USA, GBR, AUS, CAN, NZL

42.

TOP SECRET//SI//NOFORN

(U) OPERATIONAL HIGHLIGHT

(TS//SI//NF) BLARNEY Team assists S2C52 analysts in implementing Xkeyscore fingerprints that yield access to U.N. Secretary General talking points prior to meeting with POTUS.

TOP SECRET//SI//NOFORN

43.

(S//SI) BLARNEY Team Provides Outstanding Support to Enable UN Security Council Collection

By NAME REDACTED on 2010-05-28 1430

(TS//SI//NF) With the UN vote on sanctions against Iran approaching and several countries riding the fence on making a decision, Ambassador Rice reached out to NSA requesting SIGINT on those countries so that she could develop a strategy. With the requirement that this be done rapidly and within our legal authorities, the BLARNEY team jumped in to work with organizations and partners both internal and external to NSA.

(TS//SI//NF) As OGC, SV and the TOPIs aggressively worked through the legal paperwork to expedite four new NSA FISA court orders for Gabon, Uganda, Nigeria and Bosnia, BLARNEY Operations Division personnel were behind the scenes gathering data determining what survey information was available or could be obtained via their long standing FBI contacts. As they worked to obtain information on both the UN Missions in NY and the Embassies in DC, the target development team greased the skids with appropriate data flow personnel and all preparations were made to ensure data could flow to the TOPIs as soon as possible. Several personnel, one from legal team and one from target development team were called in on Saturday 22 May to support the 24 hour drill legal paperwork exercise doing their part to ensure the orders were ready for the NSA Director's signature early Monday morning 24 May.

(S//SI) With OGC and SV pushing hard to expedite these four orders, they went from the NSA Director for signature to DoD for SECDEF signature and then to DOJ for signature by the FISC judge in record time. All four orders were signed by the judge on Wednesday 26 May! Once the orders were received by the BLARNEY legal team, they sprung into action parsing these four orders plus another "normal" renewal in one day. Parsing five court orders in one day – a BLARNEY record! As the BLARNEY legal team was busily parsing court orders the BLARNEY access management team was working with the FBI to pass tasking information and coordinate the engagement with telecommunications partners.

44.

TOP SECRET//COMINT//NOFORN

August 2010

(U//FOUO) Silent Success: SIGINT Synergy Helps Shape US Foreign Policy

(TS//SI//NF) At the outset of these lengthy negotiations, NSA had sustained collection against France Japan, Mexico, Brazil

(TS//SI//REL) In late spring 2010, eleven branches across five Product Lines teamed with NSA enablers to provide the most current and accurate information to USUN and other customers on how UNSC members would vote on the Iran Sanctions Resolution. Noting that Iran continued its non-compliance with previous UNSC resolutions concerning its nuclear program, the UN imposed further sanctions on 9 June 2010. SIGINT was key in keeping USUN informed of how the other members of the UNSC would vote.

(TS//SI//REL) The resolution was adopted by twelve votes for, two against (Brazil and Turkey), and one abstention from Lebanon. According to USUN, SIGINT "helped me to know when the other Permreps [Permanent Representatives] were telling the truth.... revealed their real position on sanctions... gave us an upper hand in negotiations... and provided information on various countries 'red lines.'"

45.

10 Sep 2010

CLOSE ACCESS SIGADS

CLOSE ACCESS SIGADS

All Close Access domestic collection uses the US-3136 SIGAD with a unique two-letter suffix for each target location and mission. Close Access overseas GENIE collection has been assigned the US-3137 SIGAD with a two-letter suffix.

(Note: Targets marked with an * have either been dropped or are slated to be dropped in the near future. Please check with TAO/RTD/ROS (961-1578s) regarding authorities status.)

SIGAD US-3136

SUFFIX	TARGET/COUNTRY	LOCATION	COVERTERM	MISSION
BE	Brazil/Emb	Wash,DC	KATEEL	LIFESAVER
SI	Brazil/Emb	Wash,DC	KATEEL	HIGHLANDS
VQ	Brazil/UN	New York	POCOMOKE	HIGHLANDS
HN	Brazil/UN	New York	POCOMOKE	VAGRANT
LJ	Brazil/UN	New York	POCOMOKE	LIFESAVER
YL *	Bulgaria/Emb	Wash, DC	MERCED	HIGHLANDS
QX *	Colombia/Trade Bureau	New York	BANISTER	LIFESAVER
DJ	EU/UN	New York	PERDIDO	HIGHLANDS
SS	EU/UN	New York	PERDIDO	LIFESAVER
KD	EU/Emb	Wash, DC	MAGOTHY	HIGHLANDS
IO	EU/Emb	Wash, DC	MAGOTHY	MINERALIZ
XJ	EU/Emb	Wash,DC	MAGOTHY	DROPMIRE
OF	France/UN	New York	BLACKFOOT	HIGHLANDS
VC	France/UN	New York	BLACKFOOT	VAGRANT
UC	France/Emb	Wash, DC	WABASH	HIGHLANDS
LO	France/Emb	Wash, DC	WABASH	PBX
NK *	Georgia/Emb	Wash, DC	NAVARRO	HIGHLANDS
BY *	Georgia/Emb	Wash, DC	NAVARRO	VAGRANT
RX	Greece/UN	New York	POWELL	HIGHLANDS
HB	Greece/UN	New York	POWELL	LIFESAVER
CD	Greece/Emb	Wash, DC	KLONDIKE	HIGHLANDS
PJ	Greece/Emb	Wash,DC	KLONDIKE	LIFESAVER

JN	Greece/Emb	Wash, DC	KLONDIKE	PBX
MO*	India/UN	New York	NASHUA	HIGHLANDS
QL *	India/UN	New York	NASHUA	MAGNETIC
ON *	India/UN	New York	NASHUA	VAGRANT
IS *	India/UN	New York	NASHUA	LIFESAVER
OX *	India/Emb	Wash,DC	OSAGE	LIFESAVER
CQ *	India/Emb	Wash, DC	OSAGE	HIGHLANDS
TQ *	India/Emb	Wash, DC	OSAGE	VAGRANT
CU *	India/EmbAnx	Wash, DC	OSWAYO	VAGRANT
DS *	India/EmbAnx	Wash, DC	OSWAYO	HIGHLANDS
SU *	Italy/Emb	Wash, DC	BRUNEAU	LIFESAVER
MV *	Italy/Emb	Wash, DC	HEMLOCK	HIGHLANDS
IP *	Japan/UN	New York	MULBERRY	MINERALIZ
HF *	Japan/UN	New York	MULBERRY	HIGHLANDS
BT *	Japan/UN	New York	MULBERRY	MAGNETIC
RU *	Japan/UN	New York	MULBERRY	VAGRANT
LM *	Mexico/UN	New York	ALAMITO	LIFESAVER
UX *	Slovakia/Emb	Wash, DC	FLEMING	HIGHLANDS
SA *	Slovakia/Emb	Wash, DC	FLEMING	VAGRANT
XR *	South Africa/ UN & Consulate	New York	DOBIE	HIGHLANDS
RJ *	South Africa/ UN & Consulate	New York	DOBIE	VAGRANT
YR *	South Korea/UN	New York	SULPHUR	VAGRANT
TZ *	Taiwan/TECO	New York	REQUETTE	VAGRANT
VN *	Venezuela/Emb	Wash, DC	YUKON	LIFESAVER
UR *	Venezuela/UN	New York	WESTPORT	LIFESAVER
NO *	Vietnam/UN	New York	NAVAJO	HIGHLANDS
OU *	Vietnam/UN	New York	NAVAJO	VAGRANT
GV *	Vietnam/Emb	Wash, DC	PANTHER	HIGHLANDS

SIGAD US-3137

GENERAL TERM DESCRIPTIONS

HIGHLANDS: Collection from Implants

VAGRANT: Collection of Computer Screens

MAGNETIC: Sensor Collection of Magnetic Emanations

MINERALIZE: Collection from LAN Implant

OCEAN: Optical Collection System for Raster-Based Computer Screens

LIFESAVER: Imaging of the Hard Drive

GENIE: Multi-stage operation; jumping the airgap etc.

BLACKHEART: Collection from an FBI Implant

PBX: Public Branch Exchange Switch

CRYPTO ENABLED: Collection derived from AO's efforts to enable crypto

DROPMIRE: passive collection of emanations using an antenna

CUSTOMS: Customs opportunities (not LIFESAVER)

DROPMIRE: Laser printer collection, purely proximal access (**NOT** implanted)

DEWSWEEPER: USB (Universal Serial Bus) hardware host tap that provides COVERT link over USB link into a target network. Operates w/RF relay subsystem to provide wireless Bridge into target network.

RADON: Bi-directional host tap that can inject Ethernet packets onto the same target. Allows bi-directional exploitation of Denied networks using standard on-net tools.

46.

TOP SECRET//COMINT//NOFORN

June 2010

(U) Stealthy Techniques Can Crack Some of SIGINT's Hardest Targets

By: (U//FOUO) NAME REDACTED, Chief, Access and Target Development (S3261)

IMAGE REDACTED

(TS//SI//NF) Not all SIGINT tradecraft involves accessing signals and networks from thousands of miles away… In fact, sometimes it is very hands-on (literally!). Here's how it works: shipments of computer network devices (servers, routers, etc.) being delivered to our targets throughout the world are ***intercepted***. Next, they are ***redirected to a secret location*** where Tailored Access Operations/Access Operations (AO – S326) employees, with the support of the Remote Operations Center (S321), enable the ***installation of beacon implants*** directly into our targets' electronic devices. These devices are then re-packaged and ***placed back into transit*** to the original destination. All of this happens with the support of Intelligence Community partners and the technical wizards in TAO.

(TS//SI//NF) Such operations involving **supply-chain interdiction** are some of the most productive operations in TAO, because they pre-position access points into hard target networks around the world.

(TS//SI//NF) Left: Intercepted packages are opened carefully; Right: A "load station" implants a beacon

47.

(TS//SI//NF) In one recent case, after several months a beacon implanted through supply-chain interdiction called back to the NSA covert infrastructure. This call back provided us access to further exploit the device and survey the network.

48.

TOP SECRET//COMINT//REL TO USA, FVEY

(Report generated on:4/11/2013 3:31:05PM)

NewCrossProgram

Active ECP Count: 1

CrossProgram-1-13 New

ECP Lead: NAME REDACTED

Title of Change: Update Software on all Cisco ONS Nodes

Submitter: NAME REDACTED

Approval Priority: C-Routine

Site(s): APPLE1 : CLEVERDEVICE : HOMEMAKER : DOGHUT : QUARTERPOUNDER : QUEENSLAND : SCALLION : SPORTCOAT : SUBSTRATUM : TITAN POINTE : SUBSTRATUM : BIRCHWOOD : MAYTAG : EAGLE : EDEN :

Project(s): No Project(s) Entered

System(s): Comms/Network : Comms/Network : Comms/Network : Comms/Network :

SubSystem(s): No Subsystem(s) Entered

Description of Change: Udate software on all Cisco Optical Network Switches.

Reason for Change: All of our Cisco ONS SONET multiplexers are experiencing a software bug that causes them to intermittently drop out.

Mission Impact: The mission impact is unknown. While the existing bug doesn't appear to affect traffic, applying the new software update could. Unfortunately, there is now way to be sure. We can't simulate the bug in our lab and so it's impossible to predict exactly what will happen when we apply the software update. We propose to update one of the nodes in NBP-320 first to determine if the update goes smoothly.

Recently we tried to reset the standby manager card in the HOMEMAKER node. When that failed, we attempted to physically reseat it. Since it was the standby card, we did not expect that would cause any problems. However, upon reseating the card, the entire ONS crashed and we lost all traffic through the box. It took more than an hour to recover from this failure.

The worst case scenario is that we have to blow away the entire configuration and start from scratch. Prior to starting our upgrade, we will save the configuration so that if we have to configure the box from scratch, we can simply uploade the saved configuration. We estimate that we will be down for no more than an hour for each node in the system.

Additional Info: 3/26/2013 8:16:13 AM NAME REDACTED

We have tested the upgrade in our lab and it works well. However, we can't repeat the bug in our lab, so we don't know if we will encounter problems when we attempt to upgrade a node that is affected by the bug.

Last CCB Entry: 04/10/13 16:08:11 jakalte
09 Apr Blarney CCB - Blarney ECP board approved
ECP lead: Jim Carbine

Programs Affected: Blarney Fairview Oakstar Stormbrew

No Related Work Tasks

49.

TOP SECRET//COMINT//REL TO USA, FVEY

The Challenge

Collection is outpacing our ability to ingest, process and store to the "norms" to which we have become accustomed.

50.

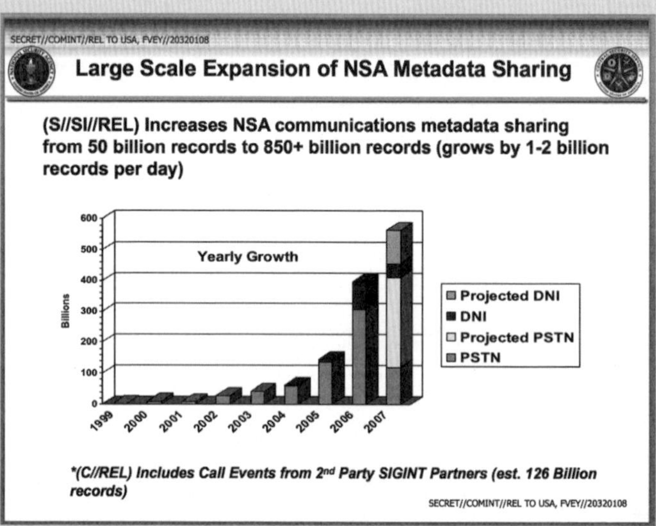

51.

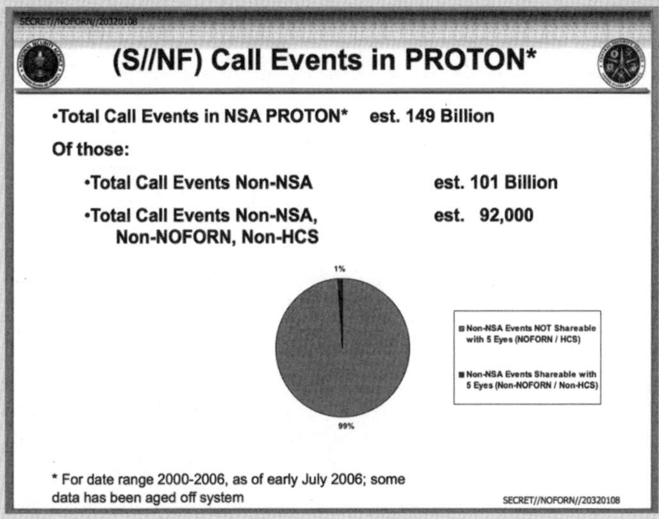
SECRET//NOFORN//20320108
(S//NF) Call Events in PROTON*
•Total Call Events in NSA PROTON* est. 149 Billion
Of those:
•Total Call Events Non-NSA est. 101 Billion
•Total Call Events Non-NSA, Non-NOFORN, Non-HCS est. 92,000
1%
99%
Non-NSA Events NOT Shareable with 5 Eyes (NOFORN / HCS)
Non-NSA Events Shareable with 5 Eyes (Non-NOFORN / Non-HCS)
* For date range 2000-2006, as of early July 2006; some data has been aged off system
SECRET//NOFORN//20320108

52.

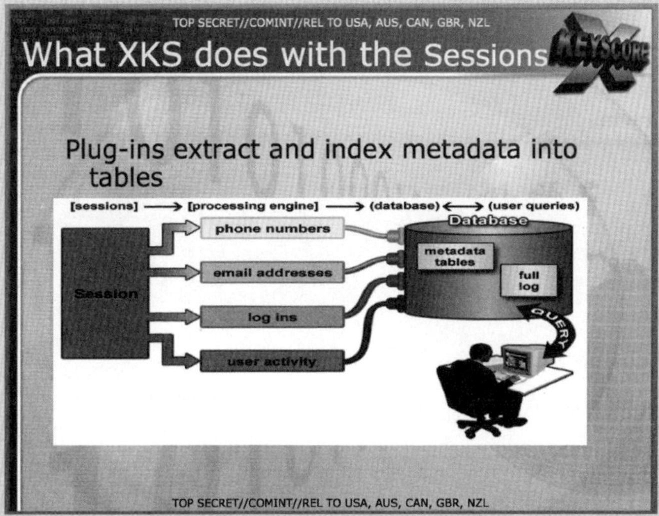
TOP SECRET//COMINT//REL TO USA, AUS, CAN, GBR, NZL
What XKS does with the Sessions
KEYSCORE
Plug-ins extract and index metadata into tables
[sessions] → [processing engine] → (database) ↔ (user queries)
Database
Session
phone numbers
email addresses
log ins
user activity
metadata tables
full log
QUERY
TOP SECRET//COMINT//REL TO USA, AUS, CAN, GBR, NZL

53.

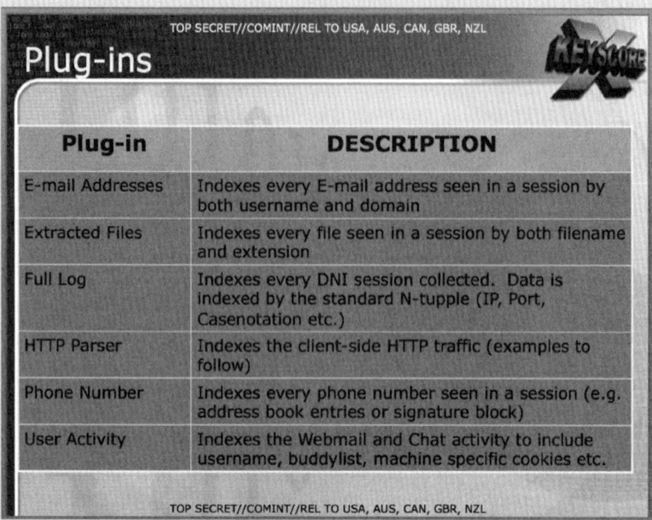

TOP SECRET//COMINT//REL TO USA, AUS, CAN, GBR, NZL

Plug-ins

Plug-in	DESCRIPTION
E-mail Addresses	Indexes every E-mail address seen in a session by both username and domain
Extracted Files	Indexes every file seen in a session by both filename and extension
Full Log	Indexes every DNI session collected. Data is indexed by the standard N-tupple (IP, Port, Casenotation etc.)
HTTP Parser	Indexes the client-side HTTP traffic (examples to follow)
Phone Number	Indexes every phone number seen in a session (e.g. address book entries or signature block)
User Activity	Indexes the Webmail and Chat activity to include username, buddylist, machine specific cookies etc.

TOP SECRET//COMINT//REL TO USA, AUS, CAN, GBR, NZL

54.

TOP SECRET//COMINT//ORCON,REL TO USA, AUS, CAN, GBR and NZL//20291123

Examples of "advanced" Plug-ins

Plug-in	DESCRIPTION
User Activity	Indexes the Webmail and Chat activity to include username, buddylist, machine specific cookies etc. (AppProc does the exploitation)
Document meta-data	Extracts embedded properties of Microsoft Office and Adobe PDF files, such as Author, Organization, date created etc.

55.

TOP SECRET//COMINT//REL TO USA, AUS, CAN, GBR, NZL

Why are we interested in HTTP?

- Almost all web-browsing uses HTTP:
  - Internet surfing
  - Webmail (Yahoo/Hotmail/Gmail/etc.)
  - OSN (Facebook/MySpace/etc.)
  - Internet Searching (Google/Bing/etc.)
  - Online Mapping (Google Maps/Mapquest/etc.)

56.

TOP SECRET//COMINT//REL TO USA, AUS, CAN, GBR, NZL

XKS HTTP Activity Search

Another common query is analysts who want to see all traffic from a given IP address (or IP addresses) to a specific website.

TOP SECRET//COMINT//REL TO USA, AUS, CAN, GBR, NZL

XKS HTTP Activity Search

- For example let's say we want to see all traffic from IP Address 1.2.3.4 to the website www.website.com
- While we can just put the IP address and the "host" into the search form, remember what we saw before about the various host names for a given website

TOP SECRET//COMINT//REL TO USA, AUS, CAN, GBR, NZL

57.

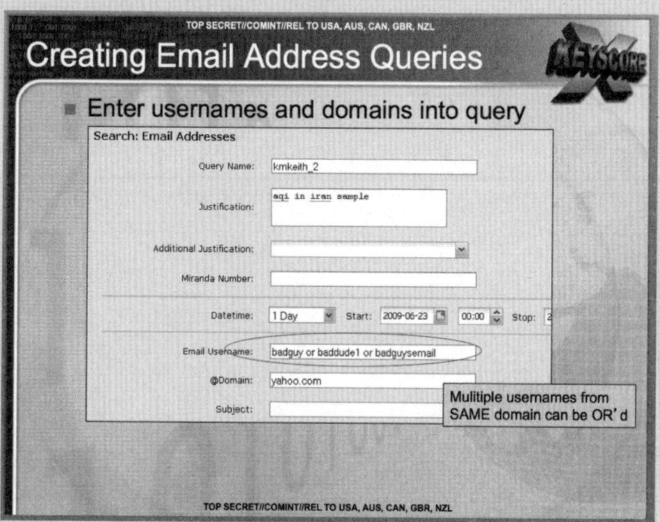

58.

TOP SECRET//COMINT//REL TO USA, AUS, CAN, GBR, NZL//20320108

Email Addresses Query:

One of the most common queries is (you guessed it) an **Email Address Query** searching for an email address. To create a query for a specific email address, you have to fill in the name of the query, justify it and set a date range then you simply fill in the email address(es) you want to search on and submit.

That would look something like this…

59.

TOP SECRET//COMINT//REL TO USA, FVEY

What intelligence do OSN's provide to the IC?

- (S//SI//REL TO USA, FVEY) Insight into the personal lives of targets MAY include:
  - (U) Communications
  - (U) Day to Day activities
  - (U) Contacts and social networks
  - (U) Photographs
  - (U) Videos
  - (U) Personnel information (e.g. Addresses, Phone, Email addresses)
  - (U) Location and Travel Information

TOP SECRET//COMINT//REL TO USA, FVEY

60.

TOP SECRET//COMINT//REL TO USA, FVEY

(TS//SI//REL TO USA, FVEY) User Activity Possible Queries

User Activity

Datetime: 1 Day Start: 2009-09-21 00:00 Stop: 2009-09-22

Search For: username

Search Value: 12345678910

Realm: facebook

Datetime: 1 Day Start: 2009-09-21 00:00 Stop: 2009-09-22

Search For: username

Search Value: My_Username

Realm: netlog

TOP SECRET//COMINT//REL TO USA, FVEY

61.

SSO - Last 30 Days
Dec 10
Dec 17
Dec 24
Dec 31
Jan
Signal Profile
Most Volume
Top 5 Techs

62.

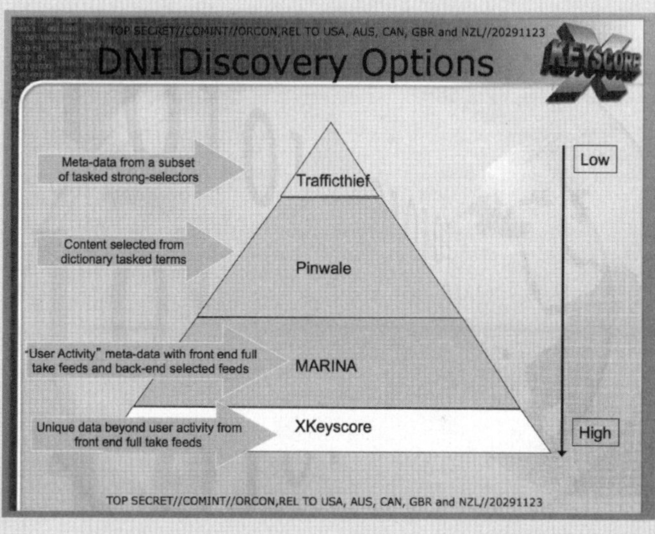

TOP SECRET//COMINT//ORCON,REL TO USA, AUS, CAN, GBR and NZL//20291123
DNI Discovery Options
XKEYSCORE
Meta-data from a subset of tasked strong-selectors
Traffícthief
Content selected from dictionary tasked terms
Pinwale
"User Activity" meta-data with front end full take feeds and back-end selected feeds
MARINA
Unique data beyond user activity from front end full take feeds
XKeyscore
Low
High
TOP SECRET//COMINT//ORCON,REL TO USA, AUS, CAN, GBR and NZL//20291123

63.

(TS//SI//NF) BLARNEY Exploits the Social Network via Expanded Facebook Collection

By [NAME REDACTED] on 2011-03-14 0737

(TS//SI//NF) SSO HIGHLIGHT - BLARNEY Exploits the Social Network via Expanded Facebook Collection

(TS//SI//NF) On 11 March 2011, BLARNEY began delivery of substantially improved and more complete Facebook content. This is a major leap forward in NSA's ability to exploit Facebook using FISA and FAA authorities. This effort was initiated in partnership with the FBI six months ago to address an unreliable and incomplete Facebook collection system. NSA is now able to access a broad range of Facebook data via surveillance and search activities. OPIs are excited about receiving many content fields, such as chat, on a sustained basis that had previously only been occasionally available. Some content will be completely new including subscriber videos. Taken together, the new Facebook collection will provide a robust SIGINT opportunity against our targets – from geolocation based on their IP addresses and user agent, to collection of all of their private messages and profile information. Multiple elements across NSA partnered to ensure the successful delivery of this data. An NSA representative at FBI coordinated the rapid development of the collection system; SSO's PRINTAURA team wrote new software and made configuration changes; CES modified their protocol exploitation systems and the Technology Directorate fast-tracked upgrades to their data presentation tools so that OPIs could view the data properly.

64.

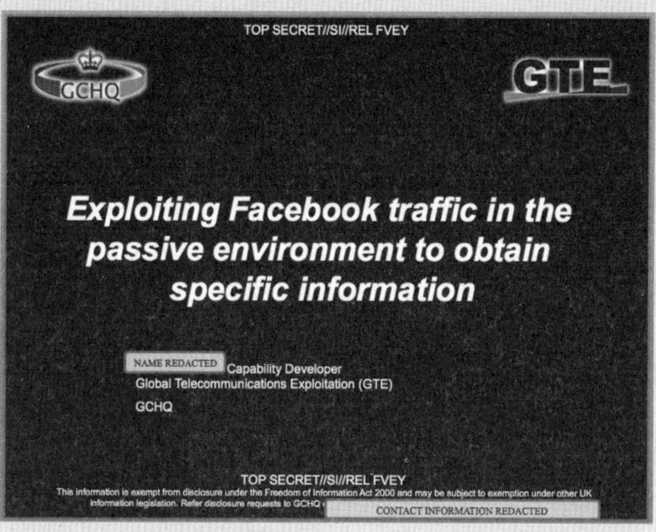
TOP SECRET//SI//REL FVEY
GCHQ
GTE
Exploiting Facebook traffic in the passive environment to obtain specific information
NAME REDACTED Capability Developer
Global Telecommunications Exploitation (GTE)
GCHQ
TOP SECRET//SI//REL FVEY
This information is exempt from disclosure under the Freedom of Information Act 2000 and may be subject to exemption under other UK information legislation. Refer disclosure requests to GCHQ
CONTACT INFORMATION REDACTED

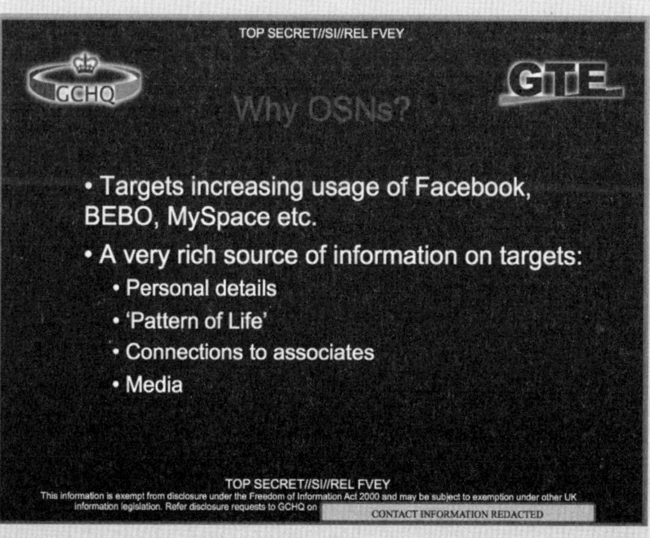
TOP SECRET//SI//REL FVEY
GCHQ
GTE
Why OSNs?
• Targets increasing usage of Facebook, BEBO, MySpace etc.
• A very rich source of information on targets:
• Personal details
• 'Pattern of Life'
• Connections to associates
• Media
TOP SECRET//SI//REL FVEY
This information is exempt from disclosure under the Freedom of Information Act 2000 and may be subject to exemption under other UK information legislation. Refer disclosure requests to GCHQ on
CONTACT INFORMATION REDACTED

65.

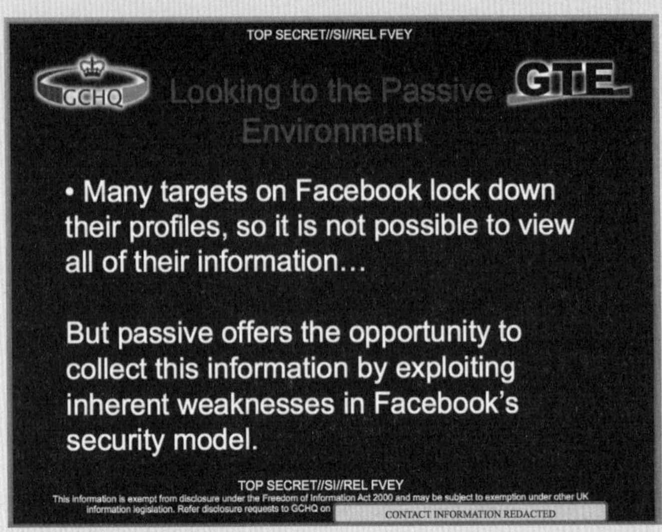
TOP SECRET//SI//REL FVEY
GCHQ
Looking to the Passive Environment
GTE
• Many targets on Facebook lock down their profiles, so it is not possible to view all of their information…
But passive offers the opportunity to collect this information by exploiting inherent weaknesses in Facebook's security model.
TOP SECRET//SI//REL FVEY
This information is exempt from disclosure under the Freedom of Information Act 2000 and may be subject to exemption under other UK information legislation. Refer disclosure requests to GCHQ on
CONTACT INFORMATION REDACTED

66.

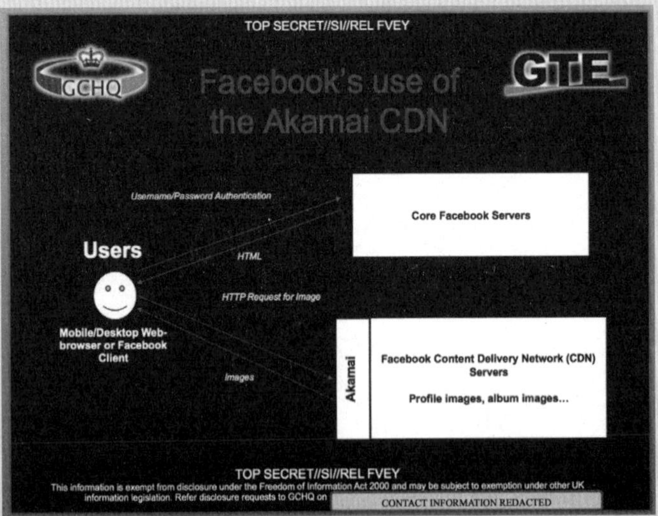
TOP SECRET//SI//REL FVEY
GCHQ
Facebook's use of the Akamai CDN
GTE
Username/Password Authentication
Core Facebook Servers
Users
HTML
HTTP Request for Image
Mobile/Desktop Web-browser or Facebook Client
Images
Akamai
Facebook Content Delivery Network (CDN) Servers
Profile images, album images…
TOP SECRET//SI//REL FVEY
This information is exempt from disclosure under the Freedom of Information Act 2000 and may be subject to exemption under other UK information legislation. Refer disclosure requests to GCHQ on
CONTACT INFORMATION REDACTED

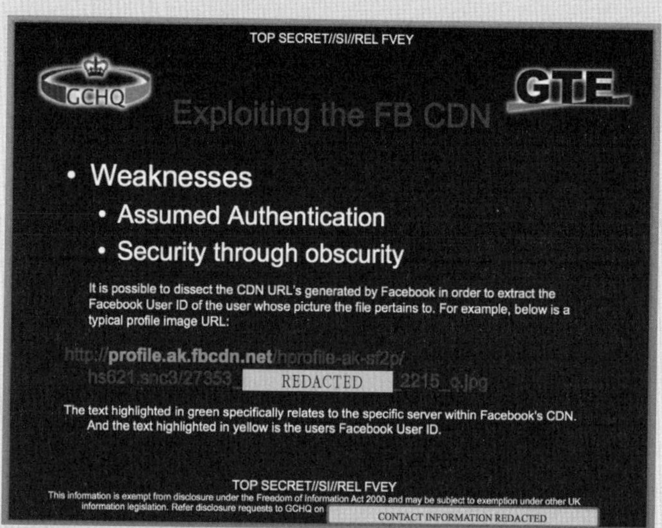
TOP SECRET//SI//REL FVEY
GCHQ
GTE
Exploiting the FB CDN
• Weaknesses
• Assumed Authentication
• Security through obscurity
It is possible to dissect the CDN URL's generated by Facebook in order to extract the Facebook User ID of the user whose picture the file pertains to. For example, below is a typical profile image URL:
http://profile.ak.fbcdn.net/hprofile-ak-sf2p/
hs621.snc3/27353_ REDACTED _2215_q.jpg
The text highlighted in green specifically relates to the specific server within Facebook's CDN. And the text highlighted in yellow is the users Facebook User ID.
TOP SECRET//SI//REL FVEY
This information is exempt from disclosure under the Freedom of Information Act 2000 and may be subject to exemption under other UK information legislation. Refer disclosure requests to GCHQ on
CONTACT INFORMATION REDACTED

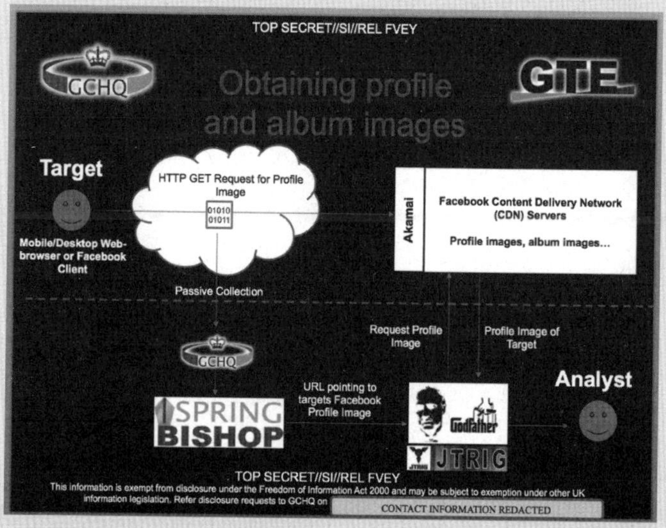
TOP SECRET//SI//REL FVEY
GCHQ
GTE
Obtaining profile and album images
Target
Mobile/Desktop Web-browser or Facebook Client
HTTP GET Request for Profile Image
01010
01011
Akamai
Facebook Content Delivery Network (CDN) Servers
Profile images, album images...
Passive Collection
Request Profile Image
Profile Image of Target
GCHQ
Analyst
SPRING BISHOP
URL pointing to targets Facebook Profile Image
Godfather
JTRIG
TOP SECRET//SI//REL FVEY
This information is exempt from disclosure under the Freedom of Information Act 2000 and may be subject to exemption under other UK information legislation. Refer disclosure requests to GCHQ on
CONTACT INFORMATION REDACTED

GCHQ
THIEVING MAGPIE
Using on-board GSM/GPRS services to track targets
NAME & CONTACT INFORMATION REDACTED
TOP SECRET//COMINT//REL TO USA, FVEY STRAP1
This information is exempt from disclosure under the Freedom of Information Act 2000 and may be subject to exemption under other UK information legislation. Refer disclosure requests to GCHQ on
CONTACT INFORMATION REDACTED

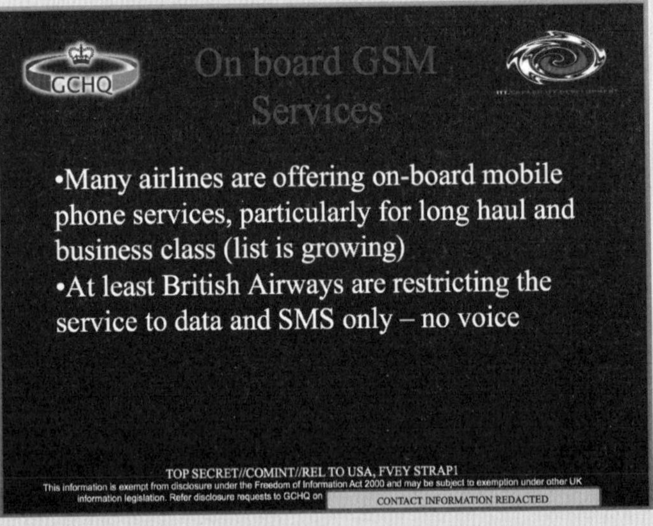
GCHQ
On board GSM Services
•Many airlines are offering on-board mobile phone services, particularly for long haul and business class (list is growing)
•At least British Airways are restricting the service to data and SMS only – no voice
TOP SECRET//COMINT//REL TO USA, FVEY STRAP1
This information is exempt from disclosure under the Freedom of Information Act 2000 and may be subject to exemption under other UK information legislation. Refer disclosure requests to GCHQ on
CONTACT INFORMATION REDACTED

68.

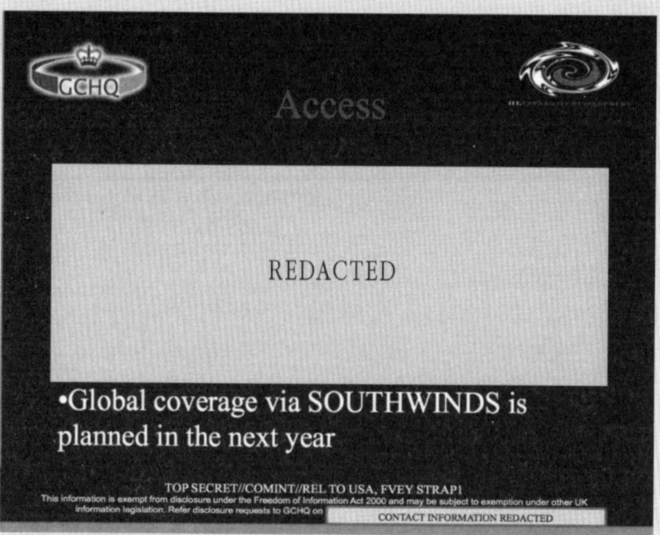
GCHQ
Access
REDACTED
•Global coverage via SOUTHWINDS is planned in the next year
TOP SECRET//COMINT//REL TO USA, FVEY STRAP1
This information is exempt from disclosure under the Freedom of Information Act 2000 and may be subject to exemption under other UK information legislation. Refer disclosure requests to GCHQ on
CONTACT INFORMATION REDACTED

69.

GPRS Events

•Currently able to produce events for at least Blackberry phones in flight
•Able to identify Blackberry PIN and associated Email addresses
•Tasked content into datastores, unselected to Xkeyscore, further details of usage available

TOP SECRET//COMINT//REL TO USA, FVEY STRAP1
This information is exempt from disclosure under the Freedom of Information Act 2000 and may be subject to exemption under other UK information legislation. Refer disclosure requests to GCHQ on CONTACT INFORMATION REDACTED

Travel Tracking

•We can confirm that targets selectors are on board specific flights in near real time, enabling surveillance or arrest teams to be put in place in advance
•If they use data, we can also recover email address's, Facebook Ids, Skype addresses etc
•Specific aircraft can be tracked approximately every 2 minutes whilst in flight

TOP SECRET//COMINT//REL TO USA, FVEY STRAP1
This information is exempt from disclosure under the Freedom of Information Act 2000 and may be subject to exemption under other UK information legislation. Refer disclosure requests to GCHQ on CONTACT INFORMATION REDACTED

70.

TOP SECRET//COMINT//REL TO USA, FVEY

(U) ANALYTIC DRIVER (CONT.)

- (S//SI//REL FVEY) Analytic Question

  Given a GSM handset detected on a known aircraft flight, what is the likely identity (or identities) of the handset subscriber (and vice-versa)?

- (TS//SI//REL FVEY) Proposed Process

  Auto correlation of GSM handsets to subscribers observed on two or more flights.

TOP SECRET//COMINT//REL TO USA, FVEY

TOP SECRET//COMINT//REL TO USA, FVEY

(U) GOING FORWARD

- (TS//SI//REL FVEY) SATC will complete development once a reliable THIEVING MAGPIE data feed has been established
- (TS//SI//REL FVEY) Once the QFD is complete, it will be available to FVEY users as a RESTful web service, JEMA component, and a light weight web page
- (TS//SI//REL FVEY) If the S2 QFD Review Panel elects to ask for HOMING PIGEON to be made persistent, its natural home would be incorporation into FASTSCOPE

TOP SECRET//COMINT//REL TO USA, FVEY

71.

U//FOUO

Oh Yeah…

- Put Money, National Interest, and Ego together, and now you' re talking about shaping the world writ large.

What country doesn't want to make the world a better place… for itself?

U//FOUO

72.

SECRET//REL TO USA, FVEY

What' s the Threat?

- Let' s be blunt – the Western World (especially the US) gained influence and made a lot of money via the drafting of earlier standards.
  - The US was the major player in shaping today's Internet. This resulted in pervasive exportation of American culture as well as technology. It also resulted in a lot of money being made by US entities.

73.

74.

BACKGROUND (U)

(TS//SI//REL TO USA, FVEY) A previous SIGINT assessment report on radicalization indicated that radicalizers appear to be particularly vulnerable in the area of authority when their private and public behaviors are not consistent. (A) Some of the vulnerabilities, if exposed, would likely call into question a radicalizer's devotion to the jihadist cause, leading to the degradation or loss of his authority. Examples of some of these vulnerabilities include:

- Viewing sexually explicit material online or using sexually explicit persuasive language when communicating with inexperienced young girls;
- Using a portion of the donations they are receiving from the susceptible pool to defray their own personal expenses;
- Charging an exorbitant amount of money for their speaking fees and being singularly attracted by opportunities to increase their stature; or
- Being known to base their public messaging on questionable sources or using language that is contradictory in nature, leaving them open to credibility challenges.

(TS//SI//REL TO USA, FVEY) Issues of trust and reputation are important when considering the validity and appeal of the message. It stands to reason that exploiting vulnerabilities of character, credibility, or both, of the radicalizer and his message could be enhanced by an understanding of the vehicles he uses to disseminate his message to the susceptible pool of people and where he is vulnerable in terms of access.

75.

(U) Manhunting Timeline 2010

TOP SECRET//SI/TK//NOFORN

Jump to: navigation, search

Main article: Manhunting

See also: Manhunting Timeline 2011
See also: Manhunting Timeline 2009
See also: Manhunting Timeline 2008

(U) The following **manhunting operations took place in Calendar Year 2010**:

[edit] (U) November

Contents

[edit] (U) United States, Australia, Great Britain, Germany, Iceland

(U) The United States on 10 August urged other nations with forces in Afghanistan, including Australia, United Kingdom, and Germany, to consider filing criminal charges against Julian Assange, founder of the rogue Wikileaks Internet website and responsible for the unauthorized publication of over 70,000 classified documents covering the war in Afghanistan. The documents may have been provided to Wikileaks by Army Private First Class Bradley Manning. The appeal exemplifies the start of an international effort to focus the legal element of national power upon non-state actor Assange, and the human network that supports Wikileaks.[16]

76.

[edit] (TS//SI//REL) Malicious foreign actor == disseminator of US data?

Can we treat a foreign server who stores, or potentially disseminates leaked or stolen US data on it's server as a 'malicious foreign actor' for the purpose of targeting with no defeats? Examples: WikiLeaks, thepiratebay.org, etc.

NOC/OGC RESPONSE: Let us get back to you. (Source #001)

77.

[edit] (TS//SI//REL) Unknowingly targeting a US person

I screwed up...the selector had a strong indication of being foreign, but it turned out to be US...now what?

NOC/OGC RESPONSE: With all querying, if you discover it actually is US, then it must be submitted and go in the OGC quarterly report...'but it's nothing to worry about'. (Source #001)

78.

EFFECTS: Definition

- "Using online techniques to make something happen in the real or cyber world"
- Two broad categories:
  - Information Ops (influence or disruption)
  - Technical disruption
- Known in GCHQ as Online Covert Action
- The 4 D's: Deny / Disrupt / Degrade / Deceive

TOP SECRET//COMINT//REL TO USA, AUS, CAN, GBR, NZL

79.

Discredit a target

- Set up a honey-trap
- Change their photos on social networking sites
- Write a blog purporting to be one of their victims
- Email/text their colleagues, neighbours, friends etc

TOP SECRET//COMINT//REL TO USA, AUS, CAN, GBR, NZL

80.

TOP SECRET//COMINT//REL TO USA, AUS, CAN, GBR, NZL

CK

Honey-trap; a great option. Very successful when it works.
- Get someone to go somewhere on the internet, or a physical location to be met by a "friendly face".
- JTRIG has the ability to "shape" the environment on occasions.

Photo change; you have been warned, "JTRIG is about!!"

Email/text:
- Infiltration work.
- Helps JTRIG acquire credibility with online groups etc.
- Helps with bringing SIGINT/Effects together.

81.

Stop Someone From Communicating

- Bombard their phone with text messages
- Bombard their phone with calls
- Delete their online presence
- Block up their fax machine

TOP SECRET//COMINT//REL TO USA, AUS, CAN, GBR, NZL

Stop someone's computer from working

- Send them a virus:
  - AMBASSADORS RECEPTION – encrypt itself, delete all emails, encrypt all files, make screen shake, no more log on
- Conduct a Denial of Service attack on their computer

TOP SECRET//COMINT//REL TO USA, AUS, CAN, GBR, NZL

82.

Why do an Effects Operation?

- Disruption v Traditional Law Enforcement
- SIGINT discovered the targets
- Disruption techniques could save time and money

TOP SECRET//COMINT//REL AUS/CAN/NZ/UK/US

Effects on Hacktivisim

- Op WEALTH – Summer 2011
  - Intel support to Law Enforcement – identification of top targets
  - Denial of Service on Key Communications outlets
  - Information Operations

TOP SECRET//COMINT//REL TO USA, AUS, CAN, GBR, NZL

83.

SECRET//SI//REL TO USA, FVEY

DISRUPTION
Operational
Playbook

- Infiltration Operation
- Ruse Operation
- Set Piece Operation
- False Flag Operation
- False Rescue Operation
- Disruption Operation
- Sting Operation

스노든 게이트 세기의 내부고발

2017년 2월 9일 초판 1쇄 발행

지은이 글렌 그린월드
옮긴이 박수민 박산호
교정 교열 홍선영
전문가 감수 김승주
독자 감수 권성욱 이세현 이헌일
펴낸이 박수민
펴낸곳 모던아카이브 • **등록** 제406-2013-000042호
주소 경기도 파주시 청석로 350, 812-701
전화 070-7514-0479
팩스 0303-3440-0479
이메일 do@modernarchive.co.kr
홈페이지 modernarchive.co.kr
ISBN 979-11-87056-05-8 03300

이 도서의 국립중앙도서관 출판시도서목록(CIP)은 서지정보유통지원시스템 홈페이지(http://seoji.nl.go.kr)와 국가자료공동목록시스템(http://www.nl.go.kr/kolisnet)에서 이용하실 수 있습니다. (CIP제어번호: CIP2017001012)